全国建设行业中等职业教育推荐教材

建筑企业财务

(建筑经济管理专业)

主编 刘凤香
主审 刘 嘉

中国建筑工业出版社

图书在版编目（CIP）数据

建筑企业财务/刘凤香主编．—北京：中国建筑工业出版社，2004

全国建设行业中等职业教育推荐教材．建筑经济管理专业

ISBN 978-7-112-06185-3

Ⅰ．建… Ⅱ．刘… Ⅲ．建筑企业-企业管理：财务管理-专业学校-教材 Ⅳ．F426.9

中国版本图书馆 CIP 数据核字（2004）第 019650 号

全国建设行业中等职业教育推荐教材
建筑企业财务
（建筑经济管理专业）

主编 刘凤香

主审 刘 嘉

*

中国建筑工业出版社出版、发行（北京西郊百万庄）
各地新华书店、建筑书店经销
廊坊市海涛印刷有限公司印刷

*

开本：787×1092 毫米 1/16 印张：11½ 字数：275 千字
2004 年 5 月第一版 2014 年 3 月第五次印刷
定价：**20.00** 元
ISBN 978-7-112-06185-3
（23785）

版权所有 翻印必究
如有印装质量问题，可寄本社退换
（邮政编码 100037）

本教材共分 11 章。主要根据中等职业教育建筑经济与管理专业的教育标准和培养方案及"建筑企业财务"课程教学大纲而编写。内容有：总论，资金筹集管理，流动资产管理，固定资产和其他长期资产管理，对外投资管理，成本费用管理，营业收入及利润管理，外汇资金管理，企业清算，财务计划以及财务分析等。

本教材可作为中等职业教育建筑经济管理专业的教材，也可供广大建筑经济管理从业人员参考。

* * *

责任编辑：向建国　张　晶

责任设计：孙　梅

责任校对：王　莉

出 版 说 明

为贯彻落实《国务院关于大力推进职业教育改革与发展的决定》精神，加快实施建设行业技能型紧缺人才培养培训工程，满足全国建设类中等职业学校建筑经济管理专业的教学需要，由建设部中等职业学校建筑与房地产经济管理专业指导委员会组织编写、评审、推荐出版了"中等职业教育建筑经济管理专业"教材一套，即《建筑力学与结构基础》、《预算电算化操作》、《会计电算化操作》、《建筑施工技术》、《建筑企业会计》、《建筑装饰工程预算》、《建筑材料》、《建筑施工项目管理》、《建筑企业财务》、《水电安装工程预算》共10册。

这套教材的编写采用了国家颁发的现行法规和有关文件，内容符合《中等职业学校建筑经济管理专业教育标准》和《中等职业学校建筑经济管理专业培养方案》的要求，理论联系实际，取材适当，反映了当前建筑经济管理的先进水平。

这套教材本着深化中等职业教育教学改革的要求，注重能力的培养，具有可读性和可操作性等特点。适用于中等职业学校建筑经济管理专业的教学，也能满足自学考试、职业资格培训等各类中等职业教育与培训相应专业的使用要求。

建设部中等职业学校专业指导委员会
二〇〇四年五月

前 言

"建筑企业财务"课程,是建筑经济与管理专业的重要专业课之一。本教材是根据中等职业教育建筑经济与管理专业教育标准和培养方案的要求,以及该门课程教学大纲编写的。

本书以国家发布的《企业财务通则》、《企业会计准则》、《施工企业财务制度》以及有关财经法规为依据,系统阐述社会主义市场经济条件下建筑企业财务的基本理论和基本方法。全书分为十一章,重点是:资金筹集管理、资产管理、成本费用管理、营业收入及利润管理、财务计划及财务分析等。本书的特点是:突出基本知识、基本理论与基本方法的阐述,紧密联系我国企业改革的实际,内容丰富,有较强的操作性与适用性,同时兼顾股份制、合资企业财务处理办法;结构合理,深入浅出,易于理解,每章附有小结,并配有深浅相宜的练习题与思考题,以利于学生掌握所学内容及满足教学的需要。

本书由刘凤香主编,李晶、张良江参加了本书第一章的编写。刘嘉主审全书。

本书受编写时间及编者水平的限制,书中尚存疏漏与不足,恳请读者批评指正。

目 录

第一章 总论 ······ 1
  第一节 建筑企业财务概述 ······ 1
  第二节 建筑企业财务管理体制和原则 ······ 3
  第三节 建筑企业财务管理的方法 ······ 6
  小结 ······ 8
  思考题 ······ 8

第二章 资金筹集管理 ······ 10
  第一节 资金筹集概述 ······ 10
  第二节 资金时间价值及资金成本 ······ 13
  第三节 资本金筹集 ······ 26
  第四节 发行债券 ······ 32
  第五节 流动负债管理 ······ 33
  小结 ······ 37
  思考题与习题 ······ 39

第三章 流动资产管理 ······ 41
  第一节 流动资产管理概述 ······ 41
  第二节 货币资金管理 ······ 42
  第三节 应收账款管理 ······ 48
  第四节 存货的控制与决策 ······ 50
  小结 ······ 56
  思考题与习题 ······ 57

第四章 固定资产与其他长期资产管理 ······ 59
  第一节 固定资产管理概述 ······ 59
  第二节 固定资产的预测与计划 ······ 63
  第三节 固定资产折旧 ······ 71
  第四节 固定资产的日常管理 ······ 74
  第五节 无形资产管理 ······ 75
  第六节 其他长期资产管理 ······ 78
  小结 ······ 79
  思考题与习题 ······ 80

第五章 对外投资管理 ······ 82
  第一节 对外投资概述 ······ 82
  第二节 短期投资管理 ······ 83

  第三节 长期投资管理 ... 85
  第四节 对外投资的评价 ... 87
  小结 ... 91
  思考题与习题 ... 91

第六章 成本费用管理 ... 93
  第一节 成本费用管理概述 ... 93
  第二节 成本预测 ... 98
  第三节 成本费用计划 ... 103
  第四节 成本费用控制 ... 106
  第五节 工程单元成本分析与控制 ... 109
  小结 ... 111
  思考题与习题 ... 112

第七章 营业收入及利润管理 ... 115
  第一节 营业收入管理 ... 115
  第二节 利润管理 ... 118
  第三节 利润分配的管理 ... 123
  小结 ... 126
  思考题与习题 ... 127

第八章 外汇资金管理 ... 129
  第一节 外汇资金管理概述 ... 129
  第二节 外汇风险管理 ... 130
  第三节 外币业务的账务处理 ... 132
  小结 ... 135
  思考题与习题 ... 136

第九章 企业清算 ... 137
  第一节 企业清算概述 ... 137
  第二节 企业清算财产的范围和计价 ... 138
  第三节 清算损益的确定和剩余财产的分配 ... 140
  第四节 破产清算 ... 141
  小结 ... 142
  思考题与习题 ... 142

第十章 财务计划 ... 144
  第一节 财务计划概述 ... 144
  第二节 建筑企业财务计划的编制 ... 146
  小结 ... 150
  思考题与习题 ... 150

第十一章 财务分析 ... 153
  第一节 财务分析概述 ... 153
  第二节 企业主要财务指标分析 ... 155

第三节　财务综合分析与评价……………………………………………… 166
小结…………………………………………………………………………… 169
思考题与习题………………………………………………………………… 170
附录　复利表 ………………………………………………………………… 172
参考文献……………………………………………………………………… 174

第一章 总 论

第一节 建筑企业财务概述

一、建筑企业财务与财务关系

（一）建筑企业财务

建筑企业财务是指以企业的资金运动为内容的业务活动。它综合反映企业在生产经营过程中资金的筹集、使用、耗费、回收、分配等方面的经济活动。这些经济活动又主要反映为企业与国家之间的缴拨款业务，企业与银行之间的存款和贷款业务，企业与其他经济组织之间的往来结算业务，企业内部之间的转账结算业务，企业与职工之间支付和结算等财务活动。

（二）建筑企业财务关系

由企业资金运动所引起的企业同各方面的经济关系，称为财务关系。企业财务关系的状况反映企业理财环境的状况。

1. 企业与投资者之间的财务关系

企业进行生产经营活动所需的资金是向国家、法人企业和个人投资者筹集的。企业与投资者的财务关系主要是利益分配关系。企业同投资者之间的财务关系，体现着所有权的性质，反映着经营权和所有权的关系。

2. 企业与债权人、债务人之间的财务关系

在社会主义市场经济条件下，企业除向银行和其他经营机构融通资金外，还可能与其他企业之间相互融通资金以及发生必要的商业信用，因此，形成了企业与债权人、债务人之间的财务关系。

企业与债权人之间的财务关系主要指企业向债权人借入资金，并按借款合同的规定按时支付利息和归还本金所形成的经济关系。企业除利用资本金进行生产经营活动外，还要借入一定数量的资金，以便降低企业资金成本，扩大企业经营规模。

企业同债务人之间的财务关系，主要指企业将其资金以购买债券、提供借款或商业信用等形式出借给其他单位所形成的经济关系。企业将资金借出后有权要求其债务人按约定的条件支付利息和归还本金。

3. 企业与国家税务机关之间的财务关系

企业领取营业执照后就要到税务机关申报办理税务登记。在生产经营过程中，企业必须遵照法律、行政法规规定或者税务机关依照法律、行政法规的规定确定的申报期限内办理纳税申报，在规定期限内及时、足额上缴各种税金。税务机关有权依法对企业税务进行检查，并按照法律和国家行政法规对企业实行减税、免税、退税和补税。

4. 企业同其被投资单位的财务关系

主要是指企业将资金以购买股票或直接投资的形式向其他企业投资所形成的经济关

系。随着经济体制改革的深化和完善，这种关系将会越来越广泛。企业向其他单位投资，应按约定履行出资义务，参与被投资单位的利润分配，企业与被投资单位的关系是体现所有权性质的投资与受资的关系。

5. 企业内部各单位的财务关系

这主要是指企业内部各单位之间在生产经营各环节中相互提供产品或劳务所形成的经济关系。企业在实行内部经济核算制的条件下，企业供、产、销各部门以及各生产单位之间，相互提供产品和劳务要进行计价结算。这种在企业内部形成资金结算的关系，体现了企业内部各单位之间的利益关系。

6. 企业与职工之间的财务关系

主要指企业向职工支付劳动报酬过程所形成的经济关系。企业的职工作为生产经营活动的参与者，他们为企业创造财富，企业就要用自身的产品销售收入向职工支付工资、津贴、奖金等，按照提供的劳动数量和质量支付职工的劳动报酬。这些财务活动形成了企业与职工之间的财务关系。处理这类财务关系时，要遵从按劳分配的原则，要保护劳动者的合法权益，调动职工的积极性。

二、建筑企业财务管理的概念、职能、作用

（一）基本概念

建筑企业财务管理是建筑企业经营管理的一个重要组成部分，是一项综合性的经济管理工作。它综合管理有关资金筹措、使用、耗费、回收、分配等方面的财务活动。上述建筑企业财务管理的内容，是由企业资金运动过程所决定的。即从施工准备、工程施工到交工结算等一系列的资金运动过程。建筑企业财务管理就是遵循资金运动的客观规律，遵照国家的方针、政策、法规以及节约的客观需要，正确组织和监督各项经济活动，正确处理各方面的财务关系，有效地使用各项资金，提高资金使用效果，维护财经纪律，促进增产节约、增收节支，努力完成各项财务指标，取得最佳经济效益。

（二）建筑企业财务管理的职能

建筑企业财务管理的职能是财务管理所固有的职责与功能。主要有筹集资金、运用资金、分配资金和监督资金四个方面。

1. 筹集资金

企业要进行生产经营活动，必须拥有足够的资金，它是保证企业生产经营过程得以正常运转的前提条件。因此，企业财务管理的首要职能就是筹集资金。

在履行这个职能时，财务管理人员首先要预测正常生产经营和投资项目的资金需要量，要根据企业市场调查确定的生产任务和其他经营任务，在保证合理节约的前提下，确定某个时期（年、季、月或某个周期）生产经营活动所必需的资金数量。

2. 运用资金

运用资金包括如何使用资金和耗费资金两个环节。资金利用效果如何关键在于运用。所以，运用资金是企业财务管理职能的核心部分。

运用资金的根本目的是促进企业合理有效地使用资金，保证资金的使用效果，也就是力争以较少的资金取得较大的利润。

在运用资金上，财务部门还要实行全方位的控制，包括对供应、生产和销售实行控制。在供应环节上，主要对物资储备的资金占用实行控制，促进采购部门合理运用资金；

在生产环节上，主要对生产消耗实行控制，努力降低生产成本；在销售环节上，主要对产成品存货实行严格控制，以减少存货资金的占用量。

3. 分配资金

分配资金主要是指对企业营业收入和利润的分配。这是企业财务管理的一项重要职能。

企业的营业收入是企业再生产得以顺利进行的重要标志，也是财务管理的一项重要内容。利润是企业一定期间的经营成果，它是企业生产经营活动的综合反映，是表明企业生产经营状况的最终指标。企业财务管理分配资金的职能主要体现在对营业收入和企业利润的合理分配上。

4. 监督资金

财务管理监督资金的过程，实质上是借助于价值形式对企业的生产经营活动进行控制与调节的过程。凡是有资金活动的地方都在财务监督的范围之内。监督的目的在于发挥财务管理对于生产经营的能动作用，保证党和国家方针政策和国家财经制度法令的贯彻执行，以不断提高企业的经济效益。

应当指出，上述各项财务管理职能不是各自孤立存在的，它们之间是相互联系、相互补充和相互制约、缺一不可的，企业只有在筹集足够的资金的基础上，才能运用好资金；只有在保全、合理、有效地运用资金的前提下，才能分配好资金；同时，以上三项职能又必须在监督的保证下才得以实现。只有把四项职能紧密地结合起来，才能保证企业生产经营活动顺利、有效地进行。

（三）建筑企业财务管理的作用

1. 综合性强，具有协调施工生产经营活动的作用

企业财务管理与企业内部计划、生产、技术、劳资、材料、机械等管理同属整个企业经营管理有机体的组成部分，它们各有特定的职能，不能相互取代，而只能是相互配合。但是，财务管理是由货币形式及资金运动的特性及其独特的运动规律决定的，财务指标能够综合反映企业的经济效益，对企业的生产经营管理具有全面的协调作用，这是其他管理方式所不能代替的。

2. 政策性强，是企业执行财经纪律的保证

社会主义企业财务是国家财政的基础，是国家管理企业经济活动的重要手段。因为，国家的方针、政策、财经制度的规定和国家计划的要求，要通过企业财务加以贯彻执行。企业财务则要严格执行国家财经制度的有关规定，遵守财经纪律，在监督企业经济活动，遵循资金运动的客观规律，贯彻经济核算的原则，合理组织企业的财务活动以及正确处理各方面的经济关系等方面发挥重要的作用。

3. 效益性强，是国家生财、聚财的工具

通过加强财务管理，可以促进企业增产节约、增收节支，不断增加企业盈利，实现国家生财、聚财的目的。

第二节 建筑企业财务管理体制和原则

一、建筑企业财务管理体制

企业财务管理体制是指国家指导和管理企业财务的基本制度，是经济管理体制的重要

组成部分。企业财务管理体制主要内容是财务管理的组织形式、财务管理的制度规范及财务管理的监督机制和信息系统。它包括两个层次，一是国家与企业间的财务管理体制，即企业外部的财务管理体制；二是企业内部的财务管理体制。

（一）企业外部的财务管理体制

企业外部的财务管理体制也称国家与企业间的财务管理体制，主要确定企业同国家之间及企业同企业之间的经济关系。它对企业内部的财务管理体制有着决定作用。

1. 资金的筹集

确定企业所需资金的来源渠道，筹集资金的方式，资金的占用形式等。如：企业的资金由资本金和负债构成。资金的筹集可以采取国家投资、多方集资或者发行股票等方式。投资者向企业投资的方式可以是现金，也可以是实物及无形资产等。企业对资本金和负债有经营权，对投资者和债权人有资本金保全和支付利息的义务。

2. 资金的耗费与补偿

确定企业成本费用的开支范围和开支标准，资金耗费的补偿方式等。如产品制造成本应包括的支出；哪些费用直接计入当期损益；计提折旧的方法；现金收入的结算和使用程序等。

3. 收入的分配

确定企业销售收入补偿成本和费用以后，如何在国家、投资者与企业之间进行分配；分配的原则、比例、顺序和形式等。

在社会主义市场经济条件下，完善的企业财务管理体制应符合政府和企业分开，所有权和经营权分离以及经济责任、经济权限及经济利益相结合的原则；体现自负盈亏、自我积累、自我发展、自我约束的精神。

（二）企业内部的财务管理体制

企业内部的财务管理体制，主要确定企业内部各部门之间以及企业同职工之间的财务关系。企业内部的财务管理体制，要适应国家与企业间的财务管理体制，并受其制约，同时还要考虑到企业自身的特点，结合企业的规模、组织形式以及工作基础的好坏来确定。

具体讲，企业内部财务管理体制主要从以下几方面来确定企业内部各部门之间以及企业与职工之间的经济关系。

（1）资金的管理：确定资金的管理办法、资金运用和审批权限。如：将资金考核指标分解落实到各级各部门，层层考核，使各部门都承担一定的经济责任。

（2）收支的管理：确定各部门计算收入与支出的方法，以便考核其经营成果。

（3）实行内部结算：确定企业内部各单位经济往来所采用的内部结算价格、结算程序等，以分清经济责任，加强经济核算。

（4）劳动报酬的计算：确定企业职工劳动报酬的计算方法，奖金的评定标准以及发放的方式、时间等。

确定企业内部财务管理体制、合理安排企业内部财务关系，是加强企业财务管理的重要措施。因此，企业还应做好以下工作：第一，健全企业财务管理组织；第二，制定企业内部财务管理的制度规范；第三，建立财务管理的监督机制；第四，完善信息系统。

二、建筑企业财务管理的基本原则

企业财务管理的原则是指企业组织财务活动、处理财务关系的准则，它是从企业财务管理的实践中概括出来的，体现财务管理活动规律的行为规范，是对财务管理的基本要求。企业财务管理一般有以下原则：

(一) 资金结构优化原则

资金结构优化原则，是指企业在筹集资金时适当安排自有资金和借入资金的比例，在运用资金时合理配置长期资金与短期资金的原则。企业在筹集资金时，应适当安排自有资金比例，正确运用负债经营原则。由于借款利息可在所得税前列入财务费用，对企业留利影响较少，因此能够提高自有资金利润率，又可缓解自有资金紧张的矛盾。但是，如果负债过多，则会发生较大的财务风险，甚至由于丧失偿债能力而面临破产。因此，企业既要利用负债经营的积极作用，又要避免可能产生的债务风险。

企业在运用资金时，要根据生产经营需要合理配置长期资金和短期资金。一般情况下，二者只有配置协调，才能发挥出企业最大的效能，实现既定的生产经营目标。如果二者比例失调，则会造成设备闲置、生产能力剩余或资金周转不畅、短期支付力削弱等不良后果。因此，优化资金结构，是企业财务管理的重要原则。

(二) 收支平衡原则

收支平衡原则，是指在企业财务管理中，使资金的收支在数量上和时间上达到动态的协调平衡的原则。

企业发生资金支出，意味着一次资金循环的开始，通过供、产、销过程，企业取得资金收入，意味着这次资金循环的终结。所以，资金的收支是资金周转的纽带。要保证资金周转的顺利进行，就要求资金收支不仅在数量上而且在时间上保持协调平衡。如果某会计期间的收入小于支出，必然会导致资金周转的停滞或中断。如果某会计期间收支总额平衡，但在某个时点上收支不平衡，同样也妨碍资金周转的流畅。

收支平衡原则是企业财务管理的一项基本原则，只有实现了财务收支的动态平衡，才能更好地实现企业财务管理的目标。在企业财务管理实践中，现金的收支计划、企业证券投资决策，都必须在这一原则指导下进行。

(三) 成本效益原则

成本效益原则，就是对企业生产经营活动中的所费与所得进行比较分析，使成本与收益得到最优的组合，以谋取更多的盈利。

成本效益原则可贯穿财务活动中。例如，在进行投资决策时，必须用投资额与投资期不断流入的收益进行对比分析；在筹资时，应进行资金成本率与资金利润率的对比分析；在生产经营活动中，有生产成本与销售收入的对比分析，还有销售利润与期间费用的对比分析。企业在经济活动中所发生的一切成本、费用都是为了获得收益，都可以同与其相联系的收入进行比较分析。因此，企业在财务活动中，必须执行成本效益原则。

(四) 利益关系协调原则

利益关系协调原则，是指企业的收入及利润的分配应兼顾国家、企业和职工三者经济利益的原则。

企业在收入及利润分配方面，一定要从全局出发，正确处理国家利益、企业利益和职工利益之间可能发生的矛盾，维护好有关各方面的合法权益，协调好他们的经济利益，这样才能保证企业实现财务目标。

企业与各方面利益关系的协调，基本上都是通过财务活动来实现的。

（五）行业管理原则

企业财务状况的好坏，在很大程度上是由生产经营的好坏决定的。所以，财务管理工作必须从生产出发，为生产经营服务。建筑企业的生产经营活动有着与其他行业不同的许多特点，建筑企业财务管理亦必须按照建筑企业生产经营活动的特点进行。

三、建筑企业财务及建筑企业财务管理体制改革的新动向

随着我国经济体制改革的深入发展，企业管理已从高度集中的生产管理逐步向生产经营管理型过渡。国家管理企业财务也由统收统支向统一领导，独立经营的方向发展。又由于改革开放的影响，企业在财务管理中采用了一些现代化的管理方法。所有这些，都有利于改革企业的财务管理工作。在财务管理方法上，已不停留在一般的反映和监督日常的财务收支上，而是越来越广泛地采用财务预测和决策，如：ABC分析法，价值工程，量本利分析法，最佳经济批量法和最佳经济寿命周期等现代化企业管理方法以及电算化管理手段等。

在财务管理体制方面，要在服从国家计划和统一领导下，不断完善独立经营的体制，增强企业活力，特别是增强大中型全民所有制企业的活力。通过改变，应使企业在服从国家计划和统一管理的前提下，有权选择灵活多样的经营方式，安排自己的产销活动，拥有和支配自有资金，自行决定工资奖励的方式，自行任免、选择和聘用干部，使企业真正成为相对独立的经济实体，成为自主经营、自负盈亏的社会主义商品生产者和经营者。

第三节 建筑企业财务管理的方法

一、财务预测方法

财务预测是根据历史资料和市场调查情况，利用一定的方法对企业各项财务指标的发展变化趋势和程度进行测算和估计，为进行财务决策和编制财务计划提供依据。

财务预测的步骤可分为以下几个层次：第一，确定预测目标；第二，搜集和整理信息；第三，运用一定方法进行计算；第四，对不同方案进行比较，并提出最佳方案。

财务预测的方法很多，在预测时应根据具体情况有选择地运用这些方法。常用的有定性预测法和定量预测法。定性预测法主要是利用直观材料，依靠个人经验的主观判断和综合分析能力，对事物未来的状况和趋势做出预测的一种方法。定量预测法是根据变量之间存在的数量关系建立数学模型来进行预测的方法。定量预测法又可分为趋势预测法和因果预测法。

二、财务决策方法

财务决策是指财务人员在财务管理目标的总体要求下，从若干个可以选择的财务活动方案中选择最优方案的过程。

财务决策的步骤可分为以下几个层次：第一，根据财务预测的信息提出问题；第二，确定解决问题的备选方案；第三，分析、评价、对比各方案；第四，拟定择优标准，选择最佳方案。

财务决策的方法很多，现说明企业财务管理中常见的几种方法。

(1) 优选对比法。是把各种不同方案排列在一起，按其经济效益的好坏进行优选对比，进而做出决策的方法。优选对比法按对比方式的不同，又可分为总量对比法、差量对比法、指标对比法等。

(2) 数学微分法。是根据边际分析原理，运用数学上的微分方法，对具有曲线联系的极值问题进行求解，进而确定最优方案的一种决策方法。

(3) 线性规划法。是根据运筹学原理，对具有线性联系的极值问题进行求解，进而确定最优方案的一种方法。这种方法能帮助管理人员对合理组织人力、物力、财力等做出最优决策。

(4) 概率决策法。是未来情况虽不十分明了，但各有关因素的未来状况及其概率是可以预知的一种决策方法。这种方法往往把各个概率分枝用树形图表示出来，故有时也称之为决策树法。

(5) 损益决策法。是指在未来情况很不明了的情况下，只能预测有关因素可能出现的状况，但其概率是不可预知的一种决策方法。

三、财务计划方法

财务计划是在财务预测的基础上，运用科学的技术手段和方法，对财务目标进行综合平衡，将财务预测提供的信息和财务决策所确立的方案系统化、具体化，同时也为控制财务收支活动，分析和检查生产经营成果提供对比依据。财务计划的方法通常有以下几种：

(1) 平衡法。是指在编制财务计划时，利用有关指标客观存在的内在平衡关系计算确定计划指标的方法。

(2) 因素法。是指在编制财务计划时，根据影响某项指标的各种因素，来推算该指标计划的方法。

(3) 比例法。是指在编制财务计划时，根据历史已形成而又比较稳定的各项指标之间的比例关系，来计算计划指标的方法。

(4) 定额法。是指在编制财务计划时，以定额作为计划指标的一种方法。

四、财务控制方法

财务控制以财务计划指标为依据，通过量化方式对资金的收入、支出、占用耗费等进行日常的计划、对比和审核，力求使财务活动按预定的目标进行下去，从而保证计划的正确执行。

财务控制通常是以下面几个环节实现的：第一，制定控制标准。第二，贯彻日常执行标准。第三，消除不利差异。

五、财务分析方法

财务分析是以核算资料为主要依据，对企业财务活动的过程和结果进行调查研究，并采用一定的分析方法，评价计划完成情况，分析影响计划执行的因素，并提出改进措施。通过财务分析，可以掌握各项财务计划指标的完成情况，评价财务状况，研究和掌握企业财务活动的规律性，改善财务预测、决策、计划和控制，提高企业经济效益，改善企业管理水平。

财务分析的一般步骤为：第一，确立题目，明确目标；第二，搜集资料，掌握情况；

第三，运用方法，揭示问题；第四，提出措施，改进工作。

财务分析的常用方法有以下几种：

（1）对比分析法。是通过把有关指标进行对比来分析企业财务情况的一种方法。对比分析法要对同一指标的不同方面进行比较，从数量上确定差异，为进一步查找差异的原因提供依据。

（2）比率分析法。是把有关指标进行对比，用比率分析来反映它们之间的财务关系，以揭示企业财务状况的一种分析方法。比率分析是财务分析的一种重要方法。通过各种比率的计算和对比，基本上能反映出一个企业的偿债能力、盈利能力、资产周转状况和盈余分配情况。

（3）综合分析法。是把有关财务指标和影响企业财务状况的各种因素都有序地排列在一起，综合地分析企业财务状况和经营成果的一种方法。在进行综合分析时，可采用财务比率综合分析法、因素分析法、因素综合分析法和杜邦体系分析法等。

<h2 style="text-align:center">小　　结</h2>

1. 建筑企业财务是指在生产经营过程中筹集和运用资金的业务及其所体现的各种经济关系。企业财务活动是以资金为对象的资金运动，具体包括资金的筹措、使用、耗费、回收、分配等项内容。财务管理简称理财，是指对企业资金的筹集和使用进行管理。

财务与会计两者具有相对的独立性。两者的区别在于前者是对财务活动进行组织的职能性管理；后者是对经营业务进行换算和监督的基础性管理。两者的联系在于都是以货币计量；财务活动要通过会计换算来体现，会计信息是财务管理和分析的内容。

2. 建筑企业财务管理的内容包括筹资管理、资产管理、成本费用管理、收入及利润管理、外币业务、清算管理、财务计划、财务分析等内容。

财务管理体制主要是指明确企业内部财务管理的权责及各方面的财务关系的制度。主要有企业领导在财务管理上的权责、企业财务负责人在财务管理上的权责、企业财务部门的权责、各职能部门在财务管理上的权责，处理好企业的各项财务关系等内容。

3. 建筑企业财务管理的原则是资金结构优化原则、收支平衡原则、成本效益原则、利益关系协调原则、行业管理原则等。

建筑企业财务管理的要求，概括地说，就是要善于理财，把有限的资金用在刀刃上，发挥最大的经济效益。一是要善于筹资，发挥筹资效益；二是要善于把握资金投向，优化资源配置，促进资产合理流动和对投资项目进行评价，三是建立最优化的财务目标，获得投入产出的最佳经济效益。

4. 财务管理的方法是指根据财务活动内容，运用的财务管理手段和方法。主要包括财务预测和决策、财务计划、财务控制和财务分析方法等，并相应地运用各种定性定量分析研究的技术方法等内容。

<h2 style="text-align:center">思　考　题</h2>

1. 什么是建筑企业财务与财务关系？
2. 简述财务与会计有何区别和联系。

3. 什么是建筑企业财务管理体制？
4. 企业进行财务管理必须遵守哪些原则？
5. 简述建筑企业财务管理的职能。
6. 建筑企业财务管理有何作用？
7. 简述财务管理的方法。

第二章 资金筹集管理

第一节 资金筹集概述

一、资金筹集的概念和意义

企业筹集资金是企业向资金供应者取得生产经营活动资金的一项财务活动。企业进行生产经营活动必须拥有一定数量的资金。无论是新建企业，还是已经建立起来的企业都将面临着筹集资金的问题。筹集资金既是保证企业生产经营正常进行和获取盈利的需要，也是企业财务管理的一项重要内容。

过去，我国国有企业的资金主要采用供给制，由国家财政拨款和国家银行贷款解决，资金来源单一。这样，在企业的财务管理活动中基本上没有筹集资金的任务。1979年以后，国有企业的资金由国家财政拨款为主改为由银行贷款，这种做法只是将资金的无偿使用改为有偿使用，没有做到质的飞跃。随着改革的深入，企业所有制形成了多元化形式，特别是股份制企业的诞生和发展，企业可以向社会发行股票、债券，筹集降低企业的资本成本，给经营或投资创造较大的、可行的或有利的空间，能够降低企业财务风险，增大企业的经济效益。

二、资金筹集的渠道和方式

（一）企业筹资渠道

长期以来，我国企业的资金来源渠道主要有国家财政拨款、向银行借入资金和企业自留资金三种。随着经济体制改革的深入进行，市场经济体制的确立，资金市场的开放，企业的资金来源渠道形成多样化。当前企业的资金来源渠道可以归纳为以下几种：

1. 国家财政资金

国家财政部门为了保证国家职能的实现，通过税收等形式集中一部分国民收入，按照国民经济和社会发展计划的要求，再进行分配，其中一部分用于对企业的投资。国家财政资金主要用于发展国民经济急需的重点项目和支援不发达地区的经济发展，控制国民经济命脉。目前国家财政投资方式主要是直接拨款投资作为企业资本金，此外，还可以较长的期限较低的利息借给企业周转使用。国家财政资金只有国家愿意投资的产业和需要扶持的地区企业才能得到。

2. 金融机构资金

金融机构是专门进行资金融通的机构，包括银行、信用社、信托投资公司、租赁公司、财务公司等。这些机构绝大多数可以贷款给企业货币资金，有的可以向企业提供委托代理、租赁、担保等服务。

3. 社会闲散资金

社会闲散资金是指个人手中拥有的现金，包括本企业职工在内的城乡居民的经济收入和生活结余。随着社会经济的发展，城乡居民和个体经济收入总是在不断地增长，企业可采用发行股票、债券等方式对社会闲散资金筹集利用。这种资金来源的所有者在资金使用上基本上没有严格的限制，但筹集成本较高。这种资金来源弹性大，组织得好可以筹集到较多的资金，组织得不好则筹不足所需的资金。

4. 其他单位资金

企业在生产经营过程中，往往有部分暂时闲置的资金，可在企业之间相互调剂使用。企业间的购销业务中的商业信用行为会形成企业间的债权债务关系，形成债务人对债权人的信用资金占用。随着企业间横向经济联合的广泛发展，使其他企业单位资金也成为企业资金的重要来源。

5. 企业提留资金

企业提留资金是指企业内部形成的资金，主要是计提折旧、资本公积金、提取盈余公积金、未分配利润而形成的资金，还包括一些经常性的延期支付款项如应付工资、应交税金、应付股利等而形成的资金来源。这一渠道的资金除资本公积外都由企业内部生成或转移，它一般并不增加企业资金总量，但能增加可供周转的营运资金；它可以长期留用，无须偿还，也不需支付筹资费用，也无须承担财务风险；它无须通过任何筹资活动，取得最为主动。

6. 境外资金

境外资金包括境外投资者投入资金和借用外资，如进口物资延期付款、补偿贸易、国际租赁、在国外发行企业债券等。我国实施对外开放政策以来，建立了大量的中外合资经营企业、中外合作经营企业和外商独资企业，使这一资金渠道得到了有效的启动。

（二）筹资的方式

筹资方式是指企业筹集资金所采用的具体形式。如果说筹集资金渠道属于客观存在，那么筹集资金的方式属于企业主观能动行为。企业筹集资金管理的重要内容是，如何针对客观存在的筹资渠道，选择合理的筹资方式进行筹资。认识筹资方式的种类及各种筹资方式的特点，有利于企业选择适宜的筹资方式并有效进行筹资组合，降低筹资成本，提高筹资效益。

目前我国企业筹资方式主要有以下几种：（1）吸收直接投资；（2）发行股票；（3）银行借款；（4）商业信用；（5）发行债券；（6）融资租赁。这些筹资方式的含义及特征，将在本章以后各节阐述。

筹资渠道与筹资方式的对应关系：筹资渠道解决的是资金来源问题，筹资方式则解决通过何种方式取得资金的问题，它们之间存在一定的对应关系。一定的筹资方式可能只适用于某一特定的筹资渠道，但是同一渠道的资金往往可采用不同的方式去取得。它们之间的对应关系见表2-1。

筹资渠道与筹资方式的对应关系 表2-1

	吸收直接投资	发行股票	银行借款	商业信用	发行债券	融资租赁
国家财政资金	✓					
银行信贷资金			✓			
非银行金融机构资金	✓	✓	✓		✓	✓
其他企业资金	✓			✓	✓	
居民个人资金	✓	✓			✓	
企业自留资金	✓					

三、资金筹集的种类和原则

（一）资金筹集的原则

为了提高筹资的综合效益，企业筹资活动必须遵循一些原则：

1. 合理性原则

筹集资金的目的是为了保证生产经营所需的资金需要。资金不足，自然会影响生产经营发展，而资金过剩，则可能导致资金使用效益的降低。所以，企业在筹集资金之前，就要合理确定资金的需要量，在此基础上拟定筹集资金计划，"以需定筹"。即按企业投资项目必不可少的资金需要量和为保证生产经营正常、高效运行的最低需要量。

2. 及时性原则

及时性原则是指企业筹集资金应根据资金的投资使用时间来合理安排，使筹资和用资在时间上相衔接和平衡，避免超前筹资而造成资金的闲置和浪费、或滞后筹资影响生产经营的正常运行。

3. 效益性原则

效益性原则是企业在选择资金来源、决定筹资方式时，必须综合考虑资金成本、筹资风险及投资效益等多方面的因素。

不同筹资数量、不同筹资渠道和方式，其资金或成本各不相同，产生的筹资风险也各不相同。因此，企业在筹集资金时，应根据不同的资金需要量与筹资效益，考虑各种筹资渠道方式所引起的资金成本、风险程度，把资金来源和资金投向综合起来全面考虑，力求以最小的资金成本、最低的风险程度，实现最大的投资效益。这是任何企业在筹资过程中不得不认真执行的一条原则。

4. 风险控制原则

企业依靠举债开展生产经营活动，叫做负债经营。合理负债能够提高自有资金利润率，又可缓解自有资金紧张的矛盾。但若负债过高，则会发生较大的财务风险，甚至由于丧失偿债能力而面临破坏。因此，企业要适度举债，合理确定自有资金和借入资金的比例，降低财务风险。

5. 合法性原则

我国法律规定，企业发行股票和债券必须符合《股票发行与交易管理暂行条例》及《公司法》中的有关规定。企业筹集资金必须遵守国家法律、财经法规，维护各方经济权益。

（二）资金筹集的种类

企业筹集的资金可按多种标准进行不同的分类，现介绍几种主要的分类方式：

1. 按资金来源性质的不同，分为自有资金和借入资金。

自有资金是指企业通过发行股票、吸收直接投资、内部积累等方式筹集资金。自有资金代表投资人对企业净资产的所有权，所以，又称为主权资金。借入资金是指企业通过发行债券、银行借款、融资租赁、商业信用等方式筹集的资金。借入资金到期按照合同的规定还本付息，所以，又称为负债资金。合理安排自有资金与借入资金的比例关系是筹资管理的一个核心问题。

2. 按期限的不同，企业的资金可分为长期资金和短期资金。

长期资金是指提供企业使用一年以上的资金。短期资金是指企业在一年以内使用的资金。合理安排资金来源的期限组合，有利于实现企业资金的最佳配置和筹资组合。

3. 按资金筹集的渠道，企业的资金可分为内部筹资和外部筹集资金。

外部筹资是指在企业外部筹集资金。企业应在充分利用内部资金来源后，再考虑外部筹资问题。

4. 按是否以金融机构为媒介，企业的资金来源分为直接筹资和间接筹资。

直接筹资是指企业直接从资金供应者得到资金来源，如发行股票和债券等；间接筹资是指企业通过中间机构得到资金来源，如银行借款等。

以上这些分类之间是存在交叉的，如自有资金的筹集，既可用内部资金解决，又可用外部筹资解决。又如，外部筹资，既可用直接筹资方式，又可用间接筹资方式等等。

第二节 资金时间价值及资金成本

一、资金时间价值

（一）资金时间价值的含义

资金时间价值，又叫货币时间价值，是指资金在周转使用过程中随时间的推移而发生的增值。在商品经济条件下，我们把货币资金存入银行可以获得利息，把资金用于投资可以获得收益，这说明资金在周转使用过程中不仅价值形态发生变化，而且价值量也增加了，资金具有的这种增值性特点，表明一定量的资金在不同的时点上具有不同的价值，今天的一定量资金要比未来的同样资金具有更高价值。既然如此，人们放在保险柜中的货币为什么不会增值？资金所以能增值，不是资金自身形成，也不是时间自然形成，而是资金投入生产经营以后，形成各种形态的生产资料，并与劳动者劳动相结合生产出新的产品，从而创造出新的价值，产生利润，实现价值的增值。因此，资金时间价值的根源是劳动者创造的新价值。

资金时间价值的存在是建立在商品经济高度发展和资金所有权和资金使用权普遍分离的基础之上的。因为在发达商品经济条件下，人们进行生产经营活动的目的是为了实现价值的增值，资金具有带来价值增值的特点，资金所有者将资金让渡给使用者使用，资金使用者用以进行生产经营活动而获得利润，就要从利润中拿出一部分给资金所有者作为让渡资金使用权的报酬，这在经济关系上表现为利息形式。资金时间价值的大小则表现为利息率，其实际内容为社会资金利润率。各种形式的利息率（存贷款利率、股息率、公债利率等）的水平，就是根据社会资金利润率确定的。资金时间价值是市场经济条件下客观存在的经济范畴，是财务管理中，尤其是长期投资决策中所必须考虑的重要因素。

为便于说明问题，在考虑资金时间价值时，我们假设没有风险和通货膨胀，以利率代表资金时间价值。

（二）有关资金时间价值的几个术语

1. 现值

现值是指在未来某一时点上的一定数额资金折合成现在的价值。也即资金在资金运动起点的价值，在商业上俗称"本金"。

2. 终值

终值是指一定数额的资金经过一段时期后的价值，也即资金在资金运动终点的价值，在商业上俗称"本利和"。

3. 单利法

单利法是指计算利息只按本金计算利息，应付而未付的利息不计算利息，目前我国银行采用这种方法计算资金的时间价值。

4. 复利法

复利法指计算利息时，把上期的利息并入本金内一并计算利息，即"利滚利"。西方国家一般采用这种方法计算资金时间价值。

5. 年金

年金是指一定时期内相等金额的收付款项。折旧、租金、保险金、等额分期付款、等额分期收款以及零存整取或整存零取储蓄存款等都是年金问题。年金有多种形式，根据第一次收到或付出钱的时间不同和延续时间长短。一般可分为以下几种：

（1）普通年金（后付年金），即在每期期末收到或付出的年金。

（2）即付年金（先付年金），即在每期期初收到或付出的年金。

（3）永续年金（终身年金），无限期继续收入或付出的年金。

（三）资金时间价值的计算

1. 单利终值和现值的计算

（1）单利终值的计算。单利终值是指一定量资金若干期后按单利法计算时间价值的本利和。其计算公式如下：

$$S = P + I = P \times (1 + i \times n)$$

式中　S——本利和；

　　　P——现值（本金）；

　　　I——利息；

$$I = P \times i \times n;$$

　　　i——利率；

　　　n——期数。

【例2-1】　将1000元存入银行，年利息率12%，3年后单利的终值应为：

$$S = 1000 \times (1 + 12\% \times 3) = 1360（元）$$

（2）单利现值的计算。单利现值是指以后时间收到或付出资金，按单利法计算贴现的现在价值。其计算公式如下：

$$P = S \times \frac{1}{1 + i \times n}$$

【例2-2】　3年后将收到的1000元，若年利率为12%其现在值为：

$$P = 1000 \times \frac{1}{1 + 12\% \times 3} = 735.29（元）$$

2. 复利终值和现值的计算

（1）复利终值的计算。复利终值是指一定量资金若干期后按复利法计算时间价值的本利和。其计算公式如下：

$$FV_n = PV (1 + i)^n$$

式中　FV_n——复利终值；

PV——复利现值；

I——利息率；

n——期数，$(1+i)^n$ 叫复利终值系数，也叫1元的复利终值；$(1+i)^n$ 一般不必自行计算，可从书后"复利终值表"中查得。

【例2-3】 将1000元存入银行，若年利率为12%，3年后其复利终值是多少？

$$FV_3 = 1000 \times (1+12\%)^3 = 1045 \text{（元）}$$

（2）复利现值的计算。复利现值是以后时间收到或付出资金按复利现值计算贴现的现在价值，复利现值计算是复利终值的计算的逆运算。将终值换算为现值叫贴现，贴现时的利率叫贴现率。复利现值的计算公式如下：

$$FV = FV_n \times \frac{1}{(1+i)^n}$$

式中 $\frac{1}{(1+i)^n}$ 叫复利现值系数或贴现系数，也叫1元的复利现值，一般不用计算，可从书后"复利现值表中"查得。

【例2-4】 希望3年后收到1000元，年贴现率为12%，按复利计算现在应存入多少钱？

$$PV = 1000 \times \frac{1}{(1+12\%)^3} = 712$$

3．年金的计算

年金是和复利相联系的，年金的终值、现值都以复利的终值、现值为基础进行计算。

（1）普通年金。普通年金又叫后付年金，是指每期期末收付的年金。

1）普通年金终值的计算。普通年金终值是一定时期内每期期末等额收付款项的复利终值之和。计算普通年金的终值，实际上就是求复利终值的总计金额。其计算公式如下：

$$V_n = A \times \frac{(1+i)^n - 1}{i}$$

式中 $\frac{(1+i)^n - 1}{i}$ 叫年金终值系数，可以在"年金终值表"中查得；

A——每次收付款项的数额，即年金数额；

I——每期利息率；

n——计息期数；

V_n——年金终值。

【例2-5】 每年年末存入银行1000元，年利率10%，第5年末年金的终值为多少？

$$V_5 = 1000 \times \frac{(1+10\%)^5 - 1}{10\%} = 6105 \text{（元）}$$

【例2-6】 甲企业计划5年后更新某设备，届时该设备的买价、运杂费等为60000元。如果银行存款利率为10%，那么，这5年内该企业每年末至少可存入银行的资金应为多少才能满足需要？

由

$$V_n = A \times \frac{(1+i)^n - 1}{i}$$

可得 $A = V_n \times \dfrac{i}{(1+i)^n - 1} = 60000 \times \dfrac{10\%}{(1+10\%)^5 - 1} = 9828.01$（元）

即每年末只要存入 9828.01 元，5 年后即可获得 60000 元现金用于更新设备。

2）普通年金现值的计算。普通年金现值是一定时期内每期期末等额收付款项的复利现值之和。其计算公式为：

$$V_0 = A \times \dfrac{1 - (1+i)^{-n}}{i}$$

式中　　V_0——年金现值；

$\dfrac{1 - (1+i)^{-n}}{i}$——"年金现值系数"可从"年金现值表"中查得。

【例 2-7】　今后每年末取款 1000 元的一项整存零取存款，预计延续 30 年，年利率 10%，现在需一次性存入多少？

$$V_0 = 1000 \times \dfrac{1 - (1+10\%)^{-30}}{10\%} = 1000 \times 9.426914 = 9426.91 \text{（元）}$$

【例 2-8】　现在存入 1000000 元，拟分 30 年取用，每年末可以取款多少元？

由 $V_0 = A \times \dfrac{1 - (1+i)^{-n}}{i}$ 可得

$$\begin{aligned} A &= V_0 \div \dfrac{1 - (1+i)^{-n}}{i} \\ &= 1000000 \div \dfrac{1 - (1+10\%)^{-30}}{10\%} \\ &= 1000000 \div 9.426914 = 106079.25 \text{（元）} \end{aligned}$$

（2）预付年金。又称为即付年金，是指在每期期初支付的年金。预付年金与普通年金的区别在于付款时间的不同。

1）预付年金终值的计算。预付年金终值是一定时期内每期期初等额收付款项的复利终值之和。预付年金的终值的计算可在普通年金终值的基础上进行。其计算公式为：

$$V_n = A \times \dfrac{(1+i)^n - 1}{i} \times (1+i) \quad \text{或} \quad V_n = A \times \left[\dfrac{(1+i)^{n+1} - 1}{i} - 1 \right]$$

【例 2-9】　如果每年年初存入银行 1000 元，存款利率为 10%，第 5 年末其终值是多少？

$$V_5 = 1000 \times \dfrac{(1+10\%)^5 - 1}{10\%} \times (1+10\%) = 6715 \text{（元）}$$

或

$$V_5 = 1000 \times \left[\dfrac{(1+10\%)^{5+1} - 1}{10\%} - 1 \right] = 6715 \text{（元）}$$

2）预付年金现值的计算。预付年金的现值是一定期间内每期期初等额收付款项的复利现值之和。同预付年金终值计算一样，预付年金现值的计算也可以在计算普通年金现值的基础上进行。其计算公式为：

$$V_0 = A \times \dfrac{(1+i)^n - 1}{i \times (1+i)^n} \times (1+i) \quad \text{或} \quad V_0 = A \times \left[\dfrac{(1+i)^{n-1} - 1}{i \times (1+i)^{n-1}} + 1 \right]$$

【例 2-10】　某公司 5 年内每年年初要支付 2000 元的一笔费用，如果年利率为 10%，则，这笔费用的现值为多少？

$$V_0 = 2000 \times \dfrac{(1+10\%)^5 - 1}{10\% \times (1+10\%)^5} \times (1+10\%) = 8338 \text{（元）}$$

或 $V_0 = 2000 \times \left[\dfrac{(1+10\%)^{5-1}-1}{10\% \times (1+10\%)^{5-1}} + 1\right] = 8338$（元）

（3）永续年金。永续年金是无限期收付年金。永续年金没有终止的时间，也没有终值。永续年金的现值可以通过普通年金现值的计算公式导出，其计算公式为：

$$V_0 = A \times \dfrac{1}{i}$$

【例2-11】 学校拟建立一项奖学基金，每年计划颁发100000元奖学金，若银行利率为8%，现在应存入多少钱？

$$V_0 = A \times \dfrac{1}{i} = 10000 \times \dfrac{1}{8\%} = 1250000（元）$$

4．资金时间价值计算中的两个特殊问题

（1）贴现率的测定。在前面计算终值和现值时，都假定利息是给定的。但在经济管理中，经常会遇到在已知计息期数，终值和现值的情况下，求贴现率（或利率）的问题。一般讲，求贴现率可分两步进行：第一，求出换算系数；第二，根据换算系数和有关表求贴现率（或利率）。

如果用 F 表示换算系数，则据上述有关公式，复利终值、复利现值、普通年金终值和普通年金现值的换算系数分别表示如下：

$$复利终值\ F = \dfrac{FV_n}{PV}, \quad 复利现值\ F = \dfrac{PV}{FV_n}$$

$$年金终值\ F = \dfrac{V_n}{A}, \quad 年金现值\ F = \dfrac{V_0}{A}$$

【例2-12】 某人用1万元购买债券，希望3年后可获得本利和为1.5万元，那么债券的利率应为多少？

这是求复利终值系数问题

$$复利终值\ F = \dfrac{FV_3}{PV} = \dfrac{15000}{10000}$$

查书后"复利终值系数表"第三期这一行：当利率为14%时，复利终值系数 F 为1.428，当利率为1.5%时，F 为1.521，可用插值法确定如下：

利率		复利终值系数（F）	
14%		1.482	
?% $\}x\%$	$\}1\%$	1.500 $\}0.018$	$\}0.039$
15%		1.521	

$$\dfrac{x}{1} = \dfrac{0.018}{0.039} \quad x = 0.46$$

则债券利率应为：14% + 0.46% = 14.46%

【例2-13】 某公司计划年初向银行借入20万元，购买设备，银行要求从第一年开始，5年内每年年末偿还6.4万元，试求这笔借款的利息率是多少？

由于是每年年末等额还款，所以实际上是求5年期的普通年金现值系数问题。

$$普通年金现值\ F = \dfrac{V_0}{A} = \dfrac{20}{6.4} = 3.125$$

查年金现值系数表可知，在第五期中，利率为18%，年金现值系数为3.127，利率为20%时，年金现值系数为2.991，用插值法计算如下：

$$\begin{array}{ccc} \text{贴现率} & & \text{年金现值系数} \\ \left.\begin{array}{c} 18\% \\ ?\% \\ 20\% \end{array}\right\}x\% & 2\% & \left.\begin{array}{c} 3.127 \\ 3.125 \\ 2.991 \end{array}\right\}0.002 \bigg\} 0.136 \end{array}$$

$$\frac{x}{2} = \frac{0.002}{0.136} \quad x = 0.63$$

故该笔借款的利息率为：18% + 0.03% = 18.03%

（2）不等额现金流量现值的计算。企业在经济活动中如果每次收入或付出都是相等的款项，则我们很容易地运用年金的有关公式来求解。但在实际经济生活中，企业更多面对的是每次收入或付出的款项不相等的情况。解决这个问题的方法是分别将不同时期不等额的现金收入流量或现金付出流量折算为现值终值，然后相加求和。

假设：A_0——第 0 年末的付款（或收入）；A_1——第一年末的付款（或收入）；A_2——第 2 年末的付款（或收入）；A_n——第 n 年末的付款（或收入）。

则各期不等额付款（或收入）的总终值计算公式为：

$$FV_n = \sum_{t=0}^{n} A_t (1+i)^t$$

各期不等额付款（或收入）的总现值计算公式为：

$$PV_0 = \sum_{t=1}^{n} A_t \frac{1}{(1+i)^t}$$

【例2-14】 某人第一年初存入银行10000元，第二年初存入银行20000元，第三年初没有存款，第四年初存入银行15000元，若银行存款利率为5%，问第四年末可取出多少钱？

$$FV_0 = 15000 \times (1+5\%) + 20000 \times (1+5\%)^3 + 10000 \times (1+5\%)^4 = 51070 \text{（元）}$$

【例2-15】 有一项工程需 3 年完成。各年所需投入资金见表2-2，如果贴现率为10%，试求现值为多少？

表2-2

年	0	1	2	3
现金付出流量	10000	30000	20000	15000

$$PV_0 = 10000 \times \frac{1}{(1+10\%)^0} + 30000 \times \frac{1}{(1+10\%)^1} + 20000 \times \frac{1}{(1+10\%)^2} + 15000 \times \frac{1}{(1+10\%)^3}$$
$$= 65055 \text{（元）}$$

二、资金成本与资金结构

（一）资金成本

1. 资金成本的概念及作用

资金成本也称资本成本，是指企业为筹集和使用资金而付出的各种费用，它包括资金筹集费和资金使用费。资金筹集费是指在资金筹集过程中支付的各种费用，如：发行股票、债券的手续费、印刷费、注册费、律师费、评估费、广告费等；资金使用费是指使用资金而支付的费用，包括支付给投资者的无风险报酬和风险报酬两部分，如，银行借款、发行债券的利息支出，发行股票的股利支出、吸收投资的利润分配等。资金筹集费通常在筹集资金时一次性发生，与使用资金的时间无关，可看做固定费用；而资金使用费与使用资金的数量、时间直接有关，可看做变动费用。

资金成本通常用相对数表示，即用资金成本率来表示，一般通称为资金成本。资金成本的产生是由于资金所有权与资金使用权分离的结果。资金作为一种特殊的商品，也有其使用价值，即能保证生产经营活动顺序进行，能与其他生产要素相结合而使自己增值。企业筹集资金以后，暂时地取得了这些资金的使用价值，就要为资金所有者暂时丧失其使用价值而付出代价，因而要承担资金成本。

资金成本是企业用以确定投资项目是否可行的重要经济标准，也是评价企业经营成果的依据。

资金成本有多种形式，在比较各种筹资方式时，使用个别资金成本，如长期借款成本，债券成本，股票成本等；在企业全部资金结构决策时，使用综合资金成本；在追加筹资决策时，还可使用边际成本。

资金成本的作用在于：

（1）资金成本是选择筹资方式，拟定筹资方案的依据。企业筹资可通过股票，债券，贷款，融资租赁，留用利润等方式进行。不同来源取得的资金，其成本是不相同的。企业资金构成发生变动，综合的资金成本率也会变动。为了以最少耗费，最方便地取得企业所需资金，就必须分析多种资金来源、资金成本的高低，并合理地配置。

（2）资金成本是评价投资项目可行性的主要经济指标。任何投资项目，如果它预期的收益率超过资金成本，则有利可图，这项方案在经济上就是可行的；如果它的预期投资收益达不到资金成本率，则这项方案在经济上就要舍弃。因此，资金成本是企业用于确定投资项目取舍的一个重要标准。

（3）资金成本是评价企业经营成果的依据。资金成本作为一种投资报酬，是企业最低限度的投资收益率。企业任何一项投资不论所需要资金是怎样筹集的，都必须实现最低的投资收益率，以补偿企业使用资金需要偿付的资金成本，因此，资金成本率的高低就成为衡量企业投资收益率的最低标准。

2. 个别资金成本的计算

由于在不同条件下筹集资金的数额和支付代价的数额不同，就不便于对各种筹资方式进行比较评价。为便于比较评价，通常采用资金成本率这一相对指标。资金成本率，按一般道理来说，是指企业为取得一定时期所使用的资金应支付的费用占筹资总额的比率。其计算公式是：

$$资金成本率 = \frac{资金使用（占用）费用}{筹集资金总额 - 资金筹集费用} \times 100\%$$

下面介绍几种主要筹集方式资金成本率的计算。

（1）股票成本率

企业发行股票要支付代理发行的手续费、股票印刷费、广告费等资金筹集费用，还要在税后利润中按期支付股息或分配股利等资金占用费用。资金筹集费用可按股票发行额的一定比例计算。优先股的股息可按事先规定的股息率计算。普通股的股利是不固定的，可根据企业的经营盈利情况预计股息计算。其成本率计算公式如下：

$$股票成本率 = \frac{股票面值 \times 年股息率}{股票发行价 \times (1-筹资费率)} \times 100\%$$

$$= \frac{预计股利额}{股票发行价 \times (1-筹资费率)} \times 100\%$$

【例 2-16】 某企业的股票面值为 10 元，发行价为 15 元，年股息率为 16%，发行费用占发行价的比率为 0.8%，则：

$$股票成本率 = \frac{10 \times 16\%}{15 \times (1-0.8\%)} \times 100\% = 10.75\%$$

(2) 银行借款成本率

银行借款付出的代价是利息，利息列作财务费用，计入当期损益。由于支付利息后减少了企业所得税，可以少缴所得税，而且银行借款手续费很少，可以不予考虑。其成本率计算公式为：

$$银行借款成本率 = \frac{借款额 \times 借款年利率 \times (1-所得税率)}{借款额 \times (1-筹资费率)} \times 100\%$$

【例 2-17】 某企业向银行申请取得两年期借款 200 万元，发生筹资费用 5000 元，年利率 9%，每季末支付利息一次，到期一次还本，该企业所得税率 33%。

由于资金成本率都是按年计算的，在按季付息的情况下，应考虑付息到年末的时间价值。可将每季应付利息额折算成年末终值后再计算借款成本率，也可先将名义利率换算成实际利率后再计算借款成本率。

$$年度实际利率 = \left(1 + \frac{9\%}{4}\right)^4 - 1 = 9.308\%$$

$$借款成本率 = \frac{2000000 \times 9.308\% \times (1-33\%)}{2000000 - 5000} \times 100\% = 6.25\%$$

(3) 企业债券成本率

债券的利息一般是在税前列支，它同银行借款利息一样，不会全部减少企业税后的利润额，要部分地减少上交所得税。其成本率计算公式如下：

$$债券成本率 = \frac{债券面值 \times 债券年利率 \times (1-所得税率)}{债券发行价 \times (1-筹资费率)} \times 100\%$$

【例 2-18】 某企业债券面额为 500 元，发行价为 480 元，年利率为 12.6%，每年付息一次，发行费用占发行价的比率为 0.8%，企业所得税率为 33%，则：

$$债券成本率 = \frac{500 \times 12.6\% \times (1-33\%)}{480 \times (1-0.8\%)} \times 100\% = 8.86\%$$

3. 综合资金成本的计算

综合资金成本，即各种资金来源成本的加权平均数。企业采用不同的方式，分别从各种渠道取得资金，其资金成本率是各不相同的。由于种种条件的制约，企业不可能只从某种资金成本较低的来源筹集资金。相反，从多种来源取得资金，以形成各种资金来源的组合可能更为有利。

$$综合资金成本率 = \Sigma \left(某种来源资金成本率 \times \frac{某种来源的资金}{资金来源总额}\right)$$

【例 2-19】 某企业初步拟定了两个筹资方案,如表 2-3 所示。

筹资方案比较表　　　　　　　　　　　　　表 2-3

资金来源项目	资金成本率(%)	甲方案			乙方案		
		筹资额(万元)	比重(%)	综合资金成本率(%)	筹资额(万元)	比重(%)	综合资金成本率(%)
自有资金	14	160	64	8.96	130	52	7.28
银行借款	7	50	20	1.4	70	28	1.96
企业债券	10	30	12	1.2	40	16	1.6
赊购	11	10	4	0.44	10	4	0.44
合计		250	100	12	250	100	11.28

从表 2-3 中的计算结果看出,乙方案的综合资金成本率要低于甲方案的综合资金成本率,因此,在不需要考虑其他因素时,应采用乙方案筹集资金。

(二) 经营杠杆与财务杠杆

1. 经营杠杆与经营风险

(1) 经营杠杆

财务管理中的杠杆效应,是由于有一部分固定成本的存在,当业务量发生较小的变化时,对利润会产生较大的影响。

企业的成本按照与业务量的关系大致可分为固定成本和变动成本两类。在某一固定成本比重下,销售量变动对利润产生的作用,被称为经营杠杆。经营杠杆的大小一般用经营杠杆系数表示。

由于产销量变动而引起利润变动的幅度与产销量变动幅度的倍数关系,表示经营杠杆发生作用的程度。计算公式如下:

$$经营杠杆系数 = \frac{息前利润变动率}{产销量变动率}$$

息前利润即未扣除负债利息的利润。

$$息前利润变动率 = \frac{变动后息前利润 - 变动前息前利润}{变动前息前利润} \times 100\%$$

$$产销量变动率 = \frac{变动后的产销量 - 变动前的产销量}{变动前的产销量} \times 100\%$$

以上叙述可知,利润变动的幅度会大于产销量变动的幅度,是由于固定成本不随着产销量的变化而产生的,因此,产销量在一定数额下(不变时)的经营杠杆系数计算公式如下:

$$经营杠杆系数 = \frac{产销量 \times (单价 - 单位变动成本)}{产销量 \times (单价 - 单位变动成本) - 固定成本}$$

$$= \frac{销售额 - 变动成本}{销售额 - 变动成本 - 固定成本}$$

$$= \frac{边际贡献}{息前利润}$$

此公式是按变动前的数据计算,借以说明经营杠杆在后期发生作用的程度。上述按两个变动率计算经营杠杆系数公式,是按变动后的数据计算,借以说明变动当期经营杠杆作用的程度。

【例2-20】 某企业有关销售额、成本、利润的资料，如表2-4所示。

销售量、利润变动率计算表　　　　　　表2-4

	销售量（件）	单　价（万元）	销售额（万元）	单位变动成本	变动本总额	边际贡献	固定成本总额	息前利润
基　期	200	7.5	1500	5.1	1020	480	288	192
本　期	240	7.5	1800	5.1	1224	576	288	288
差　异	40	—	300	—	204	96	—	96
变动率	20%	—	20%	—	20%	20%	—	50%

按基期（变动前）数据计算，经营杠杆系数 $=\dfrac{480}{192}=2.5$

按两个变动率（变动后）计算，经营杠杆系数 $=\dfrac{50\%}{20\%}=2.5$

上述计算出的经营杠杆系数为2.5，说明在其他条件不变的情况下，销售量每增加1倍（或1%），利润将增加2.5倍（或2.5%）。

(2) 经营风险

经营风险是指某种经营活动可能有不利因素影响，而导致未来收益的不确定性。影响企业经营风险的因素很多，主要有产品的销售量、价格、成本费用、市场对产品的需求、固定成本的比重以及企业的生产经营能力等方面。

通过上述计算可以看出，经营杠杆系数越大，利润变动的幅度越大，如果相关因素向不利的方面变化，企业的经营风险就越大。一般来说，固定成本越高，经营杠杆系数越大，经营风险也越大。所以经营杠杆系数也在一定程度上反映了经营风险的大小。

2. 财务杠杆与财务风险

(1) 财务杠杆

财务杠杆是指负债筹资对自有资金利润率而产生的影响。借款筹资要支付利息，并要相应地减少利润。在有借入资金的情况下，当支付借入资金利息前的全部资金利润率高于借入资金利息率时，借入资金占全部资金的比重越大，自有资产利润率越高；反之，自有资金利润率越低。

由于借入资金利息率不随付息前资金利润率的增减变动而变动，因此，在资金来源数额、结构和借入资金利息率一定的条件下，当付息前的利润增加引起资金利润率增长时，自有资金利润率会有更大幅度的增加；反之，则下降。即自有资金利润率的变动率总会大于付息前资金利润率的变动率，这就是财务杠杆作用的表现。在有负债利息的情况下，由于付息前利润的变动而引起的自有资金利润率变动的幅度，与付息前资金利润率变动幅度的倍数关系，称为财务杠杆系数，表示财务杠杆发生作用的程度。其计算公式如下：

$$财务杠杆系数 = \dfrac{自有资金利润率的变动率}{付息前资金利润率的变动率}$$

$$自有资金利润率变动率 = \dfrac{变动后自有资金利润率 - 变动前自有资金利润率}{变动前自有资金利润率} \times 100\%$$

$$息前资金利润率变动率 = \dfrac{变动后息前资金利润率 - 变动前息前资金利润率}{变动前息前资金利润率} \times 100\%$$

上述公司还可以演变推导为：

$$财务杠杆系数 = \frac{付息前利润额}{付息前利润额 - 借入资金利息额} = \frac{付息前利润额}{经营利润额}$$

此公式是按变动前的数据计算，借以说明财务杠杆在后期发生作用的程度。

【例 2-21】 某企业有关资金、利息、利润的资料，如表 2-5 所示。

利润变动率计算表　　　　　　　　单位：万元　表 2-5

	自有资金	借入资金	资金总数	息前利润	息前资金利润率	借款利率	借款利息	经营利润	自有资金利润率
基　期	600	600	1200	192	16%	12%	72	120	20%
本　期	600	600	1200	220.8	18.4%	12%	72	148.8	24.8%
差　异				28.8	2.4%			28.8	4.8%
变动率				15%	15%			24%	24%

据表 2-5 资料，按基期（变动前）计算，财务杠杆系数 $= \frac{192}{120} = 1.6$

按两个变动率（变动后）计算，财务杠杆系数 $= \frac{24\%}{15\%} = 1.6$

意味着付息前的资金利润率增加 1 倍时，自有资金利润率会增加 1.6 倍

(2) 财务风险

财务风险是由于企业筹集资金而形成的风险。影响财务风险的因素除了经营方面的风险使利润具有不确定性外，还有资金供应状况、资金成本、获利能力、金融政策等方面的因素。

财务杠杆系数越大，表明财务杠杆作用越大，财务风险也就越大；财务杠杆数越小，财务风险也就越小。

3．复合杠杆

从前述分析可知，经营杠杆是通过扩大销售影响息税前利润；而财务杠杆则是通过扩大税息前利润影响每股利润。如果企业同时利用经营杠杆和财务杠杆，这种影响就会更大，总风险也更高，通常将这两种杠杆的连锁作用称为复合杠杆，其计算公式如下：

$$复合杠杆系数 = 经营杠杆系数 \times 财务杠杆系数$$

复合杠杆系数越大，自有资金利润率的波动幅度越大，企业的风险也越大；反之，风险越小。可以利用经营杠杆与财务杠杆的相互关系，使之进行组合，以求降低复合杠杆系数，降低企业的风险。如：经营杠杆系数较高的企业，应在较低的程度上运用财务杠杆；经营杠杆系数较低的企业，应在较高的程度上运用财务杠杆。

(三) 资金结构

1．资金结构的意义

资金结构是指企业各种资金的构成及其比例关系。企业最基本的资金结构是自有资金与借入资金各在资金来源总额中的比重。一般来说，采用多种方式，从多种渠道筹集资金，使企业的综合资金成本率相对较低的资金来源构成，就是最佳资金来源结构。合理安排企业资金结构的意义是：

第一,有利于降低资金成本。由于采用不同方式从不同渠道取得资金,其资金成本率是各不相同的,这样就可以选择较低成本的资金来源来安排资金结构,从而使全部资金来源的综合成本相对较低。

第二,可以获取财务杠杆利益。由于债务利息通常都是固定不变的,当息税前利润增大时,每一元利润所负担的固定利息就会相应减少,从而可以分配给企业所有者的税后利润也会相应增加,因此,利用债务筹资可以发挥财务杠杆的作用,给企业所有者带来财务杠杆利益。

2. 资金结构的影响因素

(1) 企业的社会责任。大中型企业,有责任持续地向社会提供产品和服务,因此,在制定资金结构时,必须确保不影响其长期稳定经营。

(2) 企业的销售增长情况。如果企业产品销售前景看好,盈利能力强,就可以适当增加负债筹资的比例。

(3) 资产的流动性。如果企业资产变现能力强,周转速度快,就可以举债融资,并且可以短期融资,以降低资金成本。

(4) 企业所有者和管理人员的态度。如果企业的所有者和管理人员不愿意承担财务风险,就可能较少利用财务杠杆,尽量降低债务资金的比例。

(5) 贷款银行和评信机构的态度。企业在涉及较大规模的债务筹资时,贷款银行和信用评级机构的态度往往成为决定企业财务结构的关键因素。

(6) 企业的获利能力。在实际工作中,获利水平相当高的企业往往并不使用大量的债务资金,因其可以利用较多的留用利润来满足增资的需要。

(7) 税收因素。债务的利息可以减税,而股票的股利不能减税,因此,一般而言,企业所得税税率越高,借款举债的好处就越大,由此可见,税收实际上对负债资金的安排产生一种刺激作用。

(8) 行业差别。不同行业以及同一行业的不同企业,在运用债务筹资的策略和方法上大不相同,从而也会使资金结构产生差别。在资金结构决策中,应掌握本企业所处行业资金结构的一般水准,作为确定本企业资金结构的参照,分析本企业与同行业其他企业的差别,以便决定企业的资金结构。

3. 最优资金结构的确定方法

(1) 自有资金利润率分析法

从财务杠杆的原理可知,资金结构对自有资金利润率有着重要的影响。一般认为能提高自有资金利润率的资金结构是合理的,反之则认为不够合理。因此,就可以按照资金结构与自有资金利润率之间的关系来分析确定合理的资金结构。

如果两种筹资方案的自有资金利润率相等,则认为不论采用哪种筹资方案都行。自有资金利用率不受筹资方式影响的付息前利润点,通常称为自有资金利润率无差别点,也称筹资无差别点。这样就可以计算自有资金利润率无差别点来选择资金结构。其计算方法推导如下:

因为: $$自有资金利润率 = \frac{付息前利润额 - 借入资金利息额}{自有资金}$$

令: 甲方案自有资金利润率 = 乙方案自有资金利润率

所以：

$$\frac{\text{无差别点付息前利润额} - \text{甲方案借入资金利息额}}{\text{甲方案自有资金}} = \frac{\text{无差别点付息利润额} - \text{乙方案借入资金利息额}}{\text{乙方案自有资金}}$$

【例2-22】 某企业原有资本金600万元，借入资金400万元，借款年利率8%，由于扩大业务需追加筹资200万元，如果采用借款方式解决，估计年利率为9%，也可采用增加资本金的方式筹集。

设无差别点付息前利润为 R，计算如下：

$$\frac{R - (400 \times 8\% + 200 \times 9\%)}{600} = \frac{R - 400 \times 8\%}{600 + 200}$$

$$R = 104（万元）$$

此时：自有资金利润率 $= \dfrac{104 - (400 \times 8\% + 200 \times 9\%)}{600} = 9\%$

这就是说，当付息前利润为104万元时，采用负债方式筹资和采用增加资本金的方式筹资，两种情况下的自有资金利润率是相等的，无差别，采用哪种筹资方式都行。还可看出，当付息前利润高于104万元时，采用负债方式筹资较为有利；当付息前利润低于104万元时，不宜采用负债方式筹资，应采用增加资本金方式筹资。

上述无差别点分析法，对选择筹资方式、确定资金结构有一定的指导作用。但这种方法只考虑了资金结构对自有资金利率的影响，没有考虑风险因素。因为负债比例加大自有资金利润率提高的同时，企业还本付息的风险也在加大，投资者的风险也在加大，企业在社会上的信誉有可能下降。利用负债筹资，既有可以提高所有者投资报酬的好处，也有加大风险的坏处。

(2) 资金成本最低法

企业筹资的可能性主要取决于自身经营状况和资金市场状况。企业自身经营状况好和社会信誉好，资金市场上的资金供应量较多和经济政策较稳定，可以较低的资金成本或较容易地筹到资金；反之，筹资则较困难。在确定最佳资金结构时，可根据资金市场状况和企业自身经营状况，预计出各种筹资方式几种不同资金成本情况下的可望筹资额，进行结构组合研究，选择资金总成本最低的资金结构。其步骤和方法如下：

第一，根据资金成本水平和市场状况估计各种状态下的筹资额。资金市场状况可根据资金供应量和经济环境分为好、中、差几种情况，用概率表示各种情况可能性的大小。

【例2-23】 某企业对未来资金市场变动情况估计的筹资额，如表2-6所示。

某企业筹资额估计表　　　　　　　表2-6

资金市场状况 \ 可望筹资额　资金成本率（%）	优先股		债券		银行借款	
	A_1	A_2	B_1	B_2	C_1	C_2
	16	17	9	10	7	8
较好：概率0.3	50	60	60	70	55	60
中等：概率0.5	40	50	50	60	45	50
较差：概率0.2	20	30	40	50	30	35
平均可望筹资额（万元）	39	49	51	61	45	50
资金成本（万元）	6.24	8.33	4.59	6.1	3.15	4

表 2-6 中资料表明，资金市场状况较好的可能性为 30%，中等的可能性为 50%，较差的可能性为 20%，在资金市场较好的状况下，优先股成本率为 16%时可筹到资金 50 万元，优先股成本率为 17%时可筹到资金 60 万元，债券成本率为 9%时可筹到资金 60 万元，债券成本率为 10%时，可筹到资金 70 万元。其余依次类推。

第二，根据资金市场的概率，分别计算每一种资金成本率情况下的平均可望筹资额。

$$A_1 = 50 \times 0.3 + 40 \times 0.5 + 20 \times 0.2 = 39 （万元）$$
$$B_1 = 60 \times 0.3 + 50 \times 0.5 + 40 \times 0.2 = 51 （万元）$$

其余情况下的计算结果如表 2-6 所示。

第三，计算每种成本率情况下的资金成本，根据平均可望筹资额乘以资金成本率计算

$$A_1 = 39 \times 16\% = 6.24 （万元）$$
$$B_1 = 51 \times 9\% = 4.59 （万元）$$

其余情况下的计算结果如表 2-6 所示。

第四，根据需要筹资额选择最佳结构方案（见表 2-7）。

表 2-7

组合结构	筹资额（万元）	资金成本（万元）	组合结构	筹资额（万元）	资金成本（万元）
$A_1 + B_1 + C_1$	39 + 51 + 45 = 135	6.24 + 4.59 + 3.15 = 13.98	$A_1 + B_1 + C_2$	39 + 51 + 50 = 140	6.24 + 4.59 + 4 = 14.83
$A_2 + B_1 + C_1$	49 + 51 + 45 = 145	8.33 + 4.59 + 3.15 = 16.07	$A_2 + B_1 + C_2$	49 + 51 + 50 = 150	8.33 + 4.59 + 4 = 16.92
$A_1 + B_2 + C_1$	39 + 61 + 45 = 145	6.24 + 6.1 + 3.15 = 15.49	$A_1 + B_2 + C_2$	39 + 61 + 50 = 150	6.24 + 6.1 + 4 = 16.34
$A_2 + B_2 + C_1$	49 + 61 + 45 = 155	8.33 + 6.1 + 3.15 = 17.58	$A_2 + B_2 + C_2$	49 + 61 + 50 = 160	8.33 + 6.1 + 4 = 18.43

如果企业拟筹资 150 万元，就有两种方案可供选择，即 $A_2 + B_1 + C_2$、$A_1 + B_2 + C_2$，其中 $A_1 + B_2 + C_2$ 组合方案的资金成本较低，理应选择此方案。

第三节 资本金筹集

一、资本金制度

资本金是企业所有者投入的在工商行政管理部门登记的注册资金。资本金制度是国家围绕资本金的筹集管理及所有者的责权利等方面所作的法律规范，主要有以下内容：

（一）法定资本金

法定资本金又叫法定最低资本金，是指国家规定的开办企业必须筹集的最低资本金数额，即企业设立时必须要有最低限额的本钱，否则不得批准设立。

我国现行有关法规对企业资本金的有关规定为：

（1）有限责任公司的法定资本金为：生产经营性公司、商品批发公司 50 万元人民币；商业零售性公司 30 万元人民币；科技开发、咨询服务性公司 10 万元人民币。其中民族区域自治地区和国务院确定的贫困地区，经批准，注册资金的最低限度额可按上述规定限额降低 50%。

（2）股份有限公司的法定资本金为人民币 1000 万元，有外商投资的股份公司的法定资本金为人民币 3000 万元。

（二）资本金的构成

我国企业的资本金按照投资主体的性质和区域大致分为四类：

（1）国家资本金，是指有权代表国家投资的政府部门或者机构以国有资产投入企业形成的资本金。

（2）法人资本金，是指其他法人单位以其依法可以支配的资产投入企业形成的资本金。

（3）个人资本金，是指社会个人或本企业内部职工以个人合法财产投入企业形成的资本金。

（4）外商资本金，是指国外投资者及我国港、澳、台地区的投资者投入企业的资本金。

（三）资本金的管理

企业资本金的管理主要包括资本保全和投资者对其出资所拥有的权利与义务两个方面。

1. 资本保全的规定

资本保全，即对所有者投入企业的资本应保持其数额不变，不得随意增减调整。

具体要求：

（1）所有者不得随意从企业抽走资本金。在企业存续期间，投资者要抽回投资额，只能转让，企业的资本总额不得减少。

（2）不得将应计入损益的收益和费用支出来作增减资本金处理。

（3）企业增加资金时或特殊原因需减少资本金时，必须到原登记机关变更注册资本，并公告。

企业减少资本金后的注册资本不得低于法定的最低限额。

2. 所有者的权益

企业所有者即资本金的投资者，在公司制企业里通常称为股东，依法享有的权益主要有：

（1）有权参与企业管理。股东对公司重大事项的表决是按出资比例的大小或持有股份多少行使的。股东有权查阅股东会议记录和财务会计报告，对公司的经营提出建议或者质询。

（2）股东有分取公司红利的权利和承担公司亏损的义务。分取红利按出资比例或股份比例计算，承担亏损以其出资额为限。

（3）公司新增资本时，原股东有优先认购权。有限责任公司的股东被同意转让出资时，在同等条件下，其他股东对该出资有优先购买权。

（4）有剩余财产分配权

从以上资本金制度的有关内容看出，建立资本金制度，不仅明确了产权关系，而且有利于明确所有者的权利和责任，有利于保护所有者和债权人的利益，有利于吸引资金用于生产经营活动，也有利于企业准确核算盈利和进行利润分配。

二、直接吸收资本金

直接吸收资本金，是指不通过中介机构或股票市场，筹资者直接从投资者手中接受资本金的行为，在我国除了采取募集方式而设立的股份有限公司外，其余企业均属于采用直接吸收投资方式而筹集资本金。吸收投资中的出资者都是企业所有者，他们对企业拥有经营管理权，并按出资比例分享利润、承担损失。

1. 直接吸收资本金的条件

企业通过吸收投资而取得的实物资产或无形资产，必须符合生产经营科研开发的需要，在技术上能够消化应用。在吸收无形资产投资时，应符合法定比例。企业通过吸收直接投资而取得的实物资产和无形资产，必须进行资产评估。

2. 股东数量的规定

有限责任公司的股东，一般限定在2个以上50个以下。国家授权投资的机构或者国家授权的部门可以单独投资设立国有独资的有限责任公司。在公司章程中应规定各股东所认缴的出资额。

3. 缴纳资本金的规定

股东以货币出资的，应当将货币出资足额存入准备设立的有限责任公司在银行开设的临时账户。以实物、无形资产出资的，应当依法办理其财产权的转移手续。股东不按规定缴纳所认缴的出资，应当向已足额缴纳出资的股东承担违约责任。

4. 验资和出资证明书的规定

为了保证投资额计算的正确性，并具有法律效力，股东全部缴纳出资后，必须经法定验资机构验资并出具证明，以避免出资当事人日后发生争执纠纷。待公司注册登记后，由公司据此向股东签发出资证明书。

5. 直接吸收资本金的评价

直接吸收资本金的优点：

（1）有利于增强企业信誉。吸收投资所筹集的资金属于自有资金，与借入资金比较，能提高企业的信誉和借款能力。

（2）有利于尽快形成生产能力。直接吸收投资与通过有价证券间接筹资比较，能尽快地形成生产能力，尽快开拓市场。

（3）有利于吸收投资。可据企业的经营状况向投资者支付报酬，没有固定的财务负担，比较灵活，所以财务风险较小。

直接吸收资本金的缺点：

（1）资本成本高。企业向投资者支付的报酬是根据企业实现的利润和投资者的出资额计算的，特别是企业盈利丰厚时，企业向投资者支付的报酬很大。

（2）企业控制权分散。吸收投资的新投资者享有企业经营管理权，这会造成原有控制者控制权的分散与减弱。

（3）产权关系可能不明晰。吸收投资由于没有证券为媒介，产权关系有时可能不够明晰，也不便于产权的交易。

三、发行股票

（一）股票的基本特征

股票是股份有限公司为筹集自有资金而签发的，以证明股东所持股份的凭证。股票的发行主体必须是股份有限公司，股票投资者即为股份有限公司的股东。股票与其他有价证券相比，它具有以下特征：

（1）股票是一种财产所有权证书。股票是一定量价值的代表，发行股票所筹集的资金即为公司的财产。谁持有某股份公司的股票，就意味着对该公司的财产有一定的所有权。

（2）股票是以盈利为目的的证券。股东有领取股息、分享红利的权利。股票购买者一方面是为了参与公司的生产经营活动，另一方面是为了分享公司盈利。公司盈利多，股东有可能分得较多的股利。

(3) 股票是具有一定风险性的证券。股利的多少主要受到公司盈利多少的影响。当公司经营不佳无盈利时，就不能发放股利。当公司破产时，负有以购股额为限的责任，有可能蚀本。

(4) 股票是一种不还本的永久性证券。投资者购买股票后不允许退股，只能转让。

(5) 股票是代表一定权利的证书。股东对公司的重大经营事项有表决权；对公司领导有选举、罢免的权利；有优先认购新股权；有盈利分配权和剩余财产分配权。

(二) 股票的种类

1. 股票按股东承担的风险和享有的权益不同，分为普通股和优先股

普通股是股份公司发行的具有管理权而股利不固定的股票。普通股的股东有权参与企业管理，监督企业的生产经营活动，但其股利不固定，随公司盈利多少而变动。当公司解散时，普通股的股东有权享有按持有股份比例分配公司在清偿全部负债和优先股后的剩余财产权利。

优先股是股份制企业发行的优先于普通股股东分得股利和公司剩余财产的股票。

(1) 优先股的股息预先确定，一般不参加公司分红；

(2) 优先股股东的权利范围较小，一般没有选举权和被选举权，不参与公司的经营决策；

(3) 优先股与普通股相比，有优先于普通股的优先索偿权、股息领取的优先权和资产分配的优先权。

2. 股票按发行时是否记名分为记名股票和无记名股票

记名股票，是指在股票票面和公司置备的股东名册上记载股东名称及有关内容的股票。分配股利时，由企业书面通知股东，记名股票的转让受到一定限制，需办理过户手续。

无记名股票，是指不在股票票面上记载股东名称及不需要登记股东名册的股票。不记名股票可以任意转让，无需办理过户手续。

我国《公司法》规定，向发起人、国家授权投资的机构、法人发行的股票，应为记名股票。对社会公众发行的股票，可以记名，也可以不记名。

3. 按股票票面是否标明金额分为有面值股票和无面值股票

有面值股票，是指票面上标明股数和每股金额的股票。面值表示初始投资者投入的股本金额和股东承担公司责任的限额。

无面值股票，是指票面只表明股数而不标明金额的股票。目前我国《公司法》不承认无面值股票，规定股票应记载股票面额，并且其发行价格不得低于票面金额。

4. 按投资主体分为国有股、法人股、个人股和外资股

国有股，为有权代表国家投资的政府部门或机构以国有资产投入公司形成的股份，一般为普通股。

法人股，是指中国境内的企业法人以其依法可支配的资产投入公司形成的股份，或具有法人资格的事业单位和社会团体以国家允许用于经营的资产向公司投资形成的股份。

个人股，也称公众股，是指社会个人或本公司内部员工以个人合法财产投入公司形成

的股份。

外资股，指外国和我国香港、澳门、台湾地区的投资者向公司投资形成的股份。

5. 按发行对象和上市地区不同分为 A 股、B 股、H 股和 N 股

A 种股票是供我国大陆地区个人或法人买卖的，以人民币标明票面金额并以人民币认购和交易的股票。在大陆地区以外币认购和进行交易的股票称为 B 种股票。在香港上市以外币认购和进行交易的股票为 H 种股票。在纽约上市以外币认购和进行交易的股票为 N 种股票。B、H、N 种股票专供外国和我国香港、澳门、台湾地方的投资者买卖。

（三）股票发行方式、销售方式和发行价格

1. 股票发行方式

指的是公司通过何种途径发行股票。主要有以下两类：

（1）公开间接发行，指通过中介机构，公开向社会公众发行股票。这种发行方式的发行范围广，发行对象多，还有助于提高发行公司的知名度和扩大其影响力。

（2）不公开直接发行，指不公开对外发行股票，只向少数特定对象直接发行，因而不需经中介机构承销。

2. 股票销售方式

指的是股份有限公司向社会公开发行股票时所采取的股票销售方式。有自销和承销。

（1）自销方式，指发行公司自己直接将股票销售给认购者，认购者将款项直接送交发行公司。这种销售方式可由发行公司直接控制发行过程，实现发行意图，并节省发行费用；但往往筹资时间较长，发行公司要承担全部发行风险，并需要发行公司有较高的知名度、信誉和实力。

（2）承销方式，指发行公司将股票销售业务委托给证券经营机构代理，这种销售方式是发行股票所普遍采用的。我国《公司法》规定，股份有限公司向社会公开募集股份，应当由依法设立的证券经营机构承销。承销又分为包销和代销两种。包销又分为全额包销和余额包销两种。全额包销，指由承销商按商定的价格先购进发行人该次公开发行的全部股份，然后再出售给社会上的认购者。余额包销，指由承销商按与发行人约定的条件，在发行期内向社会公众发售股票，到期若有未售出的股票由承销商负责购进。这种销售方式发行人不承担发行风险，但手续费很高。代销是指证券公司只负责按发行人规定的条件代理发售股票，承销期结束时，若有未售出的股票全部退还给发行人的承销方式。这种销售方式的股票发行风险全部由发行人承担，因此手续费较低。

3. 股票发行价格

股票的发行价格是股票发行时所使用的价格，也就是投资者认购股票时所支付的价格。股票发行价格通常由发行公司根据股票面额、股市行情和其他有关因素决定。

股票发行价格可以和股票面额一致，但多数情况下不一致。股票发行价格一般有三种：

（1）等价，就是以股票的票面额作为发行价格，这种发行也称为平价发行。这种发行价格，一般在股票的初次发行或在股东内部分摊增资的情况下采用。等价发行股票容易摊销，但不能取得股票溢价收入。

（2）时价。就是以本公司股票在流通市场上买卖的实际价格为基准确定的股票发行价格。其原因是股票在第二次发行时已经增值，收益率已经变化。选用时价发行股票，考虑

了股票的现行市场价值，对投资者也有较大的吸引力。

（3）中间价。就是以时价和等价的中间值确定的股票发行价格。

按时价或中间价发行股票，股票发行价格会高于或低于其面额。前者称为溢价发行，后者称为折价发行。如属溢价发行，发行公司所获得的溢价款列入资本公积。

我国《公司法》规定，股票发行价格可以等于票面金额（等价），也可以超过票面金额（溢价），但不得低于票面金额（折价）。

四、所有者权益

权益，是指对资产的所有权。也就是说在企业资产负债表上与资产总值相对应的称为权益。权益又分为所有者权益和债权人权益两部分。所有者权益是指投资者投入资本所产生的权利和利益，也就是以资产总值抵去一切债务后，剩余资产（净资产）的所有权。股份制企业的所有者权益就称为股东权益。

所有者权益的内容包括：

1. 实收资本

指投资者实际投入的资本金。

2. 资本公积金

指企业在筹集资本金以及生产经营中形成的属于投资者所有的资本性积累，也叫准资本。资本公积可依法定程序转增资本金。其主要来源有：

（1）资本溢价。是指投资人缴付的出资额大于注册资本而产生的差额。如股份有限公司中溢价发行股票取得的收入，以其相当股票面值部分作为资本金，超出面值的溢价收入在扣除发行股票所支付的佣金手续费等支出后的溢价净收入作为资本公积金。

（2）法定财产重估增值。是指按照国家法律、法规规定进行的财产重新估价，其重估价值与账面价值的差额作为资本公积金。

（3）资本汇率折算差额。指外国投资者以外币投资，资产账户与实收资本账户采用的折合汇率不同而产生的折合记账本位币差额。为了体现资产不变的原则，其差额不得调整资本账户，而作为资本公积金处理。

（4）接受捐赠的资产价值等。

3. 留存利润

企业净利润分配去向大体上有两类：一是以股利或利润的形式分配给投资者，二是留存企业。留存利润就是通过企业的生产经营活动而形成的资本积累，即经营净收益的积累，包括盈余公积和未分配利润。

（1）盈余公积。是指企业按照规定从税后利润提取的积累资金。根据用途分为法定盈余公积金和公益金。法定盈余公积金是按税后利润的10%提取，当法定盈余公积金达到注册资本50%时，可以不再提取。公益金是专门用于企业职工福利设施，按税后利润的一定比例提取。

股份制企业可按股东会决议提取一定比例的任意盈余公积金。

盈余公积可用于弥补亏损或者用于转增资本金。但转增资本金后，企业法定盈余公积金一般不得低于注册资本的25%。

（2）未分配利润。是指未作分配的利润，有两层含义：第一，这部分净利润没有分配给投资者；第二，这部分净利润未指定用途。

第四节 发行债券

一、债券的概念

债券是一种借款凭证,是资金占用者向企业事业单位或个人出具的有限债权证书。持券人可以按期取得固定利息,并到期向发行企业收回本金,同债券发行者之间纯属借贷关系。

二、债券的分类

1. 按发行者划分

由国家发行的债券称为公债或国库券;地方政府发行的称为地方政府债券;企业发行的称为公司债券;金融机构发行的称为金融债券等。

2. 按发行的区域划分

在国内发行的债券,又称"内债",其票面价值用人民币表示;在国外发行的债券,又称"外债",其票面价值用外币表示。

3. 按债券还本的期限划分

可分为长期债券,即还本期限在10年以上的债券;中期债券,还本期限为6~10年;短期债券,还本期限为1~5年。

4. 按债券票面上是否记有持券人姓名划分

可分为记名债券,即在债券正面记有持券人的姓名,一般在内部发行,并给予一定的优惠条件,记名债券的转让受到一定限制;不记名债券,即在债券上不记载持券人姓名,转让时不需办理过户手续。

5. 按债券发行的保证条件划分

可分为抵押债券,即债券发行者要提供与债券发行总额相应的物资财产作为归还本金的实物保证;信用债券,即凭借债券发行者的信用或者由第三者出面作信用保证而发行的债券。

6. 按偿还本金的价值形态划分

可分为资金债券,即用货币表示债券票面价值,并以货币偿还本金;另一种是实物债券,即用货币表示债券票面价值,但按事先商定的实物折价后偿还本金,或以实物偿还,这种债券只在某种特定场合下使用。

三、债券与股票的区别

债券和股票都属于有价证券,都是企业筹措长期资金的主要方式,但两者在性质上有着明显的区别,反映着不同的经济利益。

(1) 从投资性质看,债券所表示的只是一种债权,无权过问发行者的业务,而股东有权选择董事会,并通过由董事会确定的经营管理人员,实行对企业的控制,体现对企业的所有权。

(2) 从投资报酬看,在获得报酬的先后上,债券优于股票。企业发放股利之前,须首先偿还债券利息,企业破产,须首先偿还债券。但是企业盈利时,股票持有人从企业获得的利润可能高于债券持有人。

(3) 从投资风险看,债券一般不承担什么风险,除获得固定利息外,到期还可以收回本金。而股票不允许退股、股金归企业永久性支配。股票获得利润多少完全取决于企业经营的好坏，企业盈利多，就多分，企业盈利少，就少分，企业破产，可能赔光。

四、企业发行债券的条件与原则

为保护债券发行活动中各方当事人的合法权益，国家对企业债务发行规定了法定条件。企业发行债券必须由债券主管机关依法定条件审查批准。

我国企业发行债券的条件是：

（1）企业债券发行主体必须是在中华人民共和国境内注册并有法人资格的企业。

（2）发行和购买企业证券时应遵循自愿、互利和有偿的原则，禁止以摊派的方式发行。

（3）股份有限公司的净资产不低于人民币3000万元，有限责任公司的净资产不低于人民币6000万元。

（4）企业发行的累计债券总额不得超过其自有资产净值的40%。

（5）企业申报发行债券时，必须按规定报送各种有关文件，文件的内容必须真实、合法，不得有虚假、欺诈等致他人误信的行为。

（6）发行债券的票面利率不得高于同期居民储蓄定期存款利率的40%，债券票面利率应在发行前确定，发行后不得随意调整。

（7）债权持有人有权按期取得利息，收回本金。

（8）企业一般应自批准发行之日起3个月内完成债券的发行，并向批准机关报送实际情况，逾期不得发放。

五、债券的发行价格

企业债券的发行价格，通常根据金融市场利率把将来应支付的面值与利息折算为现值来确定。由于债券的发行价格和债券的面值往往不一致，因此企业发行债券时，会出现三种情况，即平价发行、溢价发行、折价发行。平价发行是指按债券面值发行；溢价发行，是按高于债券面值的价格发行；折价发行，是按低于债券面值的价格发行。实际上，企业发行债券的溢价额是对企业以后逐期多付利息的预先补偿，企业发行债券的折价额是对债券持有者以后各期少得利息的预先补偿。因此，债券溢价与折价发行的作用，是平衡债券持有人的利息收入和发行债券企业的利息费用，使之符合市场利率，以保护投资人和举债企业双方的经济利益，做到公平合理。

第五节 流动负债管理

一、流动负债概述

流动负债又称短期负债，是企业短期资金的来源。流动负债的期限一般在1年以内或长于1年的一个营业周期内，其筹集方式主要有：短期借款、商业信用、短期融资债券等。

流动负债的特点：

1. 筹资速度快

长期负债的债权人为了保护其债权的安全，往往要对债务人进行全面的财务调查和周密的财务分析，故筹资所需时间较长。而流动负债由于在较短时间内可归还，其债权人顾虑较少，只对债务人的近期财务状况作调查，因而费时较短。

2. 筹资具有灵活性

长期负债所筹资金往往不能提前偿还，而且长期负债债务人往往要受借款合同的限制性契约条款的限制，而流动负债筹资要灵活得多。

3. 资金成本较低

流动负债的资金成本比长期负债的资金成本还要低，因为短期借款的利率比长期借款或债券的利率要低，且筹资费用也比长期负债要少得多。此外，流动负债筹资的方式中有的是无成本筹资。

4. 筹资风险较大

由于流动负债需要在短期内偿还，如果债务人在短期内人拿不到足够的资金偿还债务，就会陷入财务危机。

5. 可以弥补企业资金的暂时不足

当企业出现暂时的资金不足时，通过流动负债筹资，就可以弥补企业资金的暂时不足。

6. 便于企业资金结构的灵活组合

短期负债借入容易，归还也较随意，可以作为企业的一种调度资金的手段。

二、短期借款

短期借款指企业向银行和其他非银行金融机构借入的期限在1年以内的借款。

（一）短期借款的种类

我国目前的短期借款按目的和用途分为若干种，主要有生产周转借款、临时借款、结算结款等。按照国际通行的做法，短期借款还可依偿还方式的不同，分为一次性偿还借款和分期偿还借款；依利息支付方法的不同，分为收款法借款、贴现法借款和加息法借款；依有无担保，分为抵押借款和信用借款等。

企业在申请借款时，应根据各种借款的条件和需要加以选择。

（二）借款的取得

企业短期借款，首先必须提出申请，经审查同意后借贷双方签订借款合同，注明借款的用途、金额、利率、期限、还款方式、违约责任等；然后企业根据借款合同办理借款手续，借款手续完毕，企业便可以取得借款。

（三）借款的信用条件

按照国际通行的做法，银行发放短期借款往往带着一些信用条件，主要有：

1. 信贷限额

信贷限额是银行对借款规定的无担保贷款的最高额。信贷限额的有限期通常为1年，但根据情况也可延期1年。

2. 周转信贷协定

周转信贷协定是银行具有法律义务地承诺提供不超过某一最高限额的信贷协定。

3. 补偿性余额

补偿性余额是银行要求借款企业在银行中保持按贷款限额或实际借用额一定百分比（一般为10%～20%）的最低存款余额。

4. 借款抵押

银行向财务风险较大的企业或对其信誉无把握的企业发放贷款，有时需要有抵押品担保，以减小自己蒙受损失的风险。

5. 偿还条件

贷款的偿还有到期一次偿还和在贷款期内定期（每月、季）等额偿还两种方式。一般来讲，企业不希望采用后种偿还方式，因为这会提高借款的实际利率；而银行不希望采用前种偿还方式，是因为这会加重企业的财务负担，增加企业的拒付风险，同时会降低实际贷款利率。

6. 其他承诺

银行有时还要求企业为取得贷款而做出其他承诺，如及时提供财务报表，保持适当的财务水平等。

（四）短期借款的利率及其支付办法

1. 借款利率

优惠利率：这是银行向财力雄厚、经营状况好的企业贷款时收取的名义利率，为贷款利率的最低限。

浮动优惠利率：这是一种随其他短期利率的变动而浮动的优惠利率，即随市场条件的变动而随时间调整变化的优惠利率。

非优惠利率：银行贷款给一般企业时收取的高于优惠利率的利率。

2. 借款利息的支付办法

收款法：是在借款到期时向银行支付利息的方法。

贴现法：是银行向企业发放贷款时，先从本金中扣除利息部分，而到期时借款企业则要偿还贷款全部本金的一种计息方法。

加息法：是银行发放分期等额偿还贷款时采用的利息收取方法。在分期等额偿还贷款情况下，银行要将根据名义利率计算的利息加到贷款本金上，计算出贷款的本利和，要求企业在贷款期内分期偿还本息之和的金额。

（五）企业对银行的选择

选择银行时，重要的是选用适宜的借款种类，借款成本和借款条件，此外还应考虑下列有关因素：

（1）银行对贷款的风险政策；

（2）银行对企业的态度；

（3）贷款的专业化程度；

（4）银行的稳定性。

（六）短期借款筹资的特点

在短期负债融资中，短期借款的重要性仅次于商业信用。短期借款可以随企业的需要安排，便于灵活使用，且取得亦较简便。但其突出的缺点是成本较高，特别是在带有诸多附加条件的情况下其风险加剧。

短期投资的优点是容易及时取得资金及有较好的弹性。

三、短期融资债券

短期融资债券又称商业票据、商业证券，是一种由大型工商业企业或金融机构发行的无担保短期期票，是一种新兴的筹集短期资金的方式。近年来，国外大量发行商业本票进行短期融资。商业本票可由企业直接发售，也可由经纪人代理发售，其期限一般为两个月到一年。因其信用较高,风险较低,变现能力强,故利率一般低于银行短期借款利率。目前短期融资券已成为西方各类公司融通短期资金的主要方式。在我国,企业发行短期融资券于1987年在上海开始试点,1989年在全国推行。按照规定,企业发行短期融资只能在确定发生短期资金需要时,经批准方可采用;每次发行限额在100~3000万元之间;期限分为3个月、6个月和9个月三种;利率以不低于银行一年期定期储蓄存款利率为准,到期一次还本付息。

企业发行短期融资券,在企业做出发行决策后,要经信用评估机构对其财务状况和信用进行评定和估价,评定企业的融资券等级。在此基础上由企业向有关审批机关提出发行融资的申请,由审批机关审查批准后,方可正式发行。

短期融资券按不同标准,可作不同的分类,按发行方式,可分为经纪人代销的融资券和直接销售的融资券;按发行人的不同,可分为金融企业的融资券和非金融企业的融资券。

短期融资券筹资的优点一是筹资成本低,二是筹资数额较大,三是有利于提高企业的信誉。其缺点一是筹资风险较大,二是筹资弹性较小,三是发行条件比较严格。

四、商业信用和租赁

(一)商业信用

商业信用是指企业之间在商品交易中以延期付款或延期交货方式所形成的借贷关系,是购销双方相互提供的信用。商业信用是由商品交换中货与钱在空间上和时间上的分离而产生的,简单地说就是赊销预购。随着市场经济的繁荣发展,商业信用已成为企业筹集短期资金的一种有效方式。商业信用的方式主要有以下几种:

1. 赊购商品

是购货单位在收到货物后延期到若干时间付款的商品交易方式。在延期付款的这段时间内,相当于购货方从销货方取得了一笔借款,销货方向购货方提供了一笔贷款。这种方式可以弥补企业暂时的资金短缺,对于出售商品的企业来说也易于推销商品。销货方为了促使购货方尽早付款,可能规定一定的付款条件。

2. 预收货款

是销售单位向购货单位预先收取部分或全部货物的价款,延期到一定时间再发货的商品交易方式。相当于销货单位向购货单位先借得一笔资金,以后再用商品归还。购货单位对于紧俏商品乐意采取这种方式,以便按期取得货物。

3. 商业汇票

是在延期付款的商品交易中所开具的,载明一定金额和承付期,购货单位或委托的银行承诺到期付款的一种债务凭证。由付款单位承兑的汇票称为"商业承兑汇票"。由付款单位向开户银行申请,银行审查同意承兑的汇票称为"银行承兑汇票"。商业汇票的承付期限由交易双方商定,最长不超过6个月。在商业汇票承付期内,相当于购货单位从销货单位借到了一笔资金。汇票经承兑后,承兑者负有到期无条件支付票款的责任。有的商业汇票可能要收取延期付款的利息。

4. 补偿贸易

是在利用外资中一种引进设备、技术和贸易相结合的方式。即中方企业利用外商提供的设备和技术进行生产,用生产的产品或协议商定的其他产品分期偿还设备、技术价款的付款方式。这种方式的基本特点是：中方企业购买外商的设备、技术时不必付款，待以后用协议商定的产品在规定的时间内还本付息，也就是外商用中方企业偿还贷款的本息再向中方购买他所需要的产品。

商业信用融资是一种自然融资，是在买卖商品中发生的，无需正式办理筹集手续，也不需要国家有关部门审批，一般没有另外的附加限制性条件，比较容易取得。如果没有现金折扣或使用不带息票据，则商业信用筹资就没有成本。但商业信用在大多数情况下融资的期限较短，只有在购销活动中才能取得，有现金折扣时所付出的筹资成本较高。

（二）租赁

租赁是出租人以收取租金为条件，在契约合同规定的期限内将资产转让给承租人使用的业务活动，也是解决企业资金来源的一种筹资方式。

企业的租赁按其性质可以分为三种。

1. 企业租赁经营

企业租赁经营，是我国近年来经济体制改革中出现的一种新的租赁形式。企业租赁经营是以国家为代表作为出租人，将整个企业出租给集体甚至个人去经营。承租人除了按国家规定缴纳税金和按比例提留企业利润以外，还应向国家缴纳一定的租金。租赁期一般为3~5年。在租赁期内，承租人要保证资产的完好和必要的更新。

2. 服务性租赁

服务性租赁亦称为管理租赁或经营性租赁，主要是解决承租者在生产经营活动中一些临时需要的设备，如大中型通用设备等；这些设备承租企业不是长期使用也不拥有该设备的所有权，其实质是出租方把商品的使用价值分期让渡给承租方，并与之相应地分若干次收回商品的价值。

3. 融资租赁

融资租赁是由出租方利用其资金或从银行贷款购买承租方所需要的机器设备，然后租给承租方使用的一种物资流通方式。租期届满，机器设备按双方签订的租赁合同条款处理，一般归承租方所有。融资租赁，主要是解决承租方进行生产或技术改造急需设备的资金问题，这种租赁实质上是给承租方一种信贷资金，以改善承租单位的财务状况，出租方起着一种融通资金的作用。

小　　结

一、资金筹集是企业向资金供应者取得生产经营活动资金的一项财务活动。资金筹集的渠道主要有国家财政资金、金融机构资金、社会闲散资金、其他单位资金、企业提留资金、境外资金。其筹资方式主要有：吸收直接投资、发行股票、银行借款、商业信用、发行债券、融资租赁等。

二、资金筹集须遵循以下原则：合理性原则、及时性原则、效益性原则、风险控制原则、合法性原则。资金筹措可按照多种标准进行不同的分类，按资金来源性质的不同，分为自由资金和借入资金；按期限的不同，分为长期资金和短期资金；按筹资的渠道分为内部筹资和外部筹资；按是否以金融机构为媒介，分为直接筹资和间接筹资。

三、资金时间价值又叫货币时间价值，是指资金在周转使用过程中随时间的推移而发生的增值。资金成本也称资本成本，是指企业为筹集和使用资金而付出的各种费用，包括资金筹集费和资金使用费。资金成本的作用在于：①资金成本是选择筹资方式，拟定筹资方案的依据；②资金成本是评价投资项目可行性的主要经济指标；③资金成本是评价企业经营成果的依据。资金结构是指企业各种资金的构成及其比例关系。合理安排企业资金结构的意义在于：①有利于降低资金成本；②可以获取财务杠杆利益。

四、直接吸收资本金，是指不通过中介机构或股票市场，筹集者直接从投资者手中接受资本金的行为。其优点是：①有利于增强企业信誉②有利于尽快形成生产能力；③财务风险较小。缺点是：①资金成本高；②企业控制权分散；③产权关系可能不明晰。

五、股票是股份有限公司为筹集自有资金而签发的，以证明股东所持股份的凭证。股票具有如下特征：①股票是一种财产所有权证书；②股票是以盈利为目的的证券；③股票是具有一定风险性的证券；④股票是一种不还本的永久性证券；⑤股票是代表一定权利的证书。股票发行的方式主要有公开间接发行和不公开直接发行。股票的销售方式有自销和承销两种方式。股票的发行价格一般有等价发行、时价发行和中间价发行。我国《公司法》规定，股票发行价格可以等于票面金额（等价），也可以超过票面金额（溢价），但不得低于票面金额（折价）。

六、债券是一种借款凭证，是资金占用者向企、事业单位或个人出具的有限债权凭证。持券人可以按期取得固定利息，并到期向发行企业收回本金，同债券发行者之间纯属借贷关系。债券与股票都属于有价证券，都是企业筹措长期资金的重要方式，但两者在性质上有明显的区别，主要是：①从投资性质看，债券所表示的只是一种债权，无权过问发行者的业务，而股东有权选择董事会，并通过董事会确定的经营管理人员，实行对企业的控制，体现对企业的所有权。②从投资报酬看，在获得报酬的先后上，债券优于股票。③从投资风险看，债券一般不担什么风险，除获得固定利息外，到期还可以收回本金。而股票不允许退股，股金归企业永久性支配。

七、短期借款是指企业向银行和其他非银行金融机构借入的期限在1年以内的借款。企业取得短期借款首先必须提出申请，经审查同意后借贷双方签订借款合同，注明借款的用途、金额、利率、期限、还款方式、违约责任等，然后企业据借款合同办理借款手续。短期借款的信用条件有：信贷限额、周转信贷协定、补偿性余额、借款抵押、偿还条件及其他承诺。短期借款的利率有优惠利率、浮动优惠利率及非优惠利率、借款利息的支付办法有收款法、贴现法和加息法。

短期借款筹资的突出缺点是成本较高，特别是在带有诸多附加条件的情况下其风险加剧。其优点是容易及时取得资金及有较好的弹性。

八、短期融资债券又称商业票据、商业证券，是一种由大型工商企业或金融机构发行的无担保短期期票，是一种新兴的筹集短期资金的方式。目前短期融资券已成为西方各类公司融通短期资金的重要方式。

短期融资券按不同标准可作不同的分类。按发行方式可分为经纪人代销的融资券和直接销售的融资券；按发行人的不同，可分为金融企业的融资券和非金融企业的融资券。短期融资券筹资的优点是筹资成本低、筹资数额较大，有利于提高企业的信誉。其缺点是筹资风险较大、筹资弹性较小，发行条件较严格。

九、商业信誉是指企业之间在商品交易中以延期付款或延期交货方式所形成的借贷关系，是购销双方相互提供的信用。商业信用的方式主要有赊购商品、预收货款、商业汇票及补偿贸易。

租赁是出租人以收取租金为条件，在契约合同规定的期限内将资产转让给承租人使用的业务活动，也是解决企业资金来源的一种筹资方式。租赁按其性质可分为企业租赁经营、服务性租赁及融资租赁。

思考题与习题

思考题

1. 试述资金筹资的渠道和方式。
2. 什么是资金时间价值？资金时间价值有何意义？
3. 什么叫复利现值和终值？
4. 什么叫年金？年金有几种类型？试举几例说明？
5. 为什么要计算资金成本？
6. 财务杠杆有何意义？
7. 简述经营杠杆与财务杠杆的关系。
8. 为什么要研究资金结构？
9. 优先股比普通股有哪些优先的权利？
10. 股票的发行价格如何确定？为什么？
11. 股票与企业债券有何区别？
12. 融资性租赁与经营性租赁两者有何区别？
13. 商业信用融资有何优缺点？
14. 短期融资债券有何优缺点？

习题一

（一）练习年金的计算

（二）资料与要求

1. 某人以零存整取方式于每年年底存入银行 1 万元，利率为 5%，请计算第 5 年末年金终值是多少？若他于每年年初存入 1 万元，其他条件不变，其年金终值是多少？

2. 某人出国 4 年，要你为他代交房租，每年租金 3000 元，银行存款利率为 5%，则他现在应给你在银行存入多少钱？

3. 某人 10 年分期付款购房，每年年初支付 2.8 万元，银行利率为 5%，该分期付款相当于一次现金支付的购价是多少？

4. 某公司以 9% 的利率，借款 20 万元，投资于寿命为 10 年的某项目，每年至少要收回多少现金才是可行的？（假定该项目 10 年后无残值）

习题二

（一）目的：熟悉资金成本的计算

（二）资料：

1. 银行流动资金贷款按季付息的利率为 3%，合同印花税及有关手续费率为 0.5%。

2. 某企业的债券面额为 500 元，发行价为 485 元，按年付息的利率为 13.5%，平均每张面额为 500 元的债券发行费用 5 元。

3. 某企业的债券面额为 1000 元，三年期的贴水发行价为 730 元，发行费率为 0.8%。

4. 供货单位规定的付款条件是 2.5/10, n/60。

5. 某企业发行股票的面值为 50 元，预计年股息率为 15%，发行价为 70 元，筹资费率为 1%。

6. 租赁设备一套，该设备市场价值20万元，租赁4年，每季末支付租金1.7万元，租入时另付手续费0.6万元。

（三）要求：

该企业的所得税率为33%，根据上述资料计算各种筹资方式的资金成本率。

习题三

（一）目的：熟悉资金来源最佳结构的选择

（二）资料：某公司对未来资金市场变化情况估计的筹资额如下：

资金市场状况	可望筹资额（万元） 资金成本率	银行借款		优先股票		企业债券	
		A_1	A_2	B_1	B_2	C_1	C_2
		7%	8%	14%	15%	9%	10%
较好：概率0.4		70	80	90	100	65	75
中等：概率0.4		55	65	70	80	55	65
较差：概率0.2		40	50	60	70	40	50

（三）要求：1. 如果企业拟筹资200万元，应选择何种组合结构。
　　　　　　2. 如果企业拟筹资140万元，应选择可种组合结构。

习题四

（一）目的：通过练习，掌握债券价格的计算方法。

（二）资料：某公司2000年1月1日发行公司债券6万元，5年为期，票面利率为12%，一次还本，付息日为每年12月31日。

（三）要求：

1. 平价发行，计算本金现值及利息年金现值。
2. 当市场利率为14%，计算债券本金现值、利息年金现值、债券价格及折价金额。
3. 当市场利率为10%，计算债券本金现值、利息年金现值、债券价格及溢价金额。

第三章 流动资产管理

第一节 流动资产管理概述

流动资产是指可以在 1 年内或超过一年的营业周期内变现或运用的资产，包括各种货币资产、短期证券、短期债权及存货等。

一、流动资产的特点

（一）流动资产具有变现性

企业流动资产一般具有较强的变现能力，如遇到意外情况，企业出现资金周转不灵，现金短缺时，便可迅速变卖这些资产以获取现金，这对财务上应付临时性资金需求具有重要意义。

（二）流动资产的周转具有短期性

流动资产周转一次所需的时间较短，一般而言，投放于流动资产上的资金，通常会在一年或一个营业周期中收回，对企业影响的时间短。

（三）流动资产的数量具有波动性

流动资产的数量会随企业内外条件的变化而变化，时高时低，波动很大。季节性企业如此，非季节性企业也如此。

（四）流动资产的形态具有变动性

流动资产的实物形态是经常变化的，一般在货币资金、材料、在产品、产成品、应收账款、货币资金之间顺序转化。企业筹集资金后，一般都以货币资金的形式存在于企业，为了保证生产经营正常进行，必须拿出一部分货币资金去采购材料，这样，有一部分货币资金转化为材料；材料投入生产后，当产品尚未最后完工脱离加工过程以前，便形成在产品和自制半成品，当产品进一步加工完成后，就成为准备出售的产成品；产成品经过出售有的可直接获得货币资金，有的则因赊销而形成应收账款。经过一定时期以后，应收账款通过收现转化为货币资金。总之，流动资产的每次循环都要经过采购、生产、销售过程，并表现为货币资金、材料、在产品、产成品，应收账款等具体形态。

二、流动资产的分类

企业的流动资产通常按以下标准进行分类

（一）按在周转过程中所处的领域，可分为生产性流动资产和流通性流动资产两大类。

1. 生产性流动资产

生产性流动资产是指占用在企业生产领域中的各项流动资产，主要包括原材料、在产品、半成品等。

2. 流通性流动资产

流通性流动资产是指占用在流通领域的流动资产，包括产成品、应收账款、货币资金、短期证券等。

（二）按其属性，可以分为货币性资产、短期证券、短期债权和存货资产。

1. 货币性资产

货币性资产是指企业以货币形态存在的那部分资产，包括现金、银行存款和其他货币资金。

2. 短期证券

短期证券是指企业准备随时变现，持有时间不超过一年的有价证券，以及不超过一年的其他投资。

3. 短期债权

短期债权是指企业在结算过程中形成的应收及预付款项。

4. 存货资产

存货资产是指企业在生产经营过程中为销售或耗用而储备的资产。

第二节 货币资金管理

企业的货币资金是指存放在企业内的现金和存放在银行的存款及其他货币资金。在企业的生产经营过程中，经常会发生货币资金的收付业务，其中有的采用现金结算方式，用现金支付；有的采用转账结算方式，由银行存款支付。

一、货币资金的特点

货币资金是立即可以投入流通的交换媒介，它的首要特点是普遍的可接受性，即可以有效地立即用来购买材料物资、劳务或偿还债务。因此，货币资金是企业中流动性最强的资产。但是，在正常的市场情况下，流动性强的资产其收益率普遍较低，尤其是货币资金，其置存收益率几乎为零，所以，非盈利性就构成了货币资金的另一个特点。

二、企业持有货币资金的动机及影响因素

企业持有货币资金的动机主要有如下三个方面：

（一）交易的动机

交易的动机是指持有货币资金以便满足企业日常业务的支付需要。企业经常得到收入，也经常会发生支出，两者不可能同步同量。收入多于支出，形成货币资金的置存；收入少于支出，需要借入货币资金，因此，企业持有一定数量的货币资金，才能使业务活动正常地进行下去。

交易动机需要现金的数量，取决于其销售水平及经营规模，这是其主要的影响因素，正常营业活动所产生的货币资金收入和支出以及它们的差额，一般同销售及经营规模呈比例变化。

（二）预防的动机

预防的动机是指持有货币资金，以应付意外事件对货币资金的需求。企业预计的货币资金需要量，一般是指正常情况下的需要量，但有许多意外事件会影响企业货币资金的收入与支出，例如，地震、水灾、火灾等自然灾害，工人罢工、主要顾客未能及时付款等，都会打破企业的货币资金收支计划，使货币资金收支出现不平衡。持有较多的货币资金，便可使企业更好地应付这些意外事件的发生。

预防动机所需要的货币资金多少取决于以下三个因素：

(1) 货币资金收支预测的可靠程度;
(2) 企业临时借款能力;
(3) 企业愿意承担的风险。

(三) 投机的动机

投机的动机是指企业持有货币资金,以便当证券价格剧烈波动时,从事投机活动,从中获得收益。当预期利率将上升,有价证券的价格要下跌时,投机的动机就会鼓励企业暂时持有货币资金,直到利率停止上升为止。当预期利率将要下降,有价证券的价格要上升时,企业可能会将货币资金投资于有价证券,以便从有价证券价格的上升中得到收益。

三、货币资金管理

货币资金作为企业流通性最强、变现能力最强的资产,是满足正常经营开支、清偿债务本息、履行纳税义务的重要保证。因此,企业能否保持足够的货币资金余额,对于降低或避免经营风险与财产风险具有十分重要的意义,但同时货币资金又是一种非盈利性资产,持有量过多势必给企业造成较大的机会损失,降低资产的获利能力。因此,如何在货币资金的流动性与收益性之间做出合理的选择,即在保证企业正常业务经营及偿还债务和缴纳税款需要的同时,降低货币资金的占用量,并从暂时闲置的货币资金中获取最大的投资收益,就成为企业现金管理的基本目标。

为实现这一基本目标,就必须要有相应的科学的货币资金管理办法,它主要包括以下几方面:

(一) 严格遵守国家有关货币资金管理的有关规定

1. 现金管理的有关规定

(1) 现金使用范围。包括:①职工工资、津贴;②个人劳动报酬;③根据国家规定颁发给个人的科学技术、文化艺术、体育等各种奖金;④各种劳保、福利费以及国家规定的对个人的其他支出;⑤向个人收购农副产品和其他物资的价款;⑥出差人员必须随身携带的差旅费;⑦结算起点以下的零星开支;⑧中国人民银行确定需要支付现金的其他支出。

(2) 现金结算户和库存限额。一个单位如在几家银行开户,只能在一家银行开设现金结算账户,支取现金,并由该家银行负责核定现金库存限额和进行现金管理检查。

库存现金限额,由开户银行根据企业的实际需要量和距银行的远近核定企业 3~5 天的日常开支所需库存现金限额。边远地区和交通不便的地区的企业的库存现金限额可以多于 5 天,但不得超过 15 天的日常零星开支。企业超过库存现金限额的现金,应由出纳人员及时送存银行。

(3) 实行内部牵制制度。在现金管理中,要实行管钱的不管账,管账的不管钱,出纳人员和会计人员互相牵制,互相监督。凡有现金收付,应坚持复核制度,以减少差错、堵塞漏洞。凡出纳人员的调换时,必须办理交接手续,做到责任清楚。

(4) 其他规定。①企业向开户银行提取现金,应写明用途,由本单位财会部门负责人签章,并经开户银行审查批准,予以支付,企业须按说明用途使用。②不得"坐支"现金。需要坐支现金的单位,需要先报经开户银行审查批准,由开户银行核定坐支范围和限额。③不得谎报用途和替其他单位或个人套取现金。④不得以借条、白条等顶替库存现金。⑤不得保存账外公款。包括不得将公款以个人名义存入银行和保存账外现钞(即小金库)等各种形式的账外公款。⑥禁止发行变相货币,不准以任何票券代替人民币在市场上流通。

2. 银行存款管理的有关规定

按照国家规定，除了可以使用现金外，其余及超限额货币资金都必须送存银行，办理转账结算。

（1）银行结算的有关规定。①不准出租、出借银行账户。②不得签发空头支票和远期支票。③不得套取银行信用。④严守信用，履约付款。⑤谁的钱进谁的账，由谁支配。⑥银行不垫款。

（2）银行结算方式。目前，我国银行结算方式主要有以下几种：①支票。它是银行存款人签发给收款人办理结算或委托开户银行将款项支付给收款人的票据结算方式。支票分为现金支票、转账支票和普通支票。②银行汇票。它是汇款人将款项交存当地银行，由银行签发给汇款人持往异地办理转账结算或支取现金的票据。③银行本票。它是申请人将款项交存银行，由银行签发凭以办理转账结算或支取现金的票据，分为不定额和定额两种。④商业汇票。它是收款人或付款人签发，由承兑人承兑，并于到期日向收款人或被背书人支付款项的票据，包括商业承兑汇票和银行承兑汇票。⑤汇兑。它是汇款人委托银行将款项汇给外地收款人的结算形式，有信汇和电汇两种。⑥委托收款。它是收款人委托银行向付款人收取款项的结算方式，有邮划和电划两种。⑦托收承付。它是收款人根据合同和有关货物发运凭证委托银行向付款人收取款项，由付款单位向银行承认付款的结算方式。⑧信用卡。它是指银行向个人和单位发行的，凭以向特约单位购物、消费和向银行存取现金，且具有消费信用的特制载体的卡片。

（二）确定最佳货币资金持有量

所谓最佳货币资金持有量，是指持有这一数量的货币资金对企业最为有利，能最好地处理各种利害关系。它的确定方法主要有存货模式、成本分析模式、随机模式。

1. 存货模式

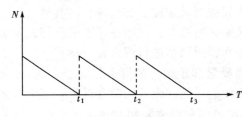

图 3-1 现金持有量的存货模式

在存货模式中，假设收入是每隔一段时间发生的，而支出则是在一个时期内均匀发生的。在此期间内，企业通过销售有价证券以获得现金。具体如图 3-1 所示：

图 3-1 表明，假设企业的现金需求在某个期间（例如一个月）是很稳定的。现假设企业原有的现金余额为 N 元，它将在 t_1 时用完之后，出售有价证券加以补充，然后这笔现金又逐渐使用，到 t_2 时再出售有价证券补充，如此反复。

存货模式就是要计算出使总成本最小的 N 值，在这里的"总成本"包括：

（1）持有现金的机会成本。它通常是有价证券的利率。它与持有现金的余额成正比；

（2）现金与有价证券转换的固定成本，如经纪人费用、税金及其他管理成本。假设它们只与交易的次数有关，而与持有现金的余额无关。

现金持有量越大，持有现金的机会成本就越高，但是，其转换成本就越低；反之，现金持有量越小，持有现金的机会成本就越低，但是，其转换成本就越高。现在我们的目的就是要寻找使这两种成本最低的现金持有量。为此，假设：

TC 代表总成本；b 代表每次转换的成本；T 代表给定的时间内的现金需求总额；$\overline{N}$

代表最佳现金持有量；N 代表现金持有量；i 代表持有现金的机会成本即有价证券的利率。

那么：

$$TC = \frac{N}{2} \times i + \frac{T}{N} \times b$$

这样，年总成本，持有现金的机会成本和转换成本可用图 3-2 表示如下：

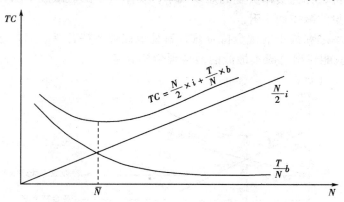

图 3-2 现金总成本、持有现金的机会成本和转换成本

从图 3-2 可看出，总成本线 TC 是一条凹形曲线。其最低点所代表的现金持有量即为最佳现金持有量。其具体数值可用数学方法计算出来。

我们对总成本表达式求一阶导数，并令其导数为零：

$$TC' = \frac{i}{2} - \frac{Tb}{N^2} = 0$$

此时，现金持有量 N 就是最佳现金持有量 $\overline{N}$，即：

$$\text{最佳现金持有量 } \overline{N} = \sqrt{\frac{2Tb}{i}}$$

【例 3-1】 某企业预计每月需要现金 50000 元，现金与有价证券的转换成本为每次 10 元，有价证券的月利率为 1%，则：

$$\text{最佳现金持有量 } \overline{N} = \sqrt{\frac{2 \times 50000 \times 10}{1\%}} = 10000 \text{ 元}$$

这就是说，最佳现金持有量为 10000 元，而平均现金持有量为 5000 元（10000÷2），这就是意味着企业从有价证券转换为现金的次数为 5 次（50000÷10000）。

2．成本分析模式

成本分析模式是指通过分析持有货币资金的成本来确定其最佳持有量的方法，企业持有货币资金将有三种成本。

(1) 投资成本。货币资金作为企业的一项资金占用是有代价的，其代价就是它的投资成本，即企业的资本收益率。如某企业的资本收益率为 10%，年平均货币资金持有量为 100 万元，则该企业每年货币资金的投资成本为 10 万元（100 万元×10%）。

货币资金持有量越大，其投资成本就越高。企业为了生产经营，需要持有一定的货币资金,付出相应的投资成本是必要的,但如果持有量过多,投资成本大幅度上升,就不合算了。

(2) 管理成本。管理成本是指企业持有货币资金所发生的管理费用。管理成本是一种相对固定的费用,与货币资金持有量之间无明显的变化关系。

(3) 短缺成本。企业因缺乏必要的货币资金不能应付业务开支需要而使企业蒙受的损失或为此付出代价,称为货币资金的短缺成本,货币资金的短缺成本随其持有量的增加而下降,随其持有量的减少而上升。

上述三项成本之和最小的现金持有量,就是最佳现金持有量。如果把以上三种成本线放在图 3-3 上,就能找出总成本最低的最佳现金持有量。

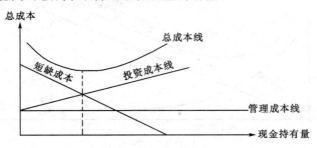

图 3-3 最佳货币资金持有量

从图 3-3 中可知:投资成本线向右上方倾斜,短缺成本线向右下方倾斜,管理成本为平行于横轴的平行线,总成本便是一条抛物线;抛物线的最低点,持有货币资金的总成本最低。超过这一点,投资成本上升的代价会大于短缺成本下降的好处;在这一点之前,短缺成本上升的代价又会大于投资成本下降的好处。所以,这一点横轴上的量,就是最佳的货币资金持有量。

最佳货币持有量的具体计算,可首先分别计算出各种方案的投资成本、管理成本、短缺成本之和,然后再从中选出成本之和最低的相应的货币资金量,即是最佳货币资金持有量。举例说明如下:

【例 3-2】 某企业有 A、B、C、D 四种现金持有方案,各方案的投资成本按现金持有量的 10% 计算,其成本分析表见表 3-1。

现金持有成本分析表 表 3-1

单位:元

项 目	A	B	C	D
现金持有量	40000	50000	60000	70000
投资成本	4000	5000	6000	7000
管理成本	400	400	400	400
短缺成本	2500	1000	500	0
持有总成本	6900	6400	6900	7400

将以上各方案的总成本加以比较可知,方案 B 的总成本最低,也就是说当企业持有 50000 元的现金时,其总成本最低,故 50000 元是该企业的最佳现金持有量。

3. 随机模式

随机模式是指如果企业未来的货币资金支出量是随机的，货币资金需要量事前无法预知，企业就可以根据控制论理论，制定一个货币需要量控制区域。当货币资金余额达到区域上限时，企业便可将手中的货币资金转换成有价证券；当货币资金余额降到区域下限时，则要售出有价证券，立即变现。如果货币资金余额处于上下限之间，则不需要买卖有价证券。上下限的决定，取决于证券的转换成本和持有货币资金的投资成本及货币资金余额可能波动的程度等因素。

假设以 F 表示每次买卖有价证券的固定成本，R 表示有价证券的日利率，$Ъ^2$ 表示日净货币资金流量的方差，Z 表示证券卖出点的最佳值（即证券最佳转换点或控制区域下限），h 表示证券购入点最佳值（即区域上限），则 Z 的最佳值为：

$$Z = \sqrt[3]{\frac{3FЪ^2}{4R}}$$

最佳上限 $h = 3Z$；平均货币资金余额 $= \dfrac{h+Z}{3}$

此模式可使货币资金的总成本为最小。

【例3-3】 某企业每日净货币流量的标准差为800元，证券的年利率为10%，每次转换的固定成本为80元，如一年按360天计算，则：证券最佳卖出点 $Z = \sqrt[3]{\dfrac{3 \times 80 \times 800^2}{4 \times (10\% \div 360)}} \approx 5170$（元）

最佳上限 $h = 3 \times Z = 3 \times 5170 = 15510$（元）

平均货币资金余额 $= \dfrac{h+z}{3} = \dfrac{15510 + 5170}{3} \approx 6893$（元）

随机模式主要是在货币资金流量不可预测的假设下决定货币资金持有量。此模式的平均货币资金余额通常较存货模式高。

（三）货币资金的日常管理制度及策略

企业应当建立健全货币资金的控制制度，完善货币资金收支的内部管理工作，包括货币资金收支的职责分工与内部牵制、货币资金的及时清理、货币资金收支凭证的管理等。

货币资金日常管理的目的在于提高其使用效率，为达到这一目的，可运用下列策略：

（1）力争使现金流量同步。即尽量使现金流入与现金流出发生的时间趋于一致，这样可以使所持有的交易性动机的现金余额降到最低水平。

（2）使用现金浮游量。从企业开出支票，收款人收到支票存入银行，至银行将款项划出企业账户，中间需要一段时间，现金在这段时间的占用称为现金浮游量。在这段时间，尽管企业已开出支票，却仍可动用在活期存款账户上的这笔资金。不过，在使用现金浮游量时，一定要控制使用时间，以免发生透支。

（3）加速应收账款的收回。这主要是指加强应收账款的催收工作，缩短应收账款收回的时间，尽量减少逾期收回的现象。

（4）推迟应付账款的支付。企业在不影响信誉的前提下，应尽可能推后应付款的支付时间，充分利用供货方提供的信用优惠。

（5）与银行保持良好关系。银行是经营存款、放款、汇兑、储蓄等金融业务，承担信用中介的机构，保持与银行的良好关系，就可以充分利用银行信用的中介职能来为企业服务。

第三节 应收账款管理

应收账款是指企业因对外销售产品、材料、供应劳务及其他原因,应向购货单位或接受劳务的单位及其他单位收取的款项,主要包括应收销售款和应收票据等。

一、应收账款的成本

1. 应收账款存在的原因

(1) 商业竞争:这是应收账款发生的主要原因。在市场经济环境下,存在着激烈的商业竞争。竞争机制的作用迫使企业必须以各种手段扩大销售量。这些手段除了依靠产品质量、价格、售后服务和广告等外,赊销也是扩大销售的手段之一。对于同样的产品价格、类似的质量水平、一样的售后服务,实行赊销的销售额必然大于现销的销售额。为了商业竞争,企业不得不采取赊销的方式,应收账款由此产生。由竞争引起的应收账款本质上是一种商业信用。

(2) 销售与收款的时间差:商品成交的时间和收到货款的时间常常不一致,也是导致应收账款的重要原因。虽然在现实生活中现销极为普遍,但对于一般大量生产企业和批发企业而言,发货时间和收到货款的时间往往不同,排除赊销的因素外,主要是货款的结算需要时间。结算的手段越落后,结算所需时间就越长,销售企业只能承认这种现实并承担由此而引起的资金垫支。需要指出的是,由此造成的应收账款不属于商业信用,也不是应收账款的主要内容,本书不再对其进行进一步探讨。在此只探讨属于商业信用的应收账款的管理。

2. 应收账款的成本

虽然应收账款的产生是为了扩大销售,但是,它毕竟是一种资金的占用,要发生一定的成本。应收账款的成本主要包括:

(1) 机会成本:它不是我们通常意义上的"成本",它不是一种支出或费用,而是失去的收益。企业资金如果不投放于应收账款,便可以用于其他投资而获益,这种因资金投放应收账款而放弃的其他收益,就是应收账款的机会成本。

应收账款机会成本 = 应收账款平均资金占用 × 市场利率

(2) 管理成本:指因管理应收账款而发生的各项费用。主要包括:调查顾客信用状况费用;核算费用;收账费用;其他费用。

应收账款管理成本 = 各项应收账款管理费用之和

(3) 坏账成本:指应收账款无法收回而造成的损失。坏账成本一般与应收账款的数额大小有关,与应收账款的拖欠时间有关。

应收账款坏账成本 = 实际持有应收账款 × 坏账比例

二、应收账款的信用政策

信用政策是企业预先制定的有关对应收账款进行规划和控制的一些原则性规定。应收账款赊销效果的好坏,依赖企业的应收账款政策。应收账款政策包括信用期间、信用标准和现金折扣政策。

(一) 信用期间

信用期间是企业允许顾客从购货到付款之间的时间或者说是企业给予顾客的付款期

间。例如,"2/10,n/30"表示信用期间为30天。信用期间太短,不利于吸收顾客,企业在销售中可能处于不利的地位;信用期间太长,对增加企业的销售额固然有利,但是应收账款的成本可能增加。因此,企业必须慎重研究,规定出恰当的信用期间。

信用期间的确定,主要是研究分析不同信用期间对收入和成本的影响。只有不同信用期间的增量收入超过其相应的增量成本,该信用期间才可行。这里关键的问题在于如何确定由于应收账款引起的资本成本数额。其计算公式为:

应收账款引起的资本成本 = 企业月销售额 × 应收账款平均收款期 × 销售成本率 × 资本成本率

(二) 信用标准

信用标准,是指顾客获得企业的交易信用所具备的条件。如果顾客达不到信用标准,便不能享受企业的信用或只能享受较低的信用优惠。企业在设定某个顾客的信用标准时,通常要先评估它赖账的可能性,即它的信用品质。通常通过"5C"系统来进行。所谓"5C"系统是评估顾客信用品质的五个方面:

(1) 品质(Character):是指顾客的信誉,即履行偿债义务的可能性。可以通过客户过去的付款记录,看其是否一直按期如数付款,如果能做到这一点,说明该客户信用好,品质是评价客户的信用的首要因素。

(2) 能力(Capacity):即客户的偿债能力,即流动资产的数量和质量以及流动负债的比例。

(3) 资本(Capital):是客户的财务实力。如果某企业的资本雄厚,可以说明其偿还债务的背景。

(4) 抵押(Collateral):指客户拒付款项或无力支付款项时能被用作抵押的资产。这对于不知道底细或信用状况有争议的顾客尤其重要,一旦收不到这些顾客的款项,便可以用抵押品抵补。所以,只要这些客户提供足够的抵押品,就可以向他们提供相应的信用。

(5) 条件(Conditions):指可能影响客户付款能力的经济环境。当社会经济环境发生变化时,客户的经营状况和偿还能力可能受到影响。对此,应了解客户以往在困难时期的付款情况。

(三) 现金折扣政策

现金折扣是企业给予客户规定时期内提前付款能按销售额的一定比率享受折扣的优惠政策,它包括折扣期限和现金折扣率两个要素。现金折扣通常用 5/10、3/20、n/30 这样一些符号来表示,其含义为:5/10 表示 10 天内付款,可享受 5% 的价格优惠;3/20 表示 20 天之内付款,可享受 3% 的价格优惠;n/30 表示付款的最后期限为 30 天,此时付款不能享受优惠。

尽管现金折扣会给企业带来好处,但这同样也会使企业增加成本,即价格折扣上的损失。因此,当企业给予顾客某种现金折扣时,应当考虑现金折扣所能带来的收益与成本的高低,权衡利弊,择优选择。

三、应收账款的控制

应收账款发生后,企业应该加强日常管理,采取各种措施,尽量争取按期收回款项,否则会因时间拖延太久而发生坏账损失。因此,企业一方面要加强对应收账款回收情况的监督,另一方面也要做好对坏账损失的事先准备,再有就是制订适当的收账政策,争取以最小的代价来回收账款。

（一）应收账款收回的监督

企业的应收账款存在长短之分，有的尚未超过信用期，而有的则已经超过信用期限。一般而言，应收账款拖欠时间越长，坏账损失的可能性就越大。对此，企业应该实施严密的监督，随时掌握应收账款收回的情况。这可以通过对应收账款的账龄分析法进行。简单讲，应收账款账龄分析是一个能显示应收账款在外天数（账龄）长短的报告。利用账龄分析表，企业可以了解到有多少欠款尚在信用期内，有多少欠款超过了信用期，超过时间长短的款项各占多少，有多少欠款会因拖欠时间太久而可能成为坏账，对不同拖欠时间的欠款，企业应采取不同的收款方法，制定出经济、可行的收账政策，对可能发生的坏账损失，则应提前做出准备，充分估计这一因素对损益的影响。

（二）建立坏账准备金制度

企业无法收回的应收账款称为坏账，由此而给企业造成的损失称为坏账损失，由于种种原因，企业的应收账款时常面临无法收回的风险，其收回价值具有很大的不确定性，尽管我们无法断定具体哪一笔账款收不回来，但这种损失的风险是客观存在的。既然坏账损失难以避免，那么提前对其做好准备，即事先预计可能发生的坏账损失并单独提取准备金以备弥补，就显得十分必要。

坏账准备金的计提方法有以下三种：

（1）赊销百分比法：即按企业赊销额的一定比例来估计计算坏账准备金的方法。

（2）应收账款余额百分比法：即按年末应收账款总额的一定比例来估计计算坏账准备金的方法。

（3）账龄分析法：即据应收账款账龄时间的长短来估计坏账的方法。

（三）应收账款收账政策的制定

收账政策是指信用条件被违反时，企业采取的收账策略，包括企业对不同时期账款的收款方式以及企业准备为此付出的代价等。比如，对过期较短的客户，不予过多地打扰，以免将来失去这一市场；对过期稍长的客户，可措辞婉转地写信催款；对过期较长的客户，频繁地信件催款并电话催询；对过期很长客户，可在催款时措辞严厉，必要时提请有关部门仲裁或提请诉讼等等。

催收账款要发生费用，某些催款方式的费用还会很高（如诉讼费）。一般说来，收账的花费越大，收账措施越有力，可收回的账款就越大，坏账损失就越小。因此制定收款政策要在收款费用和所减少的坏账损失之间做出权衡，以免得不偿失。

第四节　存货的控制与决策

一、存货管理的目标

存货是指企业在生产经营过程中为销售或者耗用而储备的物资，包括材料、燃料、低值易耗品、在产品、半成品、产成品、协作件及库存商品等。

一般来说，企业持有充足数量的存货，不仅有利于生产过程的顺序进行，节约采购费用与生产时间，便于组织均衡生产以降低产品成本，而且能够迅速地满足客户各种定货的需要，从而为企业的生产与销售提供较大的机动性，避免因存货不足带来的机会损失。然而，存货的增加必然要占用更多的资金，这样不仅使企业付出更大持有成本（即存货资金占用的机会成本），而且存货的储存与管理成本也会相应增加，影响企业获利能力的提高。因此，进行存货管理，就是要尽量在各种存货的成本与收益之间做出权衡，达到两者的最佳结合，这也是企业存货管理的基本目标。

二、存货成本

持有一定数量的存货，必定会有一定的成本支出。与储存存货有关的成本，包括以下三种：

（一）取得成本

取得成本可称进货成本，是指为取得某种存货而支出的成本。包括订货成本和购置成本两部分。

（1）订货成本：订货成本是指取得某种存货定单的成本。其中一部分属于固定成本，与订货次数无关，如常设采购机构的经费等。另一部分属于变动成本，与订货次数成正比例，如差旅费、邮资等。

（2）购置成本：购置成本是指存货本身的价值，包括买价、运杂费等。购置成本一般与采购数量成正比例。

（二）储存成本

存货的储存成本是指为储存某种存货而发生的成本，其中一部分是固定成本，与存货数量无关，如仓库折旧费、保管员工资等。另一部分属于变动成本，与存货数量成正比例，如存货占用资金应计利息、搬运费、保险费、存货破损和变质损失等。

（三）缺货成本

存货的缺货成本是指存货库存中断而造成的损失。包括材料库存中断造成的停工损失和紧急采购的额外费用，产成品库存中断造成的拖欠发货损失和丧失机会的损失等。

三、存货资金需要量的确定

在确定存货资金数额时，企业一般可以采用定额日数法，所谓定额日数法又称周期法，是根据各种存货平均每月需要量及其周转速度来核定存货资金数额的方法，其计算公式如下：

资金需要数额 = 存货资金平均每日需要量 × 存货资金定额日数

存货资金每日需要量是企业为了从事生产经营活动，平均每天需要占用的存货资金的最低数量，它取决于生产经营规模的大小。

存货资金定额日数也就是存货资金周转日期，指存货完成一次周转需要的天数。

（一）材料存货定额的确定

企业在确定材料资金的数额时，可用以下公式计算：

原材料资金需要量 = 计划期原材料每日平均出库量 × 原材料计划价格 × 原材料资金定额日数

$$计划期原材料每日平均出库量 = \frac{计划期原材料耗用 + 各内部单位合理库存}{计划期天数}$$

原材料计划价格就是预计价格。

原材料资金定额日数包括在途日数、验收日数、整理准备日数。

（二）在产品存货定额的确定

企业在确定在产品资金的数额时，可以用以下公式计算：

在产品资金需要量 = 计划期某项产品的每日平均产量 × 某项产品的在产品单位平均成本
　　　　　　　× 在产品资金定额日数

计划期某项产品的每日平均产量，可根据生产计划资料取得。

在产品资金定额日数指从原材料投入生产到制成入库为止占用资金的日数，即产品生命周期，一般应为企业生产、计划、技术等部门制定。

在产品的平均单位成本 = 该产品计划单位成本 × 该产品的在产品成本系数

产品计划单位成本可以从成本计划中取得。

在产品成本系数 = 生产周期中每天累计发生的费用额的合计数 ÷（单位产品计划生产成本 × 生产周期）× 100%

【例3-4】 某种产品生产周期为5天，计划单位生产成本为5000元，生产费用的发生情况，如表3-2所示。

生 产 费 用 发 生 情 况　　　　　　　　　表 3-2

生产周转日数	1	2	3	4	5	合计
生产费用发生数	1000	500	1500	1000	1000	5000
生产费用累计数	1000	1500	3000	4000	5000	14500

在产品成本系数 = 14500 ÷（5000 × 5）× 100% = 58%

（三）产成品存货定额的确定

产成品资金需要量 = 计划期某项产品的每日平均产量 × 计划期某项
　　　　　　　产品的计划单位生产成本 × 产成品存货定额日数

计划期某项产品的每日平均产量可根据生产计划来确定。

计划期某项产品的计划单位生产成本可从成本计划中取得。

产成品存货定额日数，就是产成品从制成入库，直到销售为止所占用资金的日数。

四、存货的控制与决策

存货控制是指在日常生产经营过程中，按照存货管理目标，对存货的取得、储存、使用及周转情况进行的组织、调节和监督。存货控制主要包括以下内容：

（一）存货的分级归口控制

存货的分级归口控制，是加强存货管理的重要方法之一，它主要包括以下三项内容：

(1) 在厂长经理的领导下，财务部门对存货资金实行统一管理。企业必须加强对存货资金的集中、统一管理，促进供、产、销相互协调，实现资金使用的综合平衡，加速资金周转。

(2) 实行资金的归口管理。根据使用资金和管理资金相结合、物资管理和资金管理相结合的原则，每项资金由哪个部门使用，就归哪个部门管理。

(3) 实行资金的分级管理。各归口的管理部门要根据具体情况将存货资金计划进行分解，分配给所属单位和个人，层层落实，实行分级管理。

（二）存货经济批量控制

我们知道，企业持有存货要发生取得成本、储存成本和缺货成本。所谓经济批量是指一定时期存货总成本最低的采购批量，也称经济订货量。

影响存货总成本的因素很多，为了解决比较复杂的问题，先要解决简单的问题，这就

需要简化或舍弃一些变量因素,将经济批量的确定建立在下列假设前提上进行:
(1) 企业能够及时补充存货,即需要存货时便可立即取得存货;
(2) 能集中到货,而不是陆续入库;
(3) 不允许缺货,即缺货成本为零。
(4) 年需求量能够确定,即它是一个已知的常量;
(5) 存货的单价不变,不考虑现金折扣,即价格是一个已知的常量;
(6) 企业资金充足,不会因资金短缺而影响进货;
(7) 所需存货市场供应充足,不会因买不到需要的存货而影响其他。

设立了上述假设后,影响经济批量的因素主要有:A—全年存货需要量;Q—每批订货量;F—每批订货成本;C—每件年储存成本。则有:

$$订货次数 = \frac{A}{Q}$$

$$平均库存量 = \frac{Q}{2}$$

$$全年订货成本 = F \times \frac{A}{Q}$$

$$全年平均储存总成本 = C \times \frac{Q}{2}$$

$$全年存货总成本\ T = \frac{Q}{2} \times C + \frac{A}{Q} \times F$$

在上述假设条件下,T 的大小取决于 Q。为了求 T 的极小值,需对 Q 进行求导演算,可得出 Q 的最佳计算公式。

$$Q = \sqrt{\frac{2AF}{C}}$$

【例3-5】 某企业全年预计耗用甲材料 3600kg,该材料的单位成本为 10 元/kg,单位储存成本为 2 元/kg,一次订货成本为 25 元。则:

$$经济批量 = \sqrt{\frac{2 \times 3600 \times 25}{2}} = 300(kg)$$

$$全年最佳订货次数 = A \div Q = 3600 \div 300 = 12(次)$$

$$最佳存货总成本 = \sqrt{2 \times F \times A \times C} = \sqrt{2 \times 3600 \times 25 \times 2} = 600(元)$$

$$最佳订货周期 = 12 \div 最佳订货次数 = 12个月 \div 12次 = 1(月/次)$$

$$经济批量占用资金 = Q \div 2 \times 单价 = 300 \div 2 \times 10 = 1500(元)$$

经济批量也可用图解法求得,其方法是:先计算出一系列不同批量的各有关成本;然后在坐标图上描出各批量下对应的有关成本点,将这些点连接起来,分别得到订货成本线、储存成本线和总成本线,总成本的最低点相应的批量,就是经济订货批量,如图3-4所示。

(三) 存货储存期控制

无论是工业企业还是商业企业,其商品产品一旦入库,便面临着如何尽快销售出去的问题,因为,且不考虑未来市场关系的不确定性风险,仅是存货储存本身就会给企业造成较多的资金占用费用(如利息成本或机会成本)和仓储管理费用开支或损失等,因此,尽

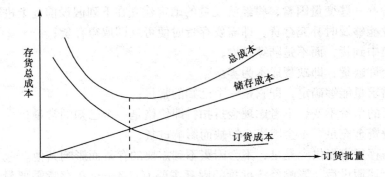

图3-4 图解法示意图

力缩短存货储存时间,加速存货周转,以节约资金占用,降低成本费用,提高企业利润水平,也是存货控制管理的重要内容。

存货储存期控制,应首先分析影响存货储存成本的相关因素。若将企业存货投资所发生的费用支出按照与储存时间的关系分类,可以分为与储存时间长短无直接关系的固定费用和与储存时间成正比例关系变动的变动费用两大类,再按照本量利分析原理,将成本、存储天数、利润三者间的关系式确定下来,进而可求出存货保本储存天数和存货保利储存天数等重要指标,将这些指标与存货实际储存天数相对比,即可知有多少存货尚未超过保利期、保本期,有多少存货已过保本期或保利期、金额多大、比重多高,以便针对不同情况,采取相应的管理措施。

其有关指标的计算公式为:

$$存货保本储存天数 = \frac{毛利 - 一次性费用 - 销售税金及附加}{日增长费用}$$

$$存货保利储存天数 = \frac{毛利 - 一次性费用 - 销售税金及附加 - 目标利润}{日增长费用}$$

其中,一次性费用是指与存货储存期长短无直接关系的费用支出,如各项进货费用,管理费用等;日增长费用是随着存货储存期的延长或缩短成正比例增减变动的费用,如存货资金占用费、存货仓储管理费、仓储损耗等。

(四)存货质量控制

从财务管理角度,存货质量是指存货的流动性与收益性,即存货的适销状况。按照存货行销状况及盘存记录分析,可将企业存货分为畅销、平销及滞销三类,前两类通称适销存货,后一类属于不适销或积压有问题存货,具体又包括销小存大、冷背呆滞、质次价高、残损变质等多种,通过分析,可以掌握企业各类存货及各种情况存货的金额、比重及变动趋势,以便采取措施,改善购销工作,盘活资金,优化存货质量结构,提高存货投资效率。

企业在严把进货关,加强进货资金供应,改进仓储管理的同时,通过对存货质量分析,以采取相应措施,加速资金周转,减少成本损失,这些措施包括:(1)权衡利弊,灵活地进行削价处理。通过销价处理盘活有问题的存货资金,不仅可以节约利息、费用开支,取得低税好处,而且可以将这些资金尽快投入再增值过程,提高资金使用效率,这样做较之挂账不决方式对企业更为有利。(2) 建立存货销价准备金制度。(3) 完善责任控制措施。企业必须建立健全存货进、存、销责任控制制度，以销定购，以销定存，加强验收、监督检查和反馈，严格业绩评价及奖惩制度。

（五）存货 ABC 控制法

ABC 控制法是由 19 世纪意大利经济学家巴雷特提出的，以后经过不断发展和完善，现已广泛地用于现代企业的存货管理与控制。ABC 控制法是将存货各项目按其品种数量和金额大小进行分类，区别重点和一般，实施不同的管理策略的方法，ABC 控制法分以下几个步骤：

（1）计算存货在一定时期内的耗用总额。主要的存货按品种计算，一般的存货可按类别计算。

（2）计算每一种存货资金占用额占全部资金占用额的比重，并按顺序排列，编成表格。

（3）根据事先测定好的标准，把存货分为 A、B、C 三类，A 类为重点存货，B 类为一般存货，C 类为不重要存货。

（4）存货管理的原则是，对 A 类存货进行重点规划和控制，对 B 类进行重点管理，对 C 类只进行一般管理。

【例 3-6】 某企业共有 20 种存货，共占用资金 100000 元，按占用资金多少的序列排列后，根据上述原则划分为 ABC 三类，见表 3-3。

根据普遍的经验分析：A 类存货的种类占全部存货种类的 5%～10%，但其金额占全部种类的 70%～75%；B 类存货的种类比重占 20%，其金额比重也占 20%；C 类存货的比重占 70%～75%，而其金额比重占 5%～10%。把存货划分成 A、B、C 三大类，目的是对存货占用的资金实行有效管理。A 类存货种类虽少，但占用的资金多，对其资金占用水平和日常资金周转都要随时关注，应对它们采用详细计算方法测定存货资金占用量，并使库存量严格控制在要求范围之内，C 类存货由于项目繁多，资金占用量不大，不必耗费大量的人力、物力、财力进行管理，可采取粗略的方法进行管理，如测定资金占用量时用概略测算方法即可。对 B 类存货，由于它是介于 A 类和 C 类之间，也应该给予适当重视，虽然不能做到像对 A 类那样时刻加以注意，但至少做到在较长时间内给予关注。

表 3-3

存货品种	占用资金数额（元）	类 别	各类存货所占的		各类存货占用资金的	
			种数（种）	数额（元）	数额（元）	比重（%）
1	50000	A	2	10	75000	75
2	25000					
3	10000	B	5	25	20000	20
4	5000					
5	7500					
6	1500					
7	1000					

续表

存货品种	占用资金数额（元）	类别	各类存货所占的		各类存货占用资金的	
			种数（种）	数额（元）	数额（元）	比重（％）
8	900					
9	800					
10	700					
11	600					
12	500					
13	400					
14	300	C	13	65	5000	5
15	200					
16	190					
17	180					
18	170					
19	50					
20	10					
合计	100000		20	100	100000	

小　　结

本章在了解了流动负债的基本概念特征及分类后，主要讨论了货币资金管理的内容、应收账款的管理和存货的控制与决策。

一、流动资产管理概述

流动资产是指可以在一年内或超过一年的一个营业周期内变现或运用的资金。包括各种货币资产、短期证券、短期债权及存货等。流动资产同其他资产相比，具有循环、周转速度快、实物和价值的耗费与补偿同时完成、占用形态同时并存又相继转化等特点，流动资产有两大类标准，首先流动资产按其在周转过程中所处的领域，可将流动资产分为生产性和流通性流动资产两大类；其次流动资产按其属性可分为货币性资产、短期证券、短期债权和存货资产等。

二、货币资金管理

企业的货币资金是企业拥有的现金、银行存款和其他货币资金。企业置存货币资金主要有三个动机：交易动机、预防动机和投机动机。货币资金管理的目的就是要在保证企业生产经营的最低限度的货币资金需要量的前提下，取得最佳的效益。也就是在资产的流动性和盈利性之间做出抉择，以获得最大的长期利润。当企业持有的货币资金超过正常经营活动需要量时，选择最多的投资去向就是购买有价证券。从投资角度看，选择有价证券要考虑安全性、易销性和收益性。

三、应收账款管理

应收账款是指企业因赊销产品或者劳务而形成的应收款项，企业将资金投资于应收账款，可以增强企业的市场竞争能力，增加销售额，但是，如果应收账款所占用的资金过多，也会增加成本，减少收益。因此，企业必须加强应收账款的管理。应收账款的成本包括机会成本，管理成本和坏账损失。企业要管好应收账款，首先必须事先制定合理的信用政策。信用政策主要包括信用期、信用标准和现金折扣政策等三部分。而应收账款的日常管理主要包括应收账款收回的监督和制定适当的收账政策。

四、存货管理

存货在企业流动资产中所占比重较大，在这方面资金利用程度的好坏，对整个企业的财务状况影响极大。在目前的条件下，由于无法全面推行"适时生产系统"，存货还是可以起到"蓄水池"的作用。但是存货也必然占用一定量的资金，由此产生存货成本。存货成本包括取得成本、储存成本和缺货成本。建立于一些假设条件下的经济定货批量是存货决策的基本模型。

思 考 题 与 习 题

思考题

1. 什么是流动资产，它具有什么特点？如何根据其特点进行流动资产的管理？
2. 企业在生产经营过程中为什么要持有一定量的货币资金？
3. 企业将资金投放于应收账款将发生哪些成本？
4. 什么叫信用期限和现金折扣，如何对其决策？
5. 现金折扣条件（1/10，$n/30$）的含义是什么？
6. 简述信用标准的 5C 系统。
7. 联系实际，谈谈应收账款的收账政策。
8. 什么叫存货？存货储备应考虑哪些成本？
9. 什么叫经济批量？利用这一指标如何对存货进行决策？
10. 简述 ABC 分析法及其在存货管理中的运用。

习题一

（一）目的：熟悉货币资金最佳持有量的确定

（二）资料：某企业有四种货币资金持有方案，它们各自的有关成本见表 3-4。

表 3-4

方案 项目	A	B	C	D
现有持有量	25000	50000	75000	100000
资金成本	3000	6000	9000	12000
管理成本	20000	20000	20000	20000
短缺成本	12000	6750	2500	0

（三）要求：确定企业最佳货币资金持有量。

习题二

（一）目的：熟悉收账政策的运用

（二）资料：

某公司目前年销售收入为 2000000 元（全部赊销），假设收账政策的变化对销售收入的影响忽略不计，该公司应收账款的机会成本是 10%，不同收账政策下的有关资料见表 3-5。

表 3-5

项　目	现行收账政策	建议收账政策
年收账费用	20000	30000
应收账款平均收账期（天）	60	30
坏账损失率（%）	5	3

（三）要求：
通过计算回答，该公司是否应该采用建议的收账政策。

习题三
（一）目的：熟悉并掌握经济批量的原理及计算方法
（二）资料：
某企业每年需要甲材料 8000 吨，该种材料购入价格为每吨 15000 元，每订购一次的定货变动成本为 400 元，材料在仓库中的储存变动成本为 40 元。
（三）要求：
据以上资料计算其经济批量及相应总成本，订货次数、订货期及其占用的资金数额。

第四章 固定资产与其他长期资产管理

第一节 固定资产管理概述

一、固定资产的特点

企业为了正常地进行生产经营活动,不仅应具备流动资产,同时还必须具备一定数量的固定资产。固定资产是企业进行生产经营活动的重要物质技术基础。

(一)固定资产的概念与标准

固定资产是指使用期限超过1年,单位价值在规定标准以上,并且在使用过程中保持原有物质形态的资产,包括房屋及建筑物、机器设备、工具、器具等。

固定资产是企业进行生产经营活动的主要劳动资料,它们有些是直接参加劳动过程,起着把劳动者的劳动传导到劳动对象上去的作用,如机器设备和工具等;有些是在生产中起着辅助的作用,如运输设备等;有些则作为生产的必要条件而存在,如房屋和建筑物等。在实际工作中,并非所有的劳动资料都列为固定资产,而是根据管理的需要将其区分为固定资产和低值易耗品。

按现行制度规定,企业拥有的各种劳动资料,必须同时具备以下两个条件(标准),才能列入固定资产。一是使用年限超过一年;二是单位价值在规定的标准(1000元、1500元、2000元)以上。不同时具备这两个条件一般应列为低值易耗。但是,在企业中有些劳动资料,单位价值虽低于规定标准,但作为企业主要生产设备,也应列作固定资产。此外,企业中有些不属于生产经营主要设备的物品,单位价值在2000元以上,使用期限超过两年的也应当列作固定资产。为了便于管理,企业应根据实际情况,编制固定资产目录。

(二)固定资产的特点

固定资产的特点主要是相对流动资产和其他资产而言,其特点主要有:

1. 固定资产投资的一次性和收回的多次性

购建固定资产是固定资产价值运动的起点也是企业的重要投资活动。这种投资往往是一次进行的,需要垫支相当数额的资金。但由于固定资产投入使用后能在许多个生产周期内发挥作用,其价值是分次地、逐渐地转移和补偿的,即固定资产投资的收回是分次逐步实现的,往往需要较长的时间。固定资产投资的一次性和收回的多次性,决定了企业在固定资产投资时,必须进行科学的、周密的研究,除了论证投资项目的必要性外,还要考虑技术上的先进性和经济上的合理性,要对各种投资方案的经济效益进行预测分析,对投资支出、投资来源和投资效果进行科学合理的计划。

2. 固定资产价值补偿和实物更新相分离

固定资产的价值,是随着固定资产的损耗逐渐转移,随着产品的销售逐渐补偿的,而固定资产的实物更新,则是在原有固定资产不能或不宜使用时,才利用平时积累的货币准备金去实现的。这种情况表明,固定资产的价值补偿和实物更新在时间上是分离的,但两者在经济上又有着密切的联系。固定资产的价值补偿是实现其实物更新的必要条件，不积累足够的货币准备金，就不能实现实物更新。实物更新是固定资产价值补偿的最终目的。固定资产价值运动的这一特点要求企业必须正确计提固定资产折旧，合理确定固定资产的补偿数额，加强固定资产实物保管和更新管理。

3．固定资产循环周转期较长

固定资产循环周转期较长是指固定资产从最初投入直至退废取得全部价值补偿和实物更新的循环周转过程。由于固定资产可以在其有效的使用期限内，连续地参加许多个生产、经营周期并发挥应有的作用，因此，固定资产的循环周期不可能像流动资产那样取决于商品产品或劳务作业的生产、经营周期，而只能取决固定资产的使用年限。固定资产的使用年限越长，其循环周期也就越长。这是固定资产的主要特点，它要求：第一，企业在进行固定资产投资决策及其实施过程中，要注意投资的回收期，优先考虑投资少、见效快、回收期短的项目；第二，企业在使用固定资产过程中，必须注意通过充分发挥固定资产效能增产、增收和增盈，从而加快固定资产投资的回收速度；第三，国家和企业在确定固定资产折旧年限时，不仅要考虑固定资产的有形损耗，而且还适当考虑无形损耗，合理缩短折旧年限。

二、固定资产的分类

企业固定资产的种类繁多，所占资金数额大，为了加强固定资产管理，必须对固定资产进行科学的分类。对企业自有的固定资产可以从不同的角度进行分类：

（一）按经济用途分类

固定资产按经济用途的不同分为生产经营用固定资产和非生产经营用固定资产。

1．生产经营用固定资产

指直接参与企业生产经营过程或直接为企业生产服务的各种固定资产。如生产车间和为生产服务的部门使用的房屋、建筑物、机器设备等。

2．非生产经营用固定资产

指不参与或不直接服务于本企业生产、经营过程的各种固定资产。如用于集体福利、公共事业、文化生活、科学研究和临时租出等方面的房屋、建筑物、设备和器具等。

按固定资产的经济用途分类，可以归类反映和监督企业经营用固定资产和非经营用固定资产之间以及经营用各类固定资产之间的组成和变化情况，借以考核和分析企业固定资产的利用情况，促使企业合理地配备固定资产，充分发挥其效用。现行制度规定，企业的固定资产应按经营性和非经营性固定资产分别核算。

（二）按使用情况分类

固定资产按使用情况可分为使用中固定资产、未使用固定资产和不需用固定资产。

1．使用中固定资产

指正在使用中的经营性和非经营性固定资产。

2．未使用固定资产

指已完工或已购建的尚未交付使用的新增固定资产以及因进行改建、扩建等原因暂停使用的固定资产。如企业购建的尚待安装的固定资产，经营任务变更停止使用的固定资产等。

3．不需用固定资产

指本企业多余或不适用，需要调配处理的各种固定资产。

按照固定资产的使用情况分类，有利于反映企业固定资产的使用情况及其比例关系，便于分析固定资产的利用效率，挖掘固定资产的使用潜力，促使企业合理地使用固定资产，也便于企业合理地计提固定资产的折旧。

此外，固定资产还可以按所有权分类和按性能进行分类。按所有权可把固定资产分为自有固定资产和租入固定资产。按性能可分为房屋建筑物、动力设备、传导设备、运输设备、工作机器及设备、工具仪器及生产用具、管理用具、其他固定资产等。

由于企业的经营性质不同，经营规模各异，对固定资产的分类不可能完全一致，企业可以根据各自的具体情况和经营管理、会计核算的需要进行必要的分类。

三、固定资产的计价

固定资产计价就是对企业取得的固定资产价值的确认。正确地对固定资产进行计价，是真实地反映企业财产的必要条件，也是正确计提固定资产折旧的前提。固定资产的计价主要有以下三种方法：

（一）按原始价值计价

原始价值亦称原始购置成本或历史成本，是指企业购建某项固定资产达到可使用状态前所发生的一切合理、必要的支出。可依据以下不同情况分别确定：

（1）外购的固定资产，按照买价加上支付的运输费、保险费、包装费、安装成本和缴纳的税金等作为该项固定资产原价入账。

（2）自行建造的固定资产，按照建造过程中实际发生的全部支出作为该项固定资产原价入账。

（3）投资者投入的固定资产，按照评估确认或者合同、协议约定的价值作为该项固定资产原价入账。

（4）融资租入的固定资产，按照租赁协议或者合同确定的价款加上由企业负担的运输费、保险费、安装调试费等作为该项固定资产原价入账。

（5）接受捐赠的固定资产，按照发票账单所列金额加上由企业负担的运输费、保险费、安装调试费等作为该固定资产原价入账。无发票的，按照同类设备各市价计价。

（6）在原有固定资产基础上进行改建扩建的固定资产，按照原有固定资产的原价，加上改扩建发生的支出，减去改扩建过程中发生的固定资产变价收入后的余额作为改建扩建后的固定资产的原价入账。

（7）盘盈的固定资产，按照同类固定资产的市价或重置完全价值作为该项固定资产原价入账。

这种计价方法其优点是它具有客观性和可验证性，按这种计价方法确定的价值，均是实际发生并有支付凭据的支出。正是由于这种计价方法所具有的优点，它成为固定资产的基本计价标准。但也有明显的缺点，当经济环境和社会物价水平发生变化时，它不能反映固定资产的真实价值。

（二）按重置完全价值计价

重置完全价值也称为现时重置成本，它是指在当前生产条件和市场价格水平下，重新购建、安装某项全新固定资产所需的全部费用。

按现时重置成本计价，虽然可以比较真实地反映固定资产的现时价值，但也带来了一系列的其他问题，会计实务操作也比较复杂，因此，这种方法仅在企业取得无法确定原价的固定资产时（如企业盘盈、接管或接受捐赠的固定资产），或根据国家规定对固定资产进行重新估价时使用，或在对报表进行补充、附注说明时采用。

（三）按净值计价

固定资产净值也称为折余价值，是指固定资产原始价值或重置完全价值减去已提折旧后的余额。它反映固定资产的现有价值利用折余价值与原始价值比较，可以反映出固定资产的磨损程度。这种计价方法主要用于计算盘盈、盘亏、毁损固定资产的溢余或损失。企业如发生提前报废或有偿转让的固定资产，就需要用固定资产报废后或变价转让的净收入扣除固定资产价值，以计算出营业外收入或营业外支出。企业盘亏的固定资产也是按净值计算企业的营业外支出。毁损的固定资产，要用净值扣除可以收回的有关收入后，计算出作为营业外支出处理的数额。

企业必须按照以上计价原则，对固定资产进行计价并登记入账。已经入账的固定资产除发生下列情况外，企业不得任意变动、调整固定资产的账面价值。

（1）根据国家规定对固定资产价值重新估价；

（2）增加补充设备或改良装置；

（3）将固定资产的一部分拆除；

（4）根据实际价值调整原来的暂估价值；

（5）发现原记固定资产价值有错误。

四、专项工程管理

（一）专项工程的概念

专项工程，是指企业进行的自行建造固定资产，固定资产改建和扩建，固定资产修理，购入需要安装设备的安装工程以及建造临时设施等尚待交付使用的各种专项工程所发生的实际支出（不包括购入的不需要安装的固定资产）。上述专项工程是为企业的使用而建造的，它与建筑企业在生产经营过程中承建的建筑、安装工程是有区别的，应避免概念上的混淆。专项工程在交付使用前必须实行专项管理。

专项工程按其工程进行情况，可分为两阶段：

（1）正在施工，但尚未完成的未完专项工程；

（2）已经完工，但尚未交付使用的已完专项工程。

（二）专项工程的计价

企业的各类专项工程，包括建筑工程和设备安装工程，均按实际成本计价：

1. 建筑工程的实际成本包括：

（1）土地征用及拆迁补偿费；

（2）前期工程费；

（3）工程施工费；

（4）按国家规定交纳的投资方向调节税及其他税费。

2. 设备安装工程的实际成本包括：

（1）被安装设备的原价；

（2）设备安装费用；

（3）工程试运转净支出（指试运转支出扣除试运转收入及其税金）；

（4）分担的工程管理费支出。

根据规定,专项工程计入固定资产的价值还应包括尚未交付使用或者已投入使用,但尚未办理竣工决算之前发生的固定资产借款利息和有关费用,以及专项工程外币借款的汇兑差额;在此之后所发生的借款利息和有关费用及外币借款的汇兑差额,应当计入当期损益。

(三) 专项工程的入账

专项工程完工交付使用以后,应及时办理竣工决算,并按决算资料确认的价值转入固定资产。工程完工已交付使用但尚未办理决算的工程,应自交付使用之日起按照工程概算、合同预算或者工程成本等资料估价转入固定资产,并从交付使用次月起计提折旧;办理竣工决算以后,再按其实际价值调整原估价入账的固定资产原价和已提折旧。

(四) 专项工程的清理

专项工程在施工过程中,或虽已完工但尚未交付使用以前发生报废或毁损,在扣除残料价值以及过失人或保险公司赔偿后的净损失,计入专项工程成本。但是,如该项工程不是由若干单项工程组成,而只是一个单独的工程,或者是由于自然灾害等原因造成的非常损失,其净损失发生在企业筹建期间的,计入开办费;发生在生产经营期间的计入营业外支出。

五、固定资产的管理要求

固定资产管理的具体要求有:

(1) 正确预测固定资产需用量;

(2) 加强对新增固定资产的可行性分析,不断提高固定资产投资决策的准确性、效益性;

(3) 合理选用折旧方法,正确计提固定资产折旧;

(4) 认真做好固定资产的日常管理。

第二节 固定资产的预测与计划

一、固定资产的预测

固定资产的预测,是指根据已经掌握的信息和有关资料,采用科学方法,对企业未来时期的固定资产需要量和固定资产投资效益所作出的合乎规律性的测算分析工作。固定资产预测是固定资产投资决策的基础,是编制固定资产投资计划的主要依据。

(一) 固定资产需要量的预测分析

固定资产需要量观测,是指根据企业预测生产任务、生产方向和扩大产品销路的可能性等因素,对企业计划期内各类固定资产的合理需要数量所进行的测算和分析工作。正确地预测固定资产需要量,不仅可以保证企业具有一定数量、符合质量要求与结构合理的固定资产,满足生产经营的需要,而且还有利于节约固定资产投资,减少投资风险,降低投资成本,提高固定资产投资收益。

预测固定资产需要量的方法,通常有以下两种:

1. 直接查定法

就是通过企业预测期生产任务与各类固定资产生产能力相平衡直接确定固定资产需要量的方法。采用这种方法查定固定资产需要量,必须在彻底清查固定资产数量、能力以及对现有生产设备分类排队摸底的基础上进行。由于企业固定资产种类多、数量大,具体查定时不可能详细地逐一计算各类固定资产的需要量，只能根据不同企业的生产技术和生产组织的特点，分清主次，抓住重点加以测算。一般来说，生产设备是企业进行生产经营活动的主要物质技术基础，是决定产品产量和质量的关键，应作为预测固定资产需要量的重点，按其实物量逐项测定；在正确计算生产设备需要量的基础上，其他各类设备可以根据生产设备配套的需要确定其合理的需要量。至于企业非生产用的固定资产，如职工宿舍、集体福利设施等，由于它们不直接服务于产品的生产过程，其需要量不能以生产计划任务为依据来测算，而只能根据企业的实际需要和可能条件来确定。

测算生产设备需要量的基本方法，是将企业预测年度的生产任务与单台设备的生产能力进行比较。其基本测算公式如下：

$$某项生产设备需要量 = \frac{预测生产任务}{单台设备生产能力}$$

具体可按以下步骤和方法测算：

(1) 测算预测年度的生产任务。预测年度的生产任务可用实物量表示，也可用台时数表示，以实物量表示即为预测产量。在企业产品品种不多的情况下，可按不同产品品种的产量分别测算，如果企业生产产品品种很多，难以按不同品种分别测算，则可按产品结构或工艺过程进行适当归类，将同类产品折合为代表性产品进行测算。但如果企业产品品种很多，各品种差异又较大，在不便于归类的情况下，为了计算各类生产设备需要量，则应将全年预测生产任务的实物量按单位产品定额台时换算成预测定额总台时。计算公式如下：

$$预测定额总台时数 = \Sigma(预测产量 \times 单位产品定额台时 \times 定额改进系数)$$

公式中的单位产品定额台时，是指技术资料所规定的现行定额台时。现行定额不是经常修改的，考虑到技术改造和劳动生产率的不断提高，预测年度单位产品定额台时水平应较现行定额先进。预测年度改进后的定额叫预计新定额，预计新定额占现行定额的百分比，称为定额改进系数。定额改进系数的大小标志着预测年度采用技术措施使劳动生产率可能提高的程度。它是根据上年定额的完成情况，并考虑预测年度可能达到的水平计算确定的。其计算公式如下：

$$定额改进系数 = \frac{预测年度估计新定额台时}{单位产品现行定额台时} \times 100\%$$

【例 4-1】 某企业现行单位产品定额台时数为 100，预测年度采取措施后估计新定额可压缩到 95 台时，则：

$$定额改进系数 = 95/100 \times 100\% = 95\%$$

(2) 测算单台生产设备的生产能力。单台生产设备的生产能力是指单台设备所能生产某种产品的最大年产量。单台设备生产能力的计量要与预测年度生产任务的计量相适应，既可用实物生产量（台、件、千克等）表示，也可用全年有效台时表示。如果按实物计算，就是单台设备的年产量，其计算公式为：

$$单台设备全年有效台时 = 全年计划工作日数 \times 每日开工班次 \times 每班工作台时数$$

式中，全年计划工作日数是指全年制度工作日数减去计划停机检修日数，全年制度工作日数是全年日历数减去法定节假日以后的天数，一般按 254 天计算（365 − 104 − 7 = 254 天）；每日开工班次，根据实际情况按一班、两班或三班计算；每班工作时数，一班或连续作业的每班按 8 小时计算,两班制平均按 7.5 小时计算。

(3) 计算生产设备需要量。根据预测生产任务定额台时和单台设备的全年有效台时资料,即可相除计算出生产设备需要量。生产设备需要量也可用设备负荷系数乘以现有设备数量来计算。计算公式如下:

$$某生产设备需要量 = 该设备现有数量 \times 该设备的预测负荷系数$$

式中　$某种设备预测负荷系数 = \dfrac{该种设备预测定额总台时}{设备全年有效台时} \times 100\%$

$$某设备全年有效台时 = 该设备现有台数 \times 单台设备全年有效台时$$

设备负荷系数大于 100%,表明该种设备生产能力超负荷,或表明设备不足;设备负荷系数小于 100%,表明该设备能力负荷不足,或表明设备有多余。在此基础上再计算各种生产设备多余或不足的台数。计算公式如下:

$$某生产设备多余(+)或不足(-)数量 = 某种生产设备现有数量 - 某种生产设备预测需要量$$

$$= 某种设备现有数量 - \dfrac{该种设备预测定额总台时}{单台设备全年有效台时}$$

通过上述测算、比较和平衡,可以了解企业各种设备能力的余缺情况,为调整设备、充分利用设备的生产能力指了方向。

2. 固定资产占用率法

它是按基年固定资产占用率,结合计划年度有关节支措施来推算计划年度固定资产需要额所用的方法。一般只适用于经营任务和经营条件变化不大的企业。计算公式如下:

$$计划年度固定资产投资额 = 计划年度总产值(不变价) \times 基年固定资产占有率$$
$$\times (1 - 计划年度固定资产节约率)$$

$$基年固定资产占用率 = \dfrac{基年实际固定资产平均总值}{基年实际完成总产值(不变价)} \times 100\%$$

(二) 固定资产投资的预测分析

根据固定资产投资大部分具有投资数额大、建设周期长、建成后使用年限长的特点,企业在做出固定资产投资决策之前,必须十分重视做好固定资产投资的预测分析工作。

1. 固定资产投资分析的程序

(1) 提出固定资产投资的备选方案。企业在固定资产需要量确定以后,应在充分挖掘内部潜力的基础上,结合考虑市场需求及原材料、能源供应和培训技术力量保证等因素,提出固定资产投资方案。对每一项固定资产投资,都应提出若干个备选方案以供比较选择。

(2) 评价投资项目方案。投资方案的评价主要涉及如下几项工作:一是把提出的投资项目进行分类,为分析评价做好准备;二是计算有关项目的预计收入和成本,预测投资项目的现金流量;三是运用各种投资评价指标,把各种投资按可行性的顺序进行排队;四是编写出评价报告。

(3) 做出投资决策。投资项目经评价后,企业领导者要做最后决策。决策一般分如下三种:第一,接受此项目可以进行投资;第二,拒绝此项目,不能进行投资;第三,发还给项目提出部门,重新调整后,再做处理。

(4) 执行投资方案、反馈情况。决定对某项目进行投资后,要积极筹措资金,实施投资。在投资项目的执行过程中,要对工程进度、工程质量、施工成本等进行控制,以便使投资按预算规定保质如期完成。在投资项目执行过程中，应注意作出的决策是否合理、正确。一旦出现新的情况，就要随时根据变化的情况做出新的评价，并反馈情况。如果情况发生重大变化，原来的投资决策已变得不合理，那么，就要对投资决策是否中途停止作出决策，以避免更大的损失。

2. 固定资产投资预测中应考虑的主要因素

由于固定资产单项投资数额大、投资回收期长、决策失误损失大等特点，企业在进行投资决策时需要充分考虑以下几个因素，力求决策的正确性。

(1) 现金流量。是企业在未来时期内现金流动的数量。包括现金流入量、现金流出量。现金流入量与流出量的差额称为现金净流量。

现金流入量包括下列内容：

第一、营业收入。它是投资项目投产后取得的收入；

第二、收回的固定资产残值；

第三、收回的流动资金。项目寿命终了时，流动资金收回，作为现金流入量。

现金流出量包括下列内容：

第一、固定资产投资；

第二、流动资产投资；

第三、营业成本（不包括折旧）；

第四、期间费用；

第五、营业外净支出。

现金净流量也称净现金流量。

$$现金净流量 = 现金流入量合计 - 现金流出量合计$$

(2) 投资过程的有效期（固定资产使用的经济年限）。就是指固定资产的经济寿命。固定资产的寿命有两种，一种是固定资产的自然寿命（物质寿命），是指一项固定资产从启用到丧失其应有功能而无法修复为止的期限；另一种是固定资产的经济寿命，是指固定资产的平均成本最低的使用期限。

固定资产的使用期限越长，年折旧额越低。因此，在每年的其他使用成本不随使用年限长短变动时，使用期限越长，使用固定资产的年均成本越低。这时，固定资产的自然寿命就是经济寿命。

但是实际上，任何房屋、建筑物和机器设备等都会由于使用和自然损耗，而逐渐降低效率和精度，逐渐增加原材料和能源的消耗，以及逐渐增加修理工作量。于是在固定资产的使用中，收益将逐年下降，维修费将逐年上升，使固定资产的平均成本，随着使用年限延长，初而逐年下降，继而逐年上升，其中，年均成本最低的使用年限，就是固定资产的经济寿命。它往往短于固定资产的自然寿命。片面地认为固定资产使用年限越长越经济的观点是脱离实际的，有害的，必须予以摒除。

(3) 必要报酬率。必要报酬率一般用资金成本来表示。它是衡量一项长期投资决策方案是否可行的重要标准之一。如果报酬率低于资金成本，该投资项目不仅无利可图，反而连本金、利息都收不回来，因此必须放弃，根本不能考虑采纳与否；反之，则可考虑是否采纳。一般地讲，必要报酬率是考虑了资金的时间价值和投资风险价值后的报酬率。

3. 固定资产投资预测分析的方法

(1) 投资回收期法

投资回收期是指收回全部投资额所需要的时间。投资回收期法的基本原理，是通过对各投资方案投资总额和预计现金流量之间相互关系的计算，确定需要多长时间（例如几年）可以将原投入的全部资金如数收回，然后再比较各相关方案投资回收时间的长短，以择定最佳投资方案。投资回收期越短，投资效益越好，方案为佳；反之，则投资方案为差。投资回收期通常以年数表示，其计算公式是：

$$投资回收期 = \frac{投资总额}{年平均利润增加额 + 年折旧额}$$

【例 4-2】 某工业企业增加一条自动生产线，有甲乙两种方案，生产能力基本相同，每年平均利润预计都是 30 万元，甲方案投资 120 万元，使用 10 年，乙方案投资 100 万元，使用 8 年，假设生产线报废时无残值。则：

$$甲方案投资回收期：\frac{120}{30 + 120/10} = 2.86（年）$$

$$乙方案投资回收期：\frac{100}{30 + 100/8} = 2.35（年）$$

很明显，乙方案投资回收时间较甲方案短，乙方案为优。

在使用回收期法进行方案评价选择时，除了在备选方案之间比较回收期外，还要与标准投资回收期进行比较。标准投资回收期是国家根据各行业、各部门具体情况规定的回收期定额。如果备选方案投资回收期大于标准投资回收期就是不可取的。

投资回收期法计算简单，通俗易懂，在实际工作中被广泛采用。

(2) 投资报酬率法

投资报酬率是投资方案的平均投资额同该投资项目未来期间的平均净收益之间的比率。投资报酬率法的基本原理是按有关投资方案的有效期限，分别计算他们的平均投资额和平均净收益（利润）以及二者的比值，确定各该方案在未来期限内的年平均投资报酬水平，然后再在有关投资方案之间进行比较。投资的年平均报酬率越高，说明有关投资方案的经济效果越好；反之，投资效果越差。投资报酬率的计算公式如下：

$$投资报酬率 = \frac{年平均净收益(利润额)}{年平均投资额} \times 100\%$$

式中：

$$年平均净收益 = \frac{有效期间内各年净收益总额}{有效期间}$$

$$年平均投资额 = \frac{有效期间内各年平均投资余额之和}{有效期间}$$

【例 4-3】 某企业计划购置铣床 1 台，现拟有 A、B 两个投资方案，有关资料如表 4-1 所示。

单位：万元　　表 4-1

期间	A 方案		B 方案	
	投资额	净收益	投资额	净收益
第一年	50（年初）	2.5	45（年初）	8
第二年	40	5.0	30	8.5
第三年	30	7.5	15	9
第四年	20	10		

根据表 4-1 有关资料，A、B 两个投资方案的投资报酬率可计算如下：

$$A 方案每年平均净收益 = \frac{2.5+5+7.5+10}{4} = 6.25（万元）$$

$$A 方案每年平均投资额 = \left(\frac{50+40}{2} + \frac{40+30}{2} + \frac{30+20}{2} + \frac{20+0}{2}\right) \div 4 = 28.75（万元）$$

$$A 方案投资报酬率 = \frac{6.25}{28.75} \times 100\% = 21.74\%$$

$$B 方案每年平均净收益 = \frac{8+8.5+9}{3} = 8.5（万元）$$

$$B 方案每年平均投资额 = \left(\frac{40+30}{2} + \frac{30+15}{2} + \frac{15+0}{2}\right) \div 3 = 21.67（万元）$$

$$B 方案投资报酬率 = \frac{8.5}{21.67} \times 100\% = 39.2\%$$

计算结果表明，B 方案投资报酬率达 39.2%，而 A 方案仅为 21.74%，故 B 方案的投资效果较 A 方案为优。

（3）净现值法

净现值是指某一投资方案未来现金流入量的现值同其现金流出量的现值之差。净现值法的基本原理是：将某投资项目投产后的现金流量按照预定的投资报酬率折算到该项目开始建设的当年，以确定折现后的现金流入和现金流出的数值，然后相减。若现金流入的现值大于现金流出的现值，净现值为正值，表明投资不仅能获得符合预定报酬的期望利益，而且还可以得到以正值差额表示的现值利益，这在经济上是有利的；反之，若现金流入的现值小于现金流出的现值，则表明投资回收水平低于预定报酬率，投资者在经济上是不合算的。

净现值的计算公式是：

$$NPV = \left(\frac{A_1}{(1+i)^1} + \frac{A_2}{(1+i)^2} + \cdots\cdots \frac{A_n}{(1+i)^n}\right) - A_0$$

式中　　NPV——净现值；

　　A_1、A_2……A_n——未来各期现金流入量；

　　　　　　　i——预定投资报酬率；

　　　　　　　n——期间数；

　　　　　　　A_0——原始投资额（现金流出量）。

【例 4-4】　设某企业计划投资 1000 万元用于机械加工车间技术改造，预期的投资报酬率为 10%，现有甲、乙两个方案可供选择，有关资料见表 4-2。

单位：万元　　表 4-2

期间	现金流入量		期间	现金流入量	
	甲方案	乙方案		甲方案	乙方案
第一年	100	500	第三年	400	400
第二年	200	400	第四年	1000	300

根据上述资料，可计算甲、乙两方案的净现值见表 4-3。

单位：万元　　**表 4-3**

期间（年）	现值系数（$i=10\%$）	甲方案 现金流入量	现值	乙方案 现金流入量	现值
1	0.909	100	90.9	500	454.5
2	0.826	200	165.2	400	330.4
3	0.751	400	300.4	400	300.4
4	0.683	1000	683	300	204.9
合计		1700	1239.5	1600	1290.2
投资额（现金流出量）			1000		1000
净现值			239.5		290.5

注：现值系数可查阅复利现值表。

计算结果表明，甲、乙方案的净现值都为正数，说明甲、乙两方案实际可达到的投资报酬率都大于预期的投资报酬率，因而它们都是可行的。不过，两者相比乙方案的净现值大于甲方案，如采用乙方案更为有利。

（4）现值指数法

现值指数是某一投资方案未来现金流入量的现值同其现金流量的现值之比。现值指数法的基本原理是：把某投资方案投产后的现金流量，按照预定的投资报酬率折算到该项目开始建设的当年，以确定折现后的现金流入和现金流出的数值，然后相除。若现金流入的现值对现金流出的现值之比大于1，表明投资在取得预定报酬率所要求的期望利益之外，还可以获得超额的现值利益，这在经济上是有利的。反之，若二者之比小于1，则意味着投资回收水平低于预定报酬率，投资者在经济上是不合算的。

现值指数的计算公式如下：

$$PVI = \left(\frac{A_1}{(1+i)^1} + \frac{A_2}{(1+i)^2} + \cdots\cdots + \frac{A_n}{(1+i)^n} \right) \div A_0$$

式中　　PVI——现值指数；

　　A_1、A_2……A_n——未来各期现金流入量；

　　　　　　i——预定投资报酬率；

　　　　　　n——期间数；

　　　　　　A_0——现金流出量（原始投资额）。

依上资料，则甲、乙双方的现值指数可计算如下：

$$PVI_甲 = \frac{100 \times 0.909 + 200 \times 0.826 + 400 \times 0.751 + 1000 \times 0.683}{1000} = \frac{1239.5}{1000} = 1.24$$

$$PVI_乙 = \frac{500 \times 0.909 + 400 \times 0.826 + 400 \times 0.751 + 300 \times 0.683}{1000} = \frac{1290.2}{1000} = 1.29$$

计算结果表明，甲、乙两个方案的现值指数均大于1，且乙方案现值指数大于甲方案，故选择乙方案在经济上更为有利。

二、固定资产投资计划

固定资产投资计划是企业固定资产计划的重要组成部分，是对计划期内固定资产的投资支出、投资来源和投资效果所作出的全面安排。

(一)固定资产投资支出计划

固定资产投资支出是企业用于厂房设备的扩建、改建、购置、更新、资源的开发、利用和技术改造等方面支出。企业在对固定资产投资的各种备选方案进行了预测分析,选择出最佳投资方案后,应进一步将选定的投资方案予以具体化,编制固定资产投资计划。固定资产投资支出计划应列出固定资产投资项目、购建数量、投资时间、完成时间及投资支出额等。

(二)固定资产投资来源计划

企业固定资产投资支出计划确定以后,即应确定相应的固定资产投资来源计划,以平衡投资的需要与来源,据以确定不足资金的来源渠道。其编制步骤是:

(1)计算计划年度固定资产投资总支出。可据固定资产投资支出计划有关指标确定。

(2)计算计划年度固定资产投资来源不足或多余数。计算公式如下:

计划年度固定资产来源
多余(+)或不足(-) = 计划年度固定资产投资总支出
- 计划年度初自筹固定资产投资来源实有数
- 计划年度投入资本用于固定资产投资的实有数
- 计划年度固定资产折旧用于固定资产投资实有数
- 计划年度有偿调出固定资产收回资金数

(3)根据固定资产投资来源不足数确定申请银行贷款或其他资金来源数,并编制固定资产来源计划表。

(三)固定资产投资效果计划

固定资产投资效果可以从两个方面来考虑:一是用较少的投资取得较多的成果(表现为产值和利税);二是投资的回收速度。因此,固定资产投资效果可用以下指标来反映:

固定资产投产值率 = 年产值/投资总额 × 100%

固定资产投资利润率 = 年利润总额/投资总额 × 100%

固定资产投资利税率 = 年利税总额/投资总额 × 100%

$$固定资产投资回收期 = \frac{投资总额}{年平均利润总额 + 年折旧总额}$$

固定资产投资效果计划可结合固定资产投资支出计划、投资来源计划编制,也可单独编制。

【例 4-5】 某企业计划年度新增固定资产投入使用后预计可增加年产值 5000 万元,年利润 1200 万元,年利税 1800 万元,年均折旧总额 500 万元,则可据以编制固定资产投资效果计划。见表 4-4。

固定资产投资效果计划××年度　　单位:万元　　表 4-4

行次	项　　目	上年预计	本年计划
1	固定资产投资支出总数		2905
2	增加工业总产值(按不变价格计算)		5000
3	增加利润总数		1200
4	增加利税总额		1800

续表

行次	项　　目	上年预计	本年计划
5	增加折旧总额		500
6	固定资产投资产值率		172.12%
7	增加资产投资利润率		41.31%
8	固定资产投资利税率		61.96%
9	固定资产投资回收期		1.71（年）

第三节　固定资产折旧

一、固定资产折旧概述

固定资产的折旧是指固定资产在使用过程中，逐渐损耗而消失的那部分价值。固定资产损耗的这部分价值，应当在固定资产的有效使用年限内进行分摊，形成折旧费用，计入各期成本。

（一）固定资产折旧的性质

企业的固定资产可以长期参加生产经营活动而保持其原有的实物形态，但其价值是随着资产的使用而逐渐转移到生产的产品中或构成费用，然后通过产品（商品）的销售，收回货款，弥补了成本费用，从而使这部分价值损耗得到补偿。

固定资产的损耗分为有形损耗和无形损耗两种，有形损耗是指固定资产由于使用和自然力的影响而引起的使用价值和价值的损失；无形损耗则是指由于科学技术进步等而引起的固定资产价值的损失。固定资产的有形损耗是显而易见的，如机械磨损和自然条件的侵蚀等，但是，随着科学技术的日新月异，固定资产的无形损耗有时比有形损耗更为严重，对计算折旧的影响更大。

（二）影响折旧的因素

企业计算各期折旧额的依据或者说影响折旧的因素主要有以下三个方面：

1. 折旧的基数

计算固定资产折旧的基数一般为取得固定资产的原始成本，即固定资产的账面原价。企业在具体计提折旧时，应以月初可提取折旧的固定资产账面原值为依据，当月增加的固定资产，当月不提折旧；当月减少的固定资产，当月照提折旧。

2. 固定资产净残值

是指预计的固定资产报废时可以收回的残余价值扣除预计清理费用后的数额。由于在计算折旧时，对固定资产的残余价值和清理费用只能人为估计，就不可避免存在主观性，为了避免人为调整净残值的数额而人为地调整计提折旧额。我国财务制度规定固定资产的预计净残值率应当不低于固定资产原价的3%，不高于固定资产原价的5%。

3. 固定资产的使用年限

企业应根据国家财务制度的有关规定，结合本企业的具体情况合理地确定固定资产折旧年限。

（三）计提折旧的范围

企业在用的固定资产一般均应计提折旧，具体范围包括：房屋和建筑物；在用的机器设备、仪器仪表、运输工具、季节性停用、大修理停用的设备；融资租入和以经营租赁方式租出的固定资产。

不提折旧的固定资产包括：未使用、不需用的机器设备；以经营租赁方式租入的固定资产；在建工程项目交付使用以前的固定资产；已提足折旧继续使用的固定资产；未提足折旧提前报废的固定资产；国家规定不提折旧的其他固定资产（如土地等）。

二、固定资产折旧方法

固定资产折旧额的计算方法简称折旧方法。折旧方法按其折旧速度可以分为两类：一类是平均折旧法，即使用期间的每年（月）提取相同的折旧额，如平均年限法和工作量法。另一类是快速折旧法，即在使用期间的前期多提一些折旧，后期少提折旧，如双倍余额递减法和年数总和法。

（一）平均年限法

平均年限法又称使用年限法或直线法，是将固定资产的折旧额均衡地分摊到各期的一种方法。采用这种方法计算的每期折旧额是等额的。计算公式如下：

$$固定资产年折旧额 = \frac{固定资产原值 - 预计净残值}{预计使用年限}$$

$$固定资产月折旧额 = \frac{固定资产年折旧额}{12}$$

在实际工作中，通常不是按上述方法直接计算折旧额，而是按照预计的折旧率计算折旧额。计算公式如下：

$$固定资产年折旧率 = \frac{固定资产年折旧额}{固定资产原值} \times 100\%$$

$$或固定资产年折旧率 = \frac{1 - 净残值率}{预计使用年限} \times 100\%$$

$$月折旧率 = \frac{年折旧率}{12}$$

$$月折旧额 = 固定资产原值 \times 月折旧率$$

净残值率是固定资产净残值（预计残值收入 - 预计清理费用）占固定资产原值的比率。净残值率应按照固定资产原值的3%~5%确定，净残值率低于3%或者高于5%的，由企业自主确定，并报主管财政机关备案。

固定资产折旧率可以分为个别或单项折旧率、分类折旧率和综合折旧率。个别折旧率是指某项固定资产在一定期间的折旧额与该固定资产原值的比率。它是按单项固定资产计算的折旧率。分类折旧率是指固定资产分类折旧额与该类固定资产原值的比例，采用这种方法，应先把性质、结构和使用年限接近的固定资产归纳为一类，再按类计算平均折旧率。综合折旧率是指某一期间企业全部固定资产折旧额与全部固定资产原值的比例。

个别折旧率和类别折旧率，一般是在实际计提折旧时应用（现行固定资产折旧制度规定企业要按类别折旧率计提折旧），综合折旧率是在编制固定资产折旧计划时应用。

（二）工作量法

工作量法是根据实际工作量计提折旧额的一种方法。计算公式为：

$$每一工作量折旧额 = \frac{固定资产原值 \times (1 - 净残值率)}{预计总工作量}$$

某项固定资产月折旧额＝该项固定资产当月工作量×每一工作量折旧额

工作量法实际上也是直线法，只不过是按照固定资产所完成的工作量计算每期的折旧额。它适用于受自然资源影响，产量不稳定的采掘、采伐企业；企业专业车队的客、货运汽车等，大型设备也可采用工作量法。

（三）双倍余额递减法

双倍余额递减法又称倍率余额递减法，是按双倍直线折旧率计算固定资产折旧的方法，它是在不考虑固定资产净残值的情况下，根据每期期初固定资产账面余额和双倍的直线法折旧率计算固定资产折旧的一种方法。其计算公式如下：

年折旧额＝期初固定资产账面折余价值×双倍直线折旧率

$$双倍直线年折旧率 = \frac{2}{预计使用年限} \times 100\%$$

实行双倍余额递减法计提折旧的固定资产，应当在其固定资产折旧年限到期以前两年内，将固定资产净值（扣除净残值）平均摊销。

【例 4-6】 某设备原值为 10 万元，预计净残值为 0.2 万元，折旧年限为 4 年，则：

双倍直线折旧率 = 2/4 × 100% = 50%

第一年应提折旧额 = 10 × 50% = 5（万元）

第二年应提折旧额 =（10 - 5）× 50% = 2.5（万元）

第三年应提折旧额 = $\frac{(10 - 5 - 2.5) - 0.2}{2}$ = 1.15（万元）

第四年应提折旧额 = $\frac{(10 - 5 - 2.5) - 0.2}{2}$ = 1.15（万元）

每年各月折旧额据年折旧额除以 12 来计算。

（四）年数总和法

年数总和法又称合计年限法或变率递减法，是将固定资产的原值减去净残值后的净额乘以一个逐年递减的分数计算每年的折旧额，这个分数的分子代表固定资产尚可使用的年数，分母代表使用年数的逐年数字总和。计算公式如下：

$$年折旧率 = \frac{尚可使用年数}{预计使用年限的年数总和} \times 100\%$$

$$或年折旧率 = \frac{预计使用年限 - 已使用年限}{预计使用年限 \times (预计使用年限 + 1) \div 2} \times 100\%$$

【例 4-7】 某项设备的折旧年限为 4 年，设备原值为 8 万元，预计净残值为 0.2 万元。采用年数总和法计算的各年折旧额如下：

第一年：(8 - 0.2) × $\frac{4}{10}$ = 3.12（万元）

第二年：(8 - 0.2) × $\frac{3}{10}$ = 2.34（万元）

第三年：(8 - 0.2) × $\frac{2}{10}$ = 1.56（万元）

第四年：(8 - 0.2) × $\frac{1}{10}$ = 0.78（万元）

四年的折旧额相加为 7.8 万元，再加上净残值 0.2 万元，正好与该设备原值 8 万元相等。

按年数总和法计提折旧，各年所提折旧额也是逐年递减的，但各年递减的幅度是一致的。

第四节 固定资产的日常管理

一、建立与健全固定资产管理的基础工作

（一）编制固定资产目录

固定资产目录是根据企业不同的生产特点和条件来编制的，其目的是划分固定资产管理范围。凡符合固定资产标准，列入固定资产管理范围的，均应编列在固定资产目录内。

（二）建立固定资产的账簿和卡片

固定资产的增减要在账簿和卡片上详细反映，以便保证固定资产的完整。

（三）建立固定资产的定期清查盘点制度

定期清查和盘点固定资产，主要包括清查固定资产数量和鉴定固定资产的质量两个方面。

（四）实行固定资产的归口分级管理

实行归口分级管理责任制，就是在厂长领导下，按固定资产的不同类别，根据企业各部门的职责，分工给有关部门负责管理。

二、固定资产增减变动的管理

固定资产的管理既要对实物进行管理，又要对资金进行管理，财务人员在资产管理中，必须严格按手续制度办事，既要记账核算，管好资金，又要深入现场，管好财产。凡新增固定资产，在固定资产调入或基建完工交接时，就要到现场参加验收，做到手续完备，责任清楚。固定资产的减少主要是固定资产的出售和报废。当固定资产出售时，必须深入现场，核实有关手续，查对实物，做好财产的估价工作；对于固定资产的报废，要从严掌握，谨慎处理。

三、固定资产修理的管理

固定资产修理按其修理范围的大小和修理时间的长短可分为大修理和中小修理。

中小修理也叫经常性修理，是为保护国家资产正常运转而进行的日常保养性修理，修理次数多，修理范围小，发生修理费用支出少。因此一般在费用发生时直接计入当期成本或费用。

大修理一般修理范围大，费用开支大。如将大修理发生额直接列入当期费用，势必影响大修理发生期间的成本和盈利水平。为了均衡成本、费用的负担，大修理费用发生额可以采用预提或待摊的办法。

四、在建工程的管理

在建工程指企业在新建、改建、扩建或者进行技术改造所进行的建筑工程和安装工程。

（一）在建工程的计价

（1）自营工程，按照直接材料、直接工资、直接机械施工费用以及所分摊的工程管理费用等计价。

（2）出包工程，按应当支付的工程价款以及所分摊的工程管理费等计价。

（3）设备安装工程，按所安装设备的原价、工程安装费用、工程试运支出以及所分摊的工程管理费等计价。

（二）在建工程的日常管理

在建工程的管理是企业财务管理的重要内容，企业应加强对各项自营在建工程的预算和成本管理。

（1）施工前应按照工程项目编制工程费用预算，交有关部门审核，审核后交有关领导审查批准。财务部门根据批准的工程预算筹集资金并监督使用，对于长期借款进行的工程，对借款利息要加强管理，工程用借款的利息应计入在建工程成本。对于没有工程预算的项目，财务部门有权拒绝付款。

（2）施工过程中要严格按照工程预算，控制费用支出。财务部门要经常检查预算的执行情况，并做好工程的核算和工程成本的分析工作，挖掘潜力，努力降低工程成本。

（3）工程完工后应由厂部组织验收。验收时应对工程质量，预算执行情况和经济效果进行分析，写出工程验收报告。

对于出包工程的管理主要是做好工程预算的审核，按工程进度拨付款项，对工程质量进行监督。

（三）在建工程的清理

在建工程发生报废或者毁损，按扣除残料价值和过失人或者保险公司等赔偿后的净损失，计入施工的工程成本。单项工程报废以及由于非常原因造成的报废或者毁损，其净损失，在筹建期间发生的计入开办费用；在投入生产经营以后的，计入营业外支出。

第五节　无形资产管理

一、无形资产概述

无形资产是不具有实物形态的非货币性资产，如专利权、商标权、著作权、土地使用权、非专利技术、商誉等。

无形资产一般具有以下特征：

（1）无实物形态。无形资产不具有物质形态，看不见，摸不着，不是人们直接可以触摸到的，是隐形存在的资产。

（2）用于生产商品或提供劳务、出租给他人或为了行政管理而拥有的资产。

（3）可以在一个以上会计期间为企业提供经济效益，因此，无形资产被界定为长期资产而不是流动资产，使用年限超过一年。

（4）所提供的未来经济效益具有很大的不确定性。有些无形资产（如商誉）只是在某个特定的企业存在并发挥作用，有些无形资产的受益期难以确定，随着市场竞争、新技术发明而被替代。

（5）专有性。也称独占性，即其使用权和所有权都具有排他性，为权利人独占，他人非经许可不能取得。

无形资产并不是仅仅从实物形态上与有形资产相对立的一类资产，而是具有某些相同特征的资产。拥有这些资产的企业，在市场竞争中处于特殊的有利地位，使企业得到额外的经济利益。

二、无形资产的分类

（一）按其内容和性质不同分类

1. 专利权

指政府对发明者在某一产品的造型、配方、结构、制造工艺或程序的发明创造上给予其制造、使用和出售等方面的专门权利。专利权允许其持有者拥有独家使用或控制的权利，但它不保证一定能给持有者带来经济效益，因为有的专利可能无经济价值或经济价值很小，所以并不是所有专利都可以资本化，只有那些能给企业带来较大经济效益，企业为此付出代价的专利列入无形资产管理。

2. 商标权

商标权是指专门在某类指定的商品或产品上使用特定的名称或图案的权利。商标经注册登记而获得法律上的保护，商标注册人享有商标专用权。企业自创商标一般不作为无形资产计价入账。商标法规定，商标可以转让，但受让人应保证使用该注册商标的产品质量。若企业购入商标花费较大时，可将其资本化，作为无形资产管理。

3. 非专利技术

指公众不知道的，在生产和经济活动的实践中已采用了的，在国内外不享有法律保护的各种技术知识和经验。非专利技术所有者依靠自我保护秘密的方式来维护其独占权，可以转让和投资。

4. 土地使用权

指国家准许某一企业在一定期间内对国有土地享有开发、利用、经营的权利。

5. 著作权（又称版权）

指对编写（或出版）的某一专门著作或创作的某一艺术品所提供的专属权利。著作权是一种知识产权，除法律另有规定者外，未经作者许可或转让，他人不得占用和行使。通常只有外购版权的实际成本才予以资本化。

6. 商誉

指企业由于所处的地理位置优越、或信誉卓著、或经营出色、生产效率高、历史悠久、经验丰富、技术先进等原因，与同行业相比，可获得超额利润而形成的价值。

（二）按能否辨认分类

企业无形资产可分为可辨认的和不可辨认的无形资产。可辨认无形资产具有专门的名称，可以单独取得或转让，如专利权、商标权、土地使用权等。不可辨认无形资产指不能单独取得或转让，也不能脱离企业的无形资产，如商誉等。

（三）按不同来源分类

企业无形资产可分为外来无形资产和自创无形资产。外来无形资产包括国家政府给予的某种特权，外单位作为资本投入的及从外单位购入的无形资产；自创无形资产指企业自行研制创造而获得的专利权等。

（四）按有无限期分类

无形资产可分为有限期无形资产和无限期无形资产。有限期无形资产的有效期为法律所规定，如专利权、商标权等；无限期无形资产的有效期在法律上并无规定，如商誉等。

三、无形资产的计价与摊销

（一）无形资产的计价

无形资产的计价比较复杂，新的财务制度规定，无形资产计价原则按取得的实际成本计价。具体地说：

(1) 投资者作为资本金或合作条件投入的无形资产，按评估确认或合同、协议约定的金额计价。

(2) 购入的无形资产，按实际支付的全部款项计价入账。

(3) 企业自行开发并按法律程序认可的无形资产，按开发过程中的实际支出计价。

(4) 接受捐赠的无形资产，按所附单据或者参照同类无形资产的市价计价。

(二) 无形资产的摊销

财务制度规定，无形资产计价入账后，应从受益之日起，在一定期间内分期平均摊销。类似于固定资产的直线法折旧。

无形资产摊销关键是确定摊销期限。因此，财务制度分别对以下几种情况作出规定：

(1) 法律和合同或者申请书分别规定有法定有效期限和受益年限的，按法定有效期限与合同或者企业申请书中规定的受益年限孰短的原则确定。

(2) 无法律有效期限，企业合同或者申请书中规定有受益年限的，按合同或者企业申请书规定的受益年限确定。

(3) 法律、合同或者企业申请书均未规定法定有效期限和受益年限的，按不少于10年的期限确定。

在无形资产的有效期限内，各年和各月的摊销额计算公式如下：

$$某项无形资产的年摊销额 = \frac{该项无形资产的价值}{该无形资产的有效期}$$

$$月摊销额 = 年摊销额 \div 12$$

无形资产没有残值，在财务上，企业分期摊销的无形资产部分，冲减无形资产价值，同时作为增加管理费用处理。

四、无形资产的转让和投资

(一) 无形资产的转让

企业转让无形资产的方式有两种：一是转让其所有权；二是转让其使用权。两者的内容是不一样的。所有权是指企业在法律规定范围内对无形资产享有占有、使用、收益、处置的权力。而使用权是指按照无形资产的性能和用途加以利用，以满足生产经营的需要。所有者在行使其所有权时，可以在法律规定的范围内，根据自己的意志和利益，将其使用权分离出去，由非所有者享有；非所有者行使使用权时，必须根据法律和合同的规定，按指定的用途使用。无形资产的所有权与使用权的适当分离，是生产的社会化和发展市场经济的需要。在会计核算上，转让无形资产的所有权与转让使用权，处理方法是不一样的。

在财务上，虽然转让无形资产的所有权和转让使用权所取得的收入均作为企业的其他营业收入处理。但土地使用权转让收入的处理具有特殊性，据国家有关规定，国有企业的建设用地，继续采用划拨的方式，因此，凡是通过划拨的方式取得的土地使用权，政府不收取地价补偿费，企业也不得自行转让、出租和抵押。需要对土地使用权进行转让的，其转让的收入，包括土地出让金和土地收益金或土地增值费，企业应全部上缴给财政部门，由财政部门分别解缴中央政府和地方政府，而不能作为企业其他销售收入处理。

转让无形资产是需要耗费一定成本的，转让无形资产获得的净收入是转让所获得的价款扣除有关的成本费用。一般转让无形资产的所有权与使用权的成本确定方法不尽一致，如果转让无形资产的所有权，则转让成本就是无形资产的摊余价值；如果转让的是无形资产的使用权，则转让成本就是为履行出让合同所规定的义务所发生的费用，如派出的技术服务人员的费用等。

（二）无形资产的投资

如果用无形资产的所有权投资，应按评估确认或合同协议约定的价值作为投资额。资产重估确认的价值与其账面净值的差额，计入资本公积金。

企业如果不用无形资产的所有权投资，而是出让无形资产的使用权，这时，双方并无投资协议。在这种情况下，企业应按转让无形资产的方法处理。

第六节 其他长期资产管理

一、递延资产的管理

（一）递延资产的范围

递延资产是指不能全部计入当年损益，应当在以后年度内分期摊销的各项费用，包括开办费、租入固定资产的改良及其他递延资产等。

1. 开办费

指企业在筹建期间发生的各种费用。包括筹建期间人员工资、办公费、培训费、差旅费、印刷费、律师费、注册登记费及不计入固定资产和无形资产购建成本的汇兑损益和利息支出等费用。

企业发生下列费用，不应计入开办费：

(1) 应由投资者负担的费用支出；

(2) 为取得各项固定资产、无形资产所发生的支出；

(3) 筹建期间应计入资产价值的汇兑损益、利息支出等。

2. 租入固定资产的改良支出

指能增加以经营租赁方式租入的固定资产的效用，或延长其使用寿命的改装、翻修、改建等支出。

3. 其他递延资产

指除开办费和租入固定资产改良支出以外的其他递延资产，如一次性预付的固定资产租赁款，以及摊销期在一年以上的固定资产大修理支出等。

（二）递延资产的管理

1. 依法划定管理范围

鉴于递延资产主要包括开办费、租入固定资产改良支出等，因此，企业财务部门应设专人进行专户管理，在管理过程中注意将递延资产与一般待摊费用分开。

2. 正确地计价和摊销

我国财务制度规定，开办费自企业投产之日起，按照不短于 5 年的期限平均摊入管理费用。在摊销期限内，开办费各年、各月的摊销额计算如下：

$$开办费的年摊销额 = 开办费支出总额 / 摊销年限$$

$$月摊销额 = 年摊销额 \div 12$$

对于租入固定资产的改良支出，应根据租赁合同中规定的租赁期限平均地进行摊销，计入制造费用或管理费用。其摊销方法与开办费的摊销方法相同。

二、其他资产的管理

企业的其他资产主要包括特种储备物资、冻结存款和冻结物资、涉及诉讼中的财产等。其他资产的特点是该资产不参加企业正常的生产经营活动，因此，它的管理应与参加企业生产经营的资产分别加以管理，即应严格将其他资产与企业的固定资产、流动资产、无形资产、递延资产划清界限并设专人管理。

（一）特种储备物资的管理

特种储备物资是我国企业由于特殊原因，主要为了应付自然灾害及设备的特殊需要，经国家特准在正常范围外储备指定用途的材料物资。因此，特种储备物资必须设专人进行专户管理并定期地进行财产清查以确保账实相符。

（二）银行冻结存款和冻结物资的管理

冻结存款和冻结物资是指人民法院依法对被执行人（企业）的银行存款、物资，实施强制性管制，不准被执行人提取或转移。根据我国民事诉讼法的规定，在被执行人拒不履行法院裁定的义务时，法院有权向有关银行或企业发出协助执行通知书，冻结被执行人的存款或物资。在规定的期限内，如果被执行人自动履行了义务，人民法院可以解除冻结。

企业被冻结存款或物资后，应派专人协助人民法院工作，严禁采用各种非法手段转移冻结物资，违者依法惩处。

（三）涉及诉讼中的财产的管理

涉及诉讼中的财产，主要是指已被司法机关依法查封、扣押、冻结的财产。企业对这类财产不得隐藏、转移、变卖、毁损。

小　　结

1. 固定资产是指使用期限超过一年的房屋建筑物、机器设备、运输设备、工具仪器等。作为固定资产其主要特征是：使用期限长、保持原有实物形态、价值逐渐转移、不以销售为目的、属于有形资产。

固定资产的标准：一是指使用期限超过一年；二是单位价值在规定的标准以上。对于固定资产的单位价值标准，国家只有原则规定，一般可由企业自定。

固定资产按其经济用途和使用情况，一般分为生产用固定资产、非生产用固定资产、租出固定资产、未使用固定资产、不需用固定资产及融资租入固定资产等六类。按固定资产的经济用途及使用情况分类，可以反映和监督其利用效果以及未使用、不需用固定资产的具体内容。

固定资产计价包括计价方法和价值构成两个方面，是固定资产管理的主要内容。固定资产计价方法主要有：原始成本价值、重置完全价值、净值三种。其价值构成一般包括买价、运杂费、装卸费、包装费、途中保险费及安装调试费等。

专项工程是指企业自行建造的固定资产，包括固定资产的改建和扩建、固定资产修理、需要安装的设备安装工程等尚待交付使用的各种专项工程支出。专项工程在交付使用后必须实行专项管理。

建筑企业固定资产品类数量多，存放地点分散，施工流动性大，应定期进行清查盘点，至少每年全面盘点一次，核实账存与实存数，查明其完好状况及利用状况，以便改善管理和处理盘盈（亏）。

2. 固定资产折旧是指固定资产在使用过程中转移到成本费用中去的有形损耗和无形损耗的价值。

固定资产折旧的方法通常有平均年限法、工作量法，以及双倍余额递减法、年数总和法等快速折旧方法。

3. 固定资产更新是指以新的固定资产替换原有已经损坏报废的固定资产，它是固定资产简单再生产的主要形式。固定资产重置是固定资产更新的重要形式，又可分为恢复性更新和技术性更新两种形式。在科技发展较快的今天，恢复性更新已较少采用。

固定资产改建是另一种固定资产更新的形式，它是指用技术改造的手段，提高原有固定资产的内在质量，属于内涵扩大再生产的范畴。通过改建，突破了原有固定资产的限制，在一定程度上增加了固定资产的使用价值和价值。固定资产扩建，使场所和范围有所扩大，等于增量，与改造和重置的性质是不同的。

固定资产修理是指经常性修理和大修理，是对固定资产局部的损坏进行修理和替换。固定资产修理费不能增加固定资产的价值，所以属于成本费用支出。

4. 固定资产的预测包括固定资产需要量的预测分析和固定资产投资的预测分析。固定资产投资计划包括固定资产支出计划、固定资产投资来源计划和固定资产投资效果计划。

5. 固定资产的日常管理包括：①建立与健全固定资产管理的基础工作；②固定资产增减变动的管理；③固定资产修理的管理；④在建工程的管理。

6. 无形资产是指不具有实物形态的非货币性资产。无形资产按其内容和性质不同分类可分为专利权、商标权、非专利技术、土地使用权、著作权、商誉等。无形资产计价原则是按取得的实际成本计价，其摊销类似于固定资产的直线法，应从受益之日起，在一定期间内分期平均摊销。

其他长期资产的管理包括递延资产的管理和其他资产的管理。递延资产是指不能全部计入当年损益，应当在以后年度内分期摊销的各项费用。包括开办费、租入固定资产的改良及其他递延资产等。其他资产的管理主要包括特种储备物资的管理和银行冻结物资的管理等。

思 考 题 与 习 题

思考题

1. 什么是固定资产？有什么主要特征？
2. 如何进行固定资产分类？按固定资产的经济用途和使用情况分类有何作用？
3. 试述固定资产的计价方法其价值构成。
4. 什么是专项工程？专项工程如何计价？
5. 什么是固定资产折旧？试述有形损耗和无形损耗的区别。
6. 试述实行快速折旧的合理性及其适用范围。
7. 如何加强固定资产的日常管理？
8. 影响固定资产折旧的因素是什么？

9. 如何加强在建工程的管理？

习题一

（一）目的：通过练习，掌握固定资产折旧的计算方法

（二）资料：

1. 华川建筑公司有施工机械 300000 元，规定折旧年限为 8 年，预计净残值为 3%。

2. 华川建筑公司有运输设备一台，原值 80000 元，预计 6 年内总行驶里程为 45 万 km，预计净残值率为 4%，本年行驶里程为 72000km。

（三）要求

1. 根据资料 1，用直线法计算年折旧率、月折旧率及折旧额。

2. 根据资料 2，用工作量法计算行驶里程单位折旧额及年折旧额。

3. 根据资料 1，施工机械折旧年限不变，用直线法的双倍折旧率计算。

4. 根据资料 2，运输设备折旧年限不变，用年数总和法计算。

习题二

（一）目的：掌握固定资产需要量的预测方法

（二）资料：

前进机械厂生产甲、乙、丙三种产品，现有设备情况如表 B 所示。生产班次按两班计算，每班工作 7.5h，计划全年工作天数为 251 天，假设定额改进系数为 95%，其他有关资料见表 4-5、表 4-6。

（三）要求：

1. 计算该厂计划年度需用机床的总台时。

2. 计算各种机床的负荷系数。

3. 计算各种机床多余或不足的台数和台时。

计划年度需用机床工时计算表　　　　　　　　　　　表 4-5

机床名称	甲产品		乙产品		丙产品		总需台时	定额改进系数（%）	定额台时
	计划产量 150 件		计划产量 240 件		计划产量 80 件				
	单位台时	计划总台时	单位台时	计划总台时	单位台时	计划总台时			
	600		400		470				
	200		50		240				
	300		400		280				
	800		580		90				
	60		40		47				

计划年度机床多余或不足计算表　　　　　　　　　　　表 4-6

机床名称	现有台数	年度有效台时	计划任务所用定额总台时	多余（+）或不足（-）		设备负荷系数（%）
				台时	台数	
车床	45					
刨床	15					
镗床	40					
铣床	50					
钻床	5					

第五章 对外投资管理

第一节 对外投资概述

一、对外投资的目的

企业对外投资是指企业根据国家法律规定在境内外以货币资金、实物、无形资产或者购买股票等有价证券方式将资金投放于其他单位的业务活动。其中以购买股票、债券等有价证券向其他单位的投资，是基本的和常见的投资形式。

企业对外投资的目的主要表现在以下几个方面：

（一）优化资源配置，提高资产利用效率

由于种种原因，企业在生产经营中，有时会有一定量闲置的货币资金，或闲置的厂房、设备等资产，在这种情况下，企业就可以考虑利用现有的资产对外投资，进行资产重新组合，以优化资源配置，增加企业的效益。

（二）加强横向经济联合，分散经营风险

企业只经营一种产品或只从事一个行业的经济活动，往往要承担较大的风险，而通过对外投资，不断介入其他行业，加强横向经济联合，则会分散经营风险。

（三）稳定与客户的关系，扩大市场占有率

在市场经济中，企业面临着日益激烈的竞争。当企业的某种原材料紧缺时，企业可以通过对原材料供应单位进行投资，对该企业的生产经营活动施加影响，以稳定本企业的原材料供应。有时企业为巩固原有的销售网点，或者占有新的市场，也需要对重点客户进行控股，以扩大企业的销售量，增强企业的市场竞争能力。

（四）提高资产的流动性，增强企业的偿债能力

企业资产的流动性是衡量企业偿债能力的一个重要财务指标。现金的流动性最强，可直接用于偿还债务；在企业资产中，证券投资的流动性仅次于货币资金，而长期资产往往在其使用期限终了时才能收回它的全部投资，如要变卖这些资产往往会发生损失。为满足偿债的需要，降低财务风险，企业应保持其资产具有良好的流动性。现金可视为一级储备，而各项有价证券投资则可视为二级储备，但是，现金储备过多，会降低企业的资产报酬率，证券投资可以随时出售转变为现金，既保持了资产的流动性，又可增加企业的收益。

二、对外投资的分类

（一）按投资期限的长短可分为短期投资和长期投资

短期投资是指能随时变现，持有时间不超过一年的有价证券投资，以及不超过一年的其他投资。

长期投资是指不准备随时变现，持有时间在一年以上的有价证券及超过一年的其他投资。长期投资又可分为债权性投资和权益性投资两类。

（二）按投资的性质分为股权投资和债权投资

股权投资是指企业拥有被投资企业所有权的投资，如购入公司的普通股票，则企业就是股份公司的持有者，因此对公司具有一定的管理权和控制权，而发行单位也无须偿还所筹资金，除非发行单位破产，解散清算；债权投资是指企业拥有被投资单位债权的投资，如购入国库券、金融债券、公司债券等，企业对发行单位只拥有债权，一般没有管理和控制权，而发行单位则须按期偿还本金和利息。

（三）按投资方式分为直接投资和间接投资

直接对外投资是指企业将货币资金、实物、无形资产等投入到接受投资单位的投资活动。间接投资通常又称为证券投资，是指企业将本企业的货币资金，通过中介机构让渡方式投入到其他受资单位的活动，其主要形式是购买公债、国库券、公司债券和公司股票等。

三、对外投资的原则

（一）效益性原则

企业在进行对外投资时，必须考虑到该项投资的经济效益，以及对企业整体经济效益的影响。在综合考虑其他因素的同时，应尽可能选择一个经济效益最好的项目。尤其是在证券投资的情况下，可供选择的投资对象很多，企业必须广泛收集有关的投资信息，了解市场发展的趋势，以便做出正确的投资决策。

（二）安全性原则

所谓安全性原则就是投资要能够按期收回本金和应得的投资收益。企业对外投资一般都会面临许多风险，一般来说，风险越大，报酬率越高；风险越小，报酬率也越低。因此，企业必须在投资报酬和风险之间权衡利弊，要全面考虑被投资企业的财务状况，经营成果、行业特点、以及发展前景等，以便保证对外投资的安全性。

（三）流动性原则

企业的对外投资因其目的不同，投资的性质也各异。有的对外投资期限很长，一般不考虑在近期变现；有的对外投资，只是为了充分利用现有的闲置资金，这部分资金以后可能会有其他的用途，这种投资就应当考虑其流动性，以便在将来需要现金时，能够及时变现。一般说来，证券投资的流动性比直接投资的流动性强。因此，企业如果要提高对外投资的流动性，可以考虑以证券投资为主。

（四）整体性原则

企业对外投资活动是企业整体经营活动的一个重要组成部分，对外投资必须服从企业的整体经营活动，对外投资的目标应与企业总的经营目标相一致。

第二节 短期投资管理

一、短期投资的特征

1. 能够随时变现

即购买的股票或债券，国家允许上市或上柜进行交易，而不像长期投资那样，不准备变现。

2. 准备随时变现

即购买的股票或债券只是为了调度暂时不用的资金去获取一定的收益,如企业资金周转困难,可以随时将其变为现金,以解资金急需,而不是像长期投资那样着眼于积累资金或是要控制其他企业。

二、短期投资的主要方式——有价证券

(一)有价证券的概念及特征:

有价证券是指证明或设定一定财产权所做成的凭证,主要有债券、股票以及经政府主管当局核准可以公开发行的其他有价证券。有价证券有如下特征:

(1)表明财产权,证券上载明持有人的财产内容;

(2)证券券面上所示的权利与证券不可分离,权利的行使和转移,以出示和交付证券为条件。

(二)有价证券的价格

有价证券本身并没有价值,但因它能为持有人带来一定的收入,故能在证券市场上买卖,具有价格。其价格决定于证券预期收入量和当时的银行存款利息率两个因素,它同前者成正比,同后者成反比,用公式表示如下:

$$有价证券价格 = \frac{有价证券的预期收入量}{银行存款利息率}$$

三、短期投资价值的确认

企业进行短期投资购入的有价证券,其价值的确认一般有成本法、市价法和成本与市价孰低法三种:

(一)成本法

成本法是指按企业购买有价证券时的实际支付的价款确认其价值的方法。采用这种方法时,不论短期投资的有价证券市价波动情况如何,企业均不调整已购入的有价证券的价值。现行企业财务制度规定,企业短期投资购入有价证券的价值确认,均应采用成本法。

(二)市价法

市价法是指不论企业购买有价证券时实际支付款如何,一律按每月最后一天的证券市价确认其价值的方法。显然,采用这种方法,当短期投资的有价证券市价变化时,需要每月调整一次企业已购入的有价证券价值。

(三)成本与市价孰低法

成本与市价孰低法是指企业购入的有价证券其成本低于市价时,按成本确认其价值,其市价低于成本时按市价确认其价值。成本与市价孰低法是"稳健性原则"的具体体现。

四、短期投资的转让,出售及收益的分配

当企业生产经营需要货币资金时,可将持有的股票、债券转让出去。转让、出售股票、债券时,往往会由于市价上涨而取得收益,也可能会由于市价下跌而发生损失。据现行企业财务制度的规定,企业转让出售股票、债券而发生的损益,应作为投资收益或投资损失处理。但如果出售股票,取得收入中包括已宣告发放、但尚未收取并已登记应收股利的,则应按所得的收入扣除已入账的应收股利后的差额,作为投资收益处理。

企业取得的投资收益,要按照国家规定缴纳所得税或者补交所得税,然后同企业经营利润一起进行分配。

【例 5-1】 A 企业持有 B 企业发行的债券,其成本为 50000 元,应计利息 1000 元,因生产急需资金,A 企业将此债券出售,收入 52000 元。此时,A 企业应作如下账务处理:

(1) 出售债券,减少短期投资 50000 元

(2) 由于应计利息 1000 元已计入应计利息项目,并增加了投资收益,因此,出售债券取得的价款与账面价值的差额为:

$$52000 - 50000 - 1000 = 1000(元)$$

这 1000 元应增加投资收益,并按有关规定缴纳或补缴所得税。

【例 5-2】 C 公司持有 D 公司股票 2000 股,每股成本 110 元,共计 220000 元,D 公司已宣告分派股利,每股股利 10 元,但尚未支付,C 公司在未收到股利之前以每股 125 元的价格将该股票出售,共得收入 250000 元,此时,C 公司应作如下财务处理:

(1) 出售股票,减少短期投资 220000 元

(2) 由于 D 公司宣告每股份分派 10 元股利,C 公司应收未收的股利为 $2000 \times 10 = 20000(元)$,当时已增加投资收益并计入了应收股利项目,所以,出售股票获得的收入,扣除股票成本和应收股利的差额为:

$$250000 - 220000 - 20000 = 10000(元)$$

这 10000 元应增加投资收益,并按规定缴纳或补缴所得税。

第三节 长期投资管理

一、长期投资的特征和投资方式

(一) 长期投资的特征

企业进行长期投资是为了促进本身业务的发展,以谋求特殊的利益或权利,或是为了积累资金,获取长期收益。其投资的主要目的是为了积累资金或控制其他企业。

(二) 长期投资的方式

(1) 债券投资:包括购买国库券、政府债券、企业债券等。

(2) 股权投资:指以参股的形式进行投资,又分为直接投资和间接投资。

二、债券投资价值的确认

(一) 债券投资的计价

以购买债券的形式进行长期投资时,与短期投资一样,一般以认购时的实际成本计价,有平价、溢价和折价三种。

1. 面值认购

即债券的认购价格等于债券的面值。当债券的面值利率等于市场利率时,债券的发行价格就等于面值。

2. 溢价认购

即债券的认购价格高于债券面值。当债券的票面利率高于市场利率时,债券按高于面值的价格发行。

3. 折价认购

即债券的认购价格低于债券面值。当债券的票面利率低于市场利率时,债券可按低于面值的价格发行。

（二）债券溢价和折价的摊销

企业购入债券的溢价和折价，一般应在债券到期前分期摊销。即在债券的各个计息期，将债券折价作为利息的增加，加上每期应计利息收入转作投资收益；或是将债券的溢价作为利息的减少，每期应计利息收入冲减当期应摊销的溢价后转作投资收益。债券的摊销方法有直线法和实际利率法两种。

直线法是将所购入的债券的溢价或折价平均摊入各期间的一种方法。采用此方法，在债券的各个计息期，以相等的金额摊销债券的溢价或折价额。

实际利率法，其溢价和折价是根据债券面值的现值，乘上实际利率算出的利息与票面利息的差异求得的。

从理论上讲，实际利率法比直线法精确。但实际利率法计算麻烦，因此，在实际中大多采用的是直线法，在直线法下，每期应摊销的溢价和折价的计算方法可用以下公式表示：

$$\text{溢价摊销的每期应计利息收入} = \text{债券票面利息} - \frac{\text{溢价}}{\text{摊销期}}$$

$$\text{折价摊销的每期应计利息收入} = \text{债券票面利息} + \frac{\text{折价}}{\text{摊销期}}$$

三、股权投资价值的确认

我国现行财务制度规定，企业长期投资在其股权取得以后，要根据其对被投资企业生产经营业务的影响程度，分别采用成本法和权益法进行财务处理。

（一）成本法

成本法是指进行股权投资时，以购入股票时实际支付的价格（原始成本）计价，不受被投资单位净资产变动的影响。一般是在投资额及占被投资企业有表决权股份的份额较小（约占20%以下），对被投资单位没有实际控制权的情况下，股权投资一般采用成本法计价。

采用成本法时，无论被投资企业的生产经营情况如何，净资产是否增加，投资收益有多少等，均不改变长期投资的账面价值，仍以实际成本反映企业的长期投资，企业收到发放的股利或利润，包括被投资企业在有盈利情况下发放的股利或利润和无盈利情况下发放的股利和利润，一律作为当期的投资收益，按照国家有关规定缴纳或补缴所得税，如果被投资企业无力支付股利或利润，企业不作任何财务处理。

成本法的主要优点是核算简单，将投资方企业和被投资企业作为独立法人来反映两者的经济关系，更符合法律规范。主要缺点是投资方企业账上反映不出其在被投资企业权益中究竟有多少，投资方企业和被投资方企业的经济联系反映亦不充分。

（二）权益法

企业对被投资企业如果拥有实际控制权，企业的对外投资应当采用权益法。一般来说，企业对被投资企业的投资额如果占被投资企业资本金的25%以上，视为对被投资企业拥有实际控制权。

所谓权益法，就是企业长期投资账面价值所反映出的企业长期投资额，要随着其所占有的被投资企业权益的实际变动而变动，在权益法下，被投资企业净资产增加或减少，企业要作为增加或减少投资收益处理，同时增加或减少长期投资的账面价值；企业从被投资企业实际分得股利或利润时（此时由于被投资企业分配股利或利润，其净资产必然减少），要相应冲减长期投资的账面价值，但并不增加投资收益。

权益法的主要优点是更能体现出投资者与被投资者之间的经济关联性，全面反映了企业长期投资的经济内容。主要缺点是财务处理过程比成本法复杂。

四、长期投资的转让，出售及收益的分配

企业购入股票、债券作为长期投资，一般不进行转让出售，但企业急需资金，或继续持有此种股票、债券不能给企业带来经济利益时，除不能变现的债券外，也可以将其转让出去。转让股票、债券时，在财务处理上应注意以下三个问题：

（1）转让获得的价款中，含有已宣告发放，但未领取的股利时，应按扣除股本和应收股利后的差额作为投资收益。

（2）转让股票、债券取得的价款（不含应计利息和已宣告发放，但尚未收取并已登记的应收股利）与其账面价值的差额，应计入投资收益或投资损失。

（3）收回其他投资时，其收回的投资与投出资金的差额应作增、减投资收益处理。

企业对外进行长期投资分得的利润、利息或股利（清算性股利除外），同短期投资收益一样，均应计入企业的投资收益，并按规定缴纳所得税后，会同企业经营利润一起分配。

对于收到的清算性股利，由于它实质上是企业投资的返还，不属于普通的收益分配，因此不能计入投资收益进行分配，而应作为企业对外投资的减少，抵消相应的投资价值。

此外，在股票投资中，如果企业收到的是股票股利，则既不能作为投资收益，也不能抵减投资价值，而应该增加其投资价值。因为股票股利实际上是发行股票企业一部分留存收益的资本化，对投资企业来说它并不构成真正的利益，而只是持有的股票比原来更多了，所以应相应地增加有关投资的价值。

第四节 对外投资的评价

一、对外投资评价的指标

（一）投资收益率

投资收益率是企业投资收益（包括利润、利息股利等）与投资总额的比率。它反映企业对外投资的获利水平，投资收益率越大，说明企业的投资获利水平越高；反之，投资收益率越小，说明企业投资获利越低。其基本计算公式为：

$$投资收益率 = \frac{投资收益}{投资总数} \times 100\%$$

由于企业的对外投资有资产投资、债券投资和股票投资，各种投资的收益又有不同的特点，因此，评价企业投资收益时应分别计算。

1. 资产投资收益率

企业以现金、实物和无形资产对外投资时，其收益是每年分得的利润。因此，资产投资报酬率是每年分得的利润与投资总额的比率。即

$$资产投资收益率 = \frac{每年分得利润}{投资总数} \times 100\%$$

【例 5-3】 甲企业因产品转产,将闲置下来的一套生产设备投入乙企业,该套设备经双方协议估价为 300000 元,预计甲企业每年可分得利润 75000 元。

则甲企业的该投资收益率为:

$$\frac{75000}{300000} \times 100\% = 25\%$$

2. 债券投资收益率

债券投资收益是指债券利息。债券投资收益率是每期(年)应收利息与投入资本金的比率。值得注意的是,受债券发行时溢价和折价的影响,企业每期(年)收取的利息不一定等于按债券面值和票面利率计算的利息。债券投资收益率的计算公式为:

$$债券投资收益率 = \frac{债券面值 \times 票面利率 + [(债券面值 - 发行价格) \div 偿还期限]}{发行价格} \times 100\%$$

$$或 = \frac{债券面值 \times 票面利率 \pm 溢价(折价)摊销额}{发行价格} \times 100\%$$

【例 5-4】 某种债券面值 100 元,发行价格为 110 元,票面利率为 12%,偿还期限 3 年,则该种债券投资收益率为:

$$\frac{100 \times 12\% - (110 - 100) \div 3}{110} \times 100\% = 7.88\%$$

3. 股票投资收益率

股票投资收益是指投资者购买股票后所获得的全部投资报酬。主要包括股利收益和股票买卖价差收益。股利收益是指投资者从股份制企业的税后利润中获得的投资报酬。其实质是股份制企业分给股东的税后利润。股票买卖价差收益是指投资者以较低的价格买进股票以较高的价格卖出股票,即买低卖高而得到的收益,又称作资本收益。如果买高卖低则为资本损失。股票投资收益率是股票投资收益与股票投资的比率,其计算公式为:

$$股票投资收益率 = \frac{股利 + 资本收益(或损失)}{期初购买价格} \times 100\%$$

【例 5-5】 某企业于 2000 年 1 月 2 日以每股 65 元的价格购入某种股票 100 股。2001 年 7 月 1 日以每股 95 元的价格将这 100 股全部卖出,持股期间收到 2000 年度的股利 1000 元(每股股利为 10 元),则

$$股票投资收益率 = \frac{10 + (95 - 65)}{65} \times 100\% = 61.54\%$$

这个收益率是在一年半(2000 年 1 月 2 日至 2001 年 7 月 1 日)的时间内获得的,如果折算成年收益率,则为:$61.54\% \times \frac{1}{1.5} = 41.03\%$

4. 综合投资收益率

为了减少对外投资的风险,企业往往同时进行多种投资,既有以现金、实物、无形资产等形式的对外投资,又有通过购买债券、股票形式的投资。为便于综合评价企业的对外投资收益,则应在分项计算个别投资收益率之后,再计算一个综合投资收益率,其计算公式为:

$$综合投资收益率 = \Sigma（某种投资收益率 \times 该种投资额占总投资额的比重）$$

【例5-6】 某企业各种对外投资占总投资额的比例及其投资收益率如表5-1所示：

表 5-1

指标	占总投资额%	投资收益率%
资产投资	30	28
债券投资	25	12
股票投资	45	25

根据表5-1中资料，可计算该企业综合投资收益率为：

$$28\% \times 30\% + 12\% \times 25\% + 25\% \times 45\% = 22.65\%$$

（二）投资回收率

投资回收率是指投资回收额与投资总额的比率，投资回收额是指企业投资分得的利润、利息、债券本金、股利和资本收益。其计算公式为：

$$投资回收率 = \frac{投资回收额}{投资总数} \times 100\%$$

【例5-7】 某企业对外投资总额为800000元，各种投资平均每年回收额为250000元，则投资回收率为：

$$\frac{250000}{800000} \times 100\% = 31.25\%$$

二、对外投资评价的方法

（一）指标对比分析

指标对比分析，是通过两个或两个以上的可比指标进行对比，借以评价投资效益的一种方法。

1. 实际指标与预期指标对比

这是一种最主要的对比方法，它可以评价企业对外投资达到的预期目标的程度，其计算公式为：

实际与预计的差异额 = 实际投资收益率 − 预计投资收益率

$$差异率 = \frac{实际投资收益率与预计投资收益率的差异额}{预计投资收益率} \times 100\%$$

【例5-8】 某企业2000年进行股票投资，预计股票投资收益率为30%，实际股票投资收益率为41.01%，则：

$$实际与预期的差异额 = 41.03\% - 30\% = 11.03\%$$

$$实际与预期的差异率 = \frac{11.03\%}{30\%} \times 100\% = 36.77\%$$

说明企业这项投资不仅达到了预期目标，而且比预计收益率增加了11.03%，超额了36.77%。

2. 实际指标与上期指标或历史最好水平对比

这种对比可以评价企业对外投资的发展趋势，其计算公式为：

差异额 = 本期实际投资收益率 − 上期实际投资收益率（或历史最好水平投资收益率）

$$差异率 = \frac{本期实际与上期实际（或历史最好水平）的差异额}{上期实际（或历史最好水平）投资收益率} \times 100\%$$

【例5-9】 某企业进行股票投资，本期实际投资收益率为41.03%，上期实际投资收益率为36.2%，历史最好水平投资收益率为48.8%，则：

同上期实际相比：

$$差异额 = 41.03\% - 36.2\% = 4.83\%$$

$$差异率 = \frac{4.83\%}{36.2\%} \times 100\% = 13.34\%$$

同历史最好水平相比：

$$差异额 : 41.03\% - 48.8\% = -7.77\%$$

$$差异率 = \frac{-7.77\%}{48.8\%} \times 100\% = -15.92\%$$

说明该企业的投资收益率本期虽然比上期有所提高，提高的幅度为13.34%，但比历史最好水平还有一定的差距，差异额为7.77%。

3. 实际指标与同类企业平均水平对比

这种对比可以评价企业对外投资效益的现有水平。其计算公式为：

$$差异额 = 实际投资收益率 - 同类企业平均投资收益率$$

$$差异率 = \frac{差异额}{同类企业平均投资收益率} \times 100\%$$

【例5-10】 某企业本期实际投资收益率为41.03%，同类企业平均投资收益为39.8%，则：

$$差异额 = 41.03\% - 39.8\% = 1.23\%$$

$$差异率 = \frac{1.23\%}{39.8\%} \times 100\% = 3.09\%$$

说明该企业对外投资效益在同类企业中处于中上等水平。

(二) 综合评价

对企业的对外投资效益进行对比分析以后，就应对企业的对外投资工作进行综合评价。

综合评价主要是提出结论性意见，主要内容应包括企业对外投资的效益情况，当前存在的问题以及今后如何改进的建议等。

【例5-11】 某企业对外投资的有关分析资料如下（见表5-2）：

表 5-2

指标	占总投资比例（%）	本期实际（%）	本期预计（%）	历史最好水平（%）	同类企业平均水平（%）
资产投资收益率	30	25	26	25	28
债券投资收益率	35	10	10	12	10
股票投资收益率	35	30	28	36	29
综合投资收益率	100	21.5	21.1	24.3	22.05

从该企业的综合投资收益率来看，本期实际比预计提高了0.4%（21.5% - 21.1%），提高幅度为1.9%（0.4% ÷ 21.1%），但同本企业的历史最好水平和同类企业平均相比，还分别差2.8%（24.3% - 21.5%）和0.55%（22.05% - 21.5%）。从企业对外投资的具体项目看，资产投资的本期收益达到了本企业的历史最好水平，但距同类企业的平均水平还相差3%（28% - 25%），同时也没有实现预计的目标（26%）；债券投资的收益率达到了预期目标，处于同类企业的平均水平，但却没有达到本企业的历史最好水平，股票投资的

收益比预计提高了2%（30%-28%），比同类企业平均提高了1%（30%-29%），但距本企业历史最好水平尚差6%（36%-30%）。

由此可见，企业的预期目标定的较低，除债券投资外，均未达到同类企业平均水平，说明企业对外投资工作不够大胆，股票投资虽然超额完成了预期目标，但同历史最好水平相比却下降许多，应进一步查明是否有其他原因。如果是为了长远利益，而牺牲了眼前利益，则肯定其成绩；否则，则应认真总结经验，吸取近期失利的教训，尽快恢复历史最好水平。

小 结

本章讨论了对外投资的基本概念、短期投资管理、长期投资管理和对外投资的评价。

1. 对外投资是指企业根据国家法律法规在境内外以货币资金、实物、无形资产或者购买股票等有价证券方式将资金投放于其他单位的业务活动。对外投资的目的主要有：优化资源配置，提高资产利用效率；加强横向经济联合，分散经营风险；稳定与客户的关系，扩大市场占有率；提高资产的滚动性，增强企业的偿债能力。对外投资按投资期限的长短可分为，在一年以内变现的为短期投资，超过一年以上的为长期投资。按投资的性质可分为股权投资和债权投资。按投资的方式分为直接投资和间接投资。

2. 短期投资是指企业为了获取近期投资收益的目的，利用正常经营中暂时的闲置资金进行融通资金性质的投资，其特点是能随时变现和准备随时变现。

短期投资的投入，要保持资金的安全性、收益性和流动性，短期投资购入，应按购入时的实际成本入账；短期投资的出售，应从售价中相应减去购入成本及应计利息后列作短期投资收益，其计价有成本法、市价法及成本与市价孰低法。

3. 长期投资是指企业为了促进本身业务的发展而投资于其他企业，以谋求特殊的利益和权利，或是为了积累资金获取长期性的收益而进行的投资，长期投资的方式主要有债券投资和股权投资两种。

以购买债券的形式进行长期投资，一般以认购时的实际成本计价，有平价、溢价和折价三种价格。企业购入债券的溢价或折价，一般应在债券到期前摊销，摊销的方法有直线法和实际利率法两种。

股权投资有其他投资和股票投资两种。股权投资的入账价值是购入时的实际成本。股权投资的计价方法有成本法和权益法两种。成本法适用于投资股权份额较小（约占20%以下）的长期投资。权益法适用于占股权份额较大（约占25%以上）的长期投资。

4. 对外投资评价的指标有投资收益率和投资回收率。

对外投资的评价方法主要有指标对比分析、综合评价法等。

思 考 题 与 习 题

思考题

1. 企业对外投资的目的是什么？
2. 对外投资应遵循的原则。
3. 股权投资与债权投资的区别是什么？

4．债券投资价值的计算方法通常有哪几种？
5．股权投资价值的计算方法通常有哪几种？

习题一

（一）目的：练习短期投资债券购入与出售的处理方法

（二）资料：

1．兴业公司于 2000 年 7 月 1 日购入德中公司发行的债券 5400 元，其中应计利息 500 元。

2．兴业公司于 2000 年 9 月将前购德中公司债券出售，得价款 5800 元。

（三）要求：

1．计算购入债券成本。

2．计算债券短期投资收益。

习题二

（一）目的：练习短期投资股票购入与出售的处理方法

（二）资料

1．华川公司于 2000 年 11 月 30 日购入华达公司股票 4000 股，每股 100 元，另付手续费 1%，该公司已于 12 月 20 日宣告分派股利，每股 5.5 元，定于 2001 年 3 月 1 日起按 1 月 1 日的股东名册支付。华川公司已于 2000 年 12 月 10 日前办妥过户手续。

2．华川公司分得股利后即将所购华达公司股票以每股 105 元出售。

（三）要求：

1．计算股票的购入价、应收股利、手续费及购入成本。

2．计算股票售出价及股票投资收益。

习题三

（一）目的：练习企业投资收益率的计算

（二）资料：某企业对外投资 100 万元，其中：有 45 万元用于购买 5 万股普通股，每股购入价格 9 元。25 万元用于购买债券，面值 1000 元一张，票面利率 15%，按面值购入，余款 30 万元进行联营投资。企业投资满一年后，将股票以每股 10.7 元价格全部卖出，在持股期间已获股利 5 万元。企业联营投资已分得利润 6 万元。

（三）要求：计算企业对外投资的收益率。

第六章　成本费用管理

第一节　成本费用管理概述

一、成本费用的概念

（一）成本费用的一般概念及作用

成本是企业生产经营过程中所耗费的生产资料转移的价值和劳动者为自己劳动所创造的价值的货币表现，它是企业在生产经营过程中所耗费的资金的总和。

成本费用是一项重要的经济指标，在企业经济核算和生产经营管理中具有重要作用。

1．成本费用是补偿生产经营耗费的尺度

企业生产经营活动是持续不断进行的，为了保证再生产的实现，就必须对生产经营活动中的耗费进行补偿。成本费用是企业再生产经营活动中的耗费，因此也就成为补偿生产经营耗费的客观标准。当企业取得营业收入后，要把相当于成本费用的数额划分出来，用于购买原材料、支付工资等，以维护企业原有的生产规模，使再生产顺利进行下去。

2．成本费用是制定产品价格的重要依据

产品的价格是产品价值的货币表现，按照价值规律的要求，产品的价格应大体符合产品价值。但是，目前还不能直接计算产品的价值，只有通过企业生产经营中发生的耗费，间接地反映产品的价值。因此，成本费用就成为制定产品价格的重要因素。企业在确定产品价格时，必须考虑到成本费用的高低，要使成本费用能够得到补偿。当然，实际确定产品价格时，除了考虑成本费用这一重要因素外，还要考虑产品的质量、市场竞争力、供求状况等许多因素。

3．成本费用是综合反映企业经营管理水平的重要杠杆

成本费用是一项综合性的经济指标，企业经营管理中各方面工作的好坏，都可以直接或间接地通过成本费用反映出来。例如，材料物资的管理、工时的利用情况、产品产量的多少和质量的好坏等。企业经营管理水平高，成本费用就会相应降低，由此使企业盈利增加，经济效益提高。从另一角度来说，可以通过加强成本费用的管理，促使企业加强经济核算，发现管理中存在的问题，以取得最大的经济效益。

4．成本费用指标是企业进行经营决策的重要依据

企业经营决策是现代企业管理的重要手段，经营决策的基本原则之一就是成本效益原则，即在不同的备选方案中选择收入扣除成本费用后效益最佳的方案。企业的每一项经营活动都必须充分考虑由于实现收入而发生的各项成本费用。在产品价格确定的情况下，成本费用水平的高低直接影响到经营决策方案的可行与否。由此，成本费用指标成为企业进行生产经营决策的重要依据。

（二）工程成本的概念

工程成本是建筑工程成本和安装工程成本的简称，属于专业成本的范畴。它是考核建

筑和安装工程经济效益的一项重要指标。前者主要指各种房屋以及设备基础、支柱、操作平台，烟囱、凉水塔等建筑工程成本，矿山开凿、井卷掘进延伸、露天矿剥离、石油、天然气钻井工程和铁路、公路、港口、桥梁等工程成本，水利工程和防空地下建筑等特殊工程成本等；后者则是指各种生产、动力、起重、运输、传动和医疗、实验等需要安装设备的装配和安装工程成本。

二、成本费用的构成

成本费用的构成是指根据成本管理制度及成本计算方法规范的成本项目内容。

我国在很长一段时间内曾实行完全成本法，根据现行成本管理制度的规定，成本核算从传统的完全成本法改为制造成本法。两者的不同，在于对期间费用的处理不同。

在完全成本法下，将企业在生产经营中所发生的全部费用（包括企业管理费用）都计入产品成本，形成产品完全成本，也称全部成本。

制造成本法是国际上通用的计算产品生产成本的方法，其基本特点是：将企业在生产经营活动中所发生的费用分为制造成本和期间费用两部分，制造成本作为产品成本进行归集，而期间费用则在发生的会计期间直接计入当期损益的减项。采用制造成本法，简化了成本的归集和分配，能更好地贯彻权责发生制，符合收入与费用配比原则的要求。

根据制造成本法，成本费用构成如下：

（一）工程成本构成

1. 直接成本

又称直接费用，是指施工过程中耗费的构成工程实体或有助于工程形成的各项支出，由以下项目组成：

（1）人工费，包括从事建筑安装工程施工人员的工资、奖金、职工福利费、工资性津贴、劳动保护费等。

（2）材料费，包括施工过程中耗用的构成工程实体的原材料、辅助材料、构配件、零件、半成品的费用和周转材料摊销及租赁费。

（3）机械使用费，包括施工过程中使用自有机械所发生的机械使用费及租用外单位的施工机械租赁费，以及施工机械安装、拆卸、进出场等费用。

（4）其他直接费，包括施工过程中发生的材料二次搬运费、临时设施摊销费、生产工具用具使用费、检验试验费、工程定位复测费、工程点交费、场地清理费等。

2. 间接成本

又称间接费用，是指企业各施工单位为组织和管理施工所发生的全部支出，包括施工单位管理人员工资、奖金、职工福利费、行政管理用固定资产折旧费及修理费、物料消耗、低值易耗品摊销、取暖费、水电费、办公费、差旅费、财产保险费、检验试验费、工程保修费、劳动保护费、排污费及其他费用。

（二）产品成本构成

建筑附属工业生产企业的成本构成可按工程成本构成划分，也可以按照工业企业财务制度的规定作如下划分：

1. 直接材料

包括企业生产经营过程中实际消耗的原材料、辅助材料、备品配件、外购半成品、燃料、动力、包装物以及其他直接材料。

2. 直接工资

包括企业直接从事产品生产人员的工资、奖金和补贴。

3. 其他直接支出

包括直接从事产品生产人员的职工福利费等。

4. 制造费用

是指在产品生产过程中发生的除直接材料、直接人工和其他直接支出之外的其他间接费用，包括企业各生产单位（分厂、车间）为组织和管理生产所发生的生产单位管理人员工资、职工福利费，生产单位房屋建筑物、机器设备等的折旧费、租赁费（不包括融资租赁）、修理费、办公费、差旅费、运输费、保险费、设计制图费、试验检验费、劳动保护费、季节性修理期间的停工损失以及其他制造费用。

（三）期间费用

期间费用（期间成本），是工程（产品）成本的对称，是指在当期发生的、与企业生产经营没有直接的联系，费用的发生基本上不受业务量增减的影响，而与当期损益相联系，全部由当期损益负担的费用。

1. 管理费用

管理费用是指企业行政管理部门为管理和组织生产经营活动所发生的各项费用，包括：公司经费、工会经费、职工教育经费、劳动保险费、待业保险费、董事会费、咨询费、审计费、诉讼费、排污费、绿化费、税金（不包括销售税金和所得税）、土地使用费、土地损失补偿费、技术转让费、技术开发费、无形资产摊销、开办费摊销、业务招待费、坏账损失、存货盘亏、毁损和报废（减盘盈）损失以及其他管理费用。

2. 财务费用

财务费用是指企业为筹集资金而发生的各项费用，包括企业生产经营期间发生的利息支出、汇总净损失、调剂外汇手续费、金融机构手续费，以及企业筹资所发生的其他财务费用等。

3. 销售费用

销售费用是指企业在销售产品、自制半成品和提供服务等过程中发生的各项费用以及专设销售机构的经费等，包括运输费、装卸费、包装费、保险费、维修费、展览费、差旅费、广告费、代销手续费、销售服务费、销售机构人员工资、职工福利费、差旅费、办公费、折旧费、修理费、物料消耗以及其他经费。

三、成本费用管理的基本要求

成本费用管理的要求决定于成本、费用的经济内容和企业管理的要求，主要有以下几项：

（一）严格遵守成本开支范围和费用开支标准

企业在整个生产经营过程中发生的费用支出多种多样，包括生产经营费用和非生产经营费用两大部分，因此企业在计算产品成本和费用指标时，必须明确成本、费用的界限，严格遵守成本开支范围，并注意划清以下几个界限：

1. 划清生产性支出与非生产性支出的界限

生产性支出是指与生产经营有关的各项支出，包括产品成本和期间费用。非生产性支出是指与生产经营无关的支出，一般包括营业外支出和税后利润开支。正确区分生产性支出和非生产性支出，防止企业把不属于生产性的支出挤入成本、费用，或者少计成本、费用，影响企业利润的计算，损害投资者和国家的经济利益。

2. 划清收益性支出与资本性支出的界限

收益性支出是指所带来的效益仅与一个会计期间有关的支出。资本性支出是指所带来的效益涉及多个会计期间的支出。如果将资本性支出计入收益性支出，就会减少资产价值增加当期费用，从而减少当期收益，少交所得税；反之，如果将收益性支出计入资本性支出，就会多计资产价值，减少当期费用，从而增加当期收益，多交所得税。因此，正确区别资本性支出与收益性支出的界限，是合理计算当期收益，计算所得税的关键。

3. 划清产品成本与期间费用的界限

产品成本是指制造产品发生的各项直接材料、直接工资和制造费用。期间费用是指在一定时期内发生的不计入产品成本的管理费用、财务费用、销售费用等。如两者界限混淆不清，就会造成多计或少计成本，影响成本、费用指标的正确性，不利于成本、费用计划执行情况的分析和评价。

4. 划清各个会计期间成本、费用的界限和各种产品的界限

防止在各月之间、各种产品之间任意摊提、任意调节成本的做法，保证各期间成本、费用和各种产品成本指标的真实性，为企业的经营管理和经营决策提供真实、准确的数据资料。

在划分各项成本、费用界限，遵守成本开支范围的同时，企业还应遵守国家的各种费用开支标准，不得随意提高或改变费用开支标准。

（二）以提高经济效益为中心，正确处理降低成本、费用与增加产量、提高质量之间的关系

1. 正确处理降低成本费用与增加产量的关系

在一定条件下，增加产量，可以降低单位产品成本中的固定费用，从而降低单位产品成本。

$$单位产品成本 = 单位变动成本 + \frac{固定成本}{产量}$$

但是，如果只强调增加产量，而不考虑企业的生产能力、各种消耗定额等，产品成本不但不能降低，反而会大幅度上升。因此，必须处理好增加产量和降低成本的关系，一般地讲，新投产的产品或产量基数较小的企业，增加产量降低成本的潜力相对大一些，企业可以用增产来降低单位产品成本；但是如果是生产老产品或者产量基数较大的企业，采用增产办法来降低单位产品成本，其潜力相对较小，企业就必须从降低单位产品的变动费用着手，降低产品成本。

2. 正确处理降低成本与提高产品质量的关系

提高产品质量，可以减少废品，以同样的消耗生产出更多的合格产品，单位产品的平均成本就会降低，增强企业产品在市场上的竞争力。产品质量好，经久耐用，还会给全社会带来很大的节约。但是企业提高产品质量，在一定时期内需要增加一些费用支出，会导致成本、费用上升。因此企业应将提高产品质量与降低成本、费用进行综合考虑，既不能为提高质量而不管成本的高低，也不能为降低成本、费用而忽视消费者的利益。应当结合企业自身情况，认真分析两者之间的关系，防止片面追求某一方面的做法，以提高企业的

综合经济效益。

（三）实行全面成本费用管理，建立健全成本费用管理责任制

成本费用是反映企业经营管理工作质量的综合性指标，涉及企业管理的各个方面。因此加强成本费用管理要同企业的各个生产单位和职能部门相结合，同整个生产经营过程相结合，实行全面的、全过程的成本费用管理。

对成本、费用的全员管理，就是企业的各个生产单位以及职能部门，都要进行成本、费用管理。从企业的管理人员、技术人员到生产工人，人人都要参加成本、费用管理，要求每个单位、每个职工都在自己的工作范围内，处处精打细算，积极开展增产节约、增收节支活动，讲求全面的经济效益。

对成本费用的全过程管理，就是从产品设计、工艺制定、材料供应、产品生产、销售直至售后服务的全过程都要进行成本费用的计算和管理。做到成本费用管理与生产技术相结合，从生产经营活动的各个方面、各个环节，挖掘降低成本费用的潜力。

实行全面的成本费用管理，还必须有组织、制度上的保障，各企业要根据组织形式、规模和机构设置，建立适当的成本费用管理体制，正确处理各生产单位、各职能部门之间在成本费用管理方面的权责关系，建立健全成本费用管理的责任制。

（四）计真编制成本费用计划

市场经济条件下，产品的生产要根据国家产业政策要求，考虑市场供求情况有计划地进行，产品的成本费用也必须要有计划，实行成本费用计划管理。

成本费用计划是以货币形式预先确定企业在计划期内产品的成本费用消耗水平和可比产品较上年的降低情况，正确编制成本费用计划是加强成本费用管理的重要环节，在编制时应注意：

1. 必须以定额为基础

编制各级成本、费用计划必须以与计划有关的各项先进合理的定额为基础，这样才能使编制的成本、费用计划先进可行，并有利于控制各种物质的消耗和各项费用的支出。

2. 必须与其他生产经营计划相协调

成本、费用计划是企业生产技术、财务计划的重要组成部分。它与企业的生产计划、物资供应计划、劳动工时计划、技术组织措施计划等紧密相联。在编制成本、费用计划时，一方面要以这些计划为依据，同时又要从降低成本费用的角度对这些计划中的某些指标提出改进的意见和建议。因此编制的成本费用计划必须与其他生产经营计划相协调，保证各级计划指标之间的衔接和平衡。

3. 必须有相应的技术经济措施做保证

为了保证成本、费用计划的顺利实现，企业必须制定一系列切实可行的技术经济措施方案，将所要采取的增收节支措施及其数额、责任单位和执行时间等项目落到实处，以利于监督各项措施的实施。

4. 按归口分级管理原则组织成本费用计划的编制

企业在编制各项成本费用计划时，应当由财务部门具体组织编制工作。由于计划的执行是由各职能部门和各生产部门共同完成的，按归口分级的原则，财务部门应与有关职能部门和生产部门共同研究有关成本、费用计划编制过程中存在的问题，拟定具体措施。在分级核算方式下，还要将指标下达给各单位，由各单位编制本单位的成本费用计划，然后

报财务部门汇总，编制全厂的成本费用计划，只有这样才利于计划的贯彻实施。

（五）健全、完善成本费用管理的基础工作

1. 实行定额管理

定额是指企业在正常的生产经营条件下所规定的人力、物力、财力的配备、利用和消耗方面应当遵守和达到的标准。企业的定额有劳动定额，原材料、燃料、动力、工具消耗定额，物质储备定额，管理费用定额，质量定额，固定资产利用定额等。定额是进行成本费用计划和控制的基础，企业应当正确制定并及时修订各项定额，为成本、费用管理奠定良好的基础。

2. 严格计量、验收及物资收发领退制度

计量是正确进行成本、费用核算和管理的基础。为了确保计量工作的真实可靠，保证成本费用计算的准确性，企业必须配备各种计量器具，健全计量管理制度，定期检查计量器具的准确性。同时应严格制定执行各种物资收发领退制定。

3. 制定内部计划价格

为了加强企业内部经济核算，企业常用的材料物资、半成品等都应制定内部计划价格。这样企业内部各部门相互提供材料、半成品和劳务等，通过计划价格结算，可以确定各生产单位节约和浪费的数额，以明确各单位的经济责任，促进增产节约，降低成本费用。

4. 健全各项原始记录

企业的考勤记录、工时记录、产量记录等各项原始记录，是进行会计核算和经济活动分析的主要根据，也是成本费用计算的重要依据。因此，企业必须健全各种原始记录，这对于加强核算和分析，改善企业的经营管理，控制成本费用具有重要作用。

第二节 成 本 预 测

一、成本预测概述

（一）成本预测的含义

成本预测是根据成本特性以及有关信息资料，运用定量分析和定性分析的方法，对成本水平及其变动趋势作出的科学的测算和判断，它为企业的成本决策和编制成本计划提供数据和信息。

建筑企业正面临经济体制改革的新形势，那种仅靠事后分析来总结经验，提出改进措施促进成本降低的办法，已远远不能适应客观形势发展的需要，要求运用成本预测的方法就显得十分迫切。

（二）成本预测的作用

1. 成本预测是组织成本决策和编制成本计划的前提

预测是为决策服务的，通过成本预测，掌握未来的成本水平及其变动趋势，有助于把未知因素转化为已知因素，帮助管理者提高自觉性，减少盲目性，做出合理组织生产经营活动的正确决策；通过成本预测，对未来生产经营活动中可能出现的有利与不利情况进行全面与系统的分析，避免成本决策的片面性和局限性。有了科学的成本预测，就可以编制出正确的成本计划，而且成本预测的过程，也是为成本计划提供系统的客观资料的过程，使成本计划建立在客观实际的基础之上。因此，成本预测是成本决策和成本计划的前提与条件，成本决策和成本计划是成本预测的产物。

2．成本预测是企业加强全面成本管理的首要环节

商品经济的迅速发展，使企业面临着不断变化的市场环境，成本管理工作单靠事后的计算分析已远不能适应市场的需要。只有加强事前的估算分析，统筹兼顾，适当安排，使成本管理的各环节有效开展，真正起到降低成本，提高经济效益的作用。

3．成本预测为降低成本指标指明了方向和奋斗目标

企业在做好市场销售预测之后，利润水平的高低，则取决于成本水平。成本越低，利润则越高。而成本能否降低，降低多少，成本预测为其提供了有用的资料，企业应在成本预测的基础上，寻找成本降低的方向和途径，并分析各种途径可能降低的幅度，努力实现预期的奋斗目标。

（三）成本预测的基本内容

1．目标成本预测

目标成本预测是指企业根据已经达到的生产技术水平的基础上，事先预测企业未来降低成本的奋斗目标。进行目标成本预测，必须对预计承包工程内容、工作量、结构、施工工艺、资源供应及原材料价格进行分析研究；对国家有关规章制度的变化，市场竞争，以及企业内部劳动组合、机械设备、建筑构配件生产等方面的变化对成本的影响进行分析研究，在此基础上提出目标成本预测方案。

2．中期成本预测

中期成本预测，是成本计划执行过程中目标成本预测的继续和发展。通过中期成本预测，可以揭示前一阶段成本计划执行情况，存在什么偏差和问题，成本计划能否按时完成及其完成程度。中期成本预测可针对上述情况，提出改进措施，以确保目标成本的实现。施工队、班组的成本预测，可按旬、按月或按施工进度分阶段进行。

3．日常成本变动趋势预测

在日常管理中，工程量、工作量、工程结构、劳动力组织、材料代用、营销运作及市场物价等都有可能发生变动，从而影响成本的变动。因此，在日常管理中应随时掌握有关经济信息，分析重要经济技术指标变动对成本的影响，加强对成本变动趋势的预测，以利于日常成本控制。

4．"四新"经济效益预测

在科技日益发展的现代，建筑工程和建筑工业对新产品、新技术、新工艺、新机具等技术的开发、试制和应用居于十分重要的地位。企业在积极开拓"四新"工作方面，必须进行可行性研究，预测"四新"项目在产品设计、工艺、成本及运用"四新"产品等方面所产生的经济效益，为更好地推广和运用"四新"产品提供可靠的依据。

（四）成本预测的程序

1．确定成本预测的对象和目标

在进行预测之前，首先要明确预测什么，然后再根据预测的目标、内容和要求确定预测的范围。

2．收集、整理成本预测所需的各类资料

根据确定的预测对象和目标，尽可能地收集与之有关的资料和数据。这些资料和数据

有的可能来源于企业内部，有的可能来源于企业外部；有的可能是量化了的数据，有的可能则是非量化的资料。

3. 选择预测方法，进行预测

预测必须通过一定的方法才能完成，无论是定性预测方法，还是定量预测方法，预测方法的选择都考虑实际可用和准确程度。在实际工作中，有时可以将几种方法结合起来运用，使预测结果更接近实际。

4. 对预测结论进行分析评价，修正结论并得出最终结果

预测毕竟是一种推测和估计，预测结果和实际结果难免有一定的误差，但重要的是误差的大小，在预测之前应确定允许误差的范围，在预测之后要分析预测误差产生的原因，以便改进预测方法或补充数据资料，修正预测结论，最终得出预测结果。

二、成本预测的方法

（一）综合工程成本预测

1. 保本点预测

保本点预测，是指运用业务量（产量、工作量、销售量）、成本与利润的变动关系，预测保本点的分析方法，简称量本利分析。

保本点，又称盈亏平衡点、损益临界点。保本点预测方法的原理是：企业一定时期内的业务量收入扣除变动成本后，能满足固定成本时，就是保本点。保本点的状态就是总收入等于总成本，即"所得"和"所费"相抵后等于零，既无利润又无亏损的平衡点。

用公式表示如下：

$$保本点 = 工程收入 - 工程成本 = (变动成本 + 固定成本) - 工程成本$$

或：工程数量$(m^2) \times$ 单位售价 $= [工程数量(m^2) \times 单位变动成本] + 固定成本总额$

设：P—单位售价；b—单位变动成本；a—固定成本总额；x—业务量（工程量）

$$px = a + bx,$$

$$保本点销售工程量(x) = \frac{a}{p-b} = \frac{固定成本总额}{单位售价 - 单位变动成本}$$

$$保本点工程收入(px) = 保本点工程量 \times 单位售价$$

【例 6-1】 兴华建筑公司 2000 年承建某住宅工程，每平方米售价为 1250 元，单位变动成本为 900 元，固定成本总额为 700000 元，试计算保本点的工程量和工程收入。

$$保本点工程量 = 700000 \div (1250 - 900) = 2000 (m^2)$$

$$保本点工程量收入 = 2000 \times 1250 = 2500000 (元)$$

2. 创利额法成本预测

创利额，又称边际利润、贡献毛利，是指营业收入超过变动成本的金额。创利额还不是营业利润，首先，它用来补偿固定成本，余下来的才是营业利润；反之，如补偿不了固定成本，则为亏损。创利额表明了它能为企业提供盈利能力的程度。

在多种工程（产品）生产的情况下，保本点预测无法用实物量来表示，一般可通过创利额方法对保本点的综合营业收入进行预测。

【例 6-2】 华新建筑公司 2000 年预测全年固定成本为 3200 万元，根据全年承包各类工程建筑面积、单位售价、单位变动成本等资料，并据以计算各类工程创利额、创利率、工程收入以及综合创利情况，见表 6-1。

华新公司 2000 年承包各类工程综合创利情况表　　　　　表 6-1

项　　目	单　位	公　寓	商住楼	厂　房	综　合
1．建筑面积	m²	25000	30000	20000	75000
2．每平方米售价	元	1400	2000	1250	1600
3．单位变动成本	元	840	1200	800	960
4．单位创利额 [（2）－（3）]	元	560	800	450	640
5．创利率 [（4）/（2）×100%]	%	40	40	36	40
6．工程收入 [（1）×（2）]	万元	3500	6000	2500	12000
7．各类工程收入的比重	%	29	50	21	100
8．综合平均创利率 [（5）×（7）]	%	12	20	8	40

据表 6-1 所列综合平均创利率可计算保本点的工程收入，如下：

保本点工程收入 =（固定成本÷创利率）= 3200÷40% = 8000（万元）

据上例保本点工程收入 8000 万元相关范围的综合工程收入、成本、利润预测见表 6-2。

华新公司 2000 年综合工程收入、成本、利润预测　　单位：万元　表 6-2

项　　目	1	2	3	4	5
1．工程收入	4000	6000	8000	10000	12000
减：变动成本（1×变动成本率）	2400	3600	4800	6000	7200
2．创利额	1600	2400	3200	4000	4800
减：固定成本	3200	3200	3200	3200	3200
3．工程结算利润	−1600	−800	0	800	1600

表 6-2 表明了上述五组的成本预测方案，说明了考核有无创利额和创利额的大小与笼统地考核有无经营利润是大不相同的。如减产时，无创利额是停工或是生产的经济合理界线；有创利额，即使产生一点亏损，但可抵消一部分固定成本时，也宜继续生产，只有抵消不了固定成本时才考虑停产的问题。增产时，有创利额，则可预测提高获利能力的可能性。

上述业务量与成本的变动关系分析，也可用成本预测图分析，如图 6-1 所示。

图中横坐标 X 轴表示业务量，纵坐标 Y 轴表示总成本。图中 A 线表示一系列业务量，B 线表示总成本，C 线为变动成本线，B 和 C 两条平行线之间为固定成本，A 和 C 之间为创利额，D 为保本点，交叉于 A、B 线。D 点左侧，创利额只能抵消一部分固定成本，因而出现亏损；D 点右侧，创利额不仅抵消了全部固定成本，而且获得盈利。

（二）单位工程成本预测

建筑产品一般是单件、小批量生产，具有工期长、售价高、结构各异等特点，特别是工期长这一特点，对单位工程成本的影响尤为突出。因此，不仅要作综合工程成本预测，而且对单位工程成本预测具有十分重要的作用。

单位工程成本预测是一定期间综合工程成本预测的基础，但与综合工程成本预测有很大的不同。在综合工程成本预测中，主要是运用业务量与成本的变动关系，分析研究在此

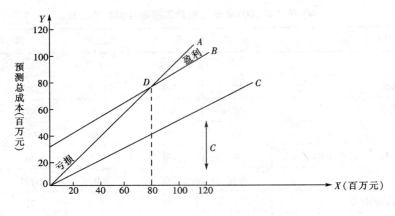

图 6-1 工程收入（业务量）

期间增加生产的可能性，从而达到降低成本的目的。单位工程成本预测要以工期预测为目标，实现工期与成本的最优组合（因为单位工程的业务量是不变的）。

单位工程成本预测主要有保本工期预测和目标工期预测两个方面。

1. 保本工期预测

在综合工程成本预测中，业务量与成本的关系是变动成本随业务量的增减而变动，固定成本则是在一定的业务量范围内相对固定不变。但在单位工程成本预测中，业务量与成本的关系则起了相反的变化，由于单位工程的业务量是不变的，其变动成本总额也基本不变。报告期内固定成本总额是不变的，但固定费用的分配则是随单位工程工期的长短而作相应的变动。一般工期越长，工效下降，费用分配增加，成本越高；反之，工期越短，工效越高，费用分配减少，成本越低。因此，单位工程保本工期应是固定成本分配额与单位工程应负担的固定成本额相当为原则。

单位工程保本工期（日）计算公式如下：

$$单位工程保本工期（日）= \frac{单位工程预算成本 - 单位工程变动成本}{人日固定成本 \times 施工人数}$$

式中：单位工程预算成本，即签订单位工程合同的预算成本；

单位工程变动成本，包括直接材料、直接人工、变动机械费和其他直接费等；

人日固定成本，指按施工定员标准，在施工期内每人每日应负担的固定成本。

其计算公式如下：

$$人日固定成本 = \frac{预测期内固定成本总额}{建安生产人员平均人数 \times 期内施工天数}$$

【例 6-3】 万安建筑工程公司承建某单位工程，该工程预算成本为 900 万元，年有效施工天数为 320 天，合同工期为 180 天。经测算，该工程变动成本为 660 万元，人日分配固定成本为 100 元，施工生产人数为 120 人，该工程保本期为：

$$\frac{900-660}{0.01 \times 120} = 200（日）$$

上例保本工期为 200 日，是一个节超平衡点，如再超工期，将会引起成本超支。

2. 目标工程及单位工程成本降低额预测

缩短工期是取得工程降低成本效益的重要关键。但是，并不是工期越短，成本就越低。工期越短，在较短期内要完成较多的业务量，必然会出现拼人员、拼设备以及增添施工临时设施等措施导致成本上升。因此，必须处理好质量、成本、工期三方面的经济关系，而不是一味地追求缩短工期。

目标工期应是在保证工程质量、挖掘内部节约潜力和提高劳动生产率的基础上，取得工期和成本的最优组合。其计算公式如下：

$$单位工程目标工期 = \frac{单位工程预算成本 - (单位工程变动成本 + 预测单位工程成本降低额)}{人日固定成本 \times 施工人数}$$

$$单位工程目标成本降低额 = (预算成本总数 - 变动成本总数) - (日施工固定成本 \times 目标工期)$$

$$或 = 日施工固定成本 \times (保本工期 - 目标工程)$$

接上例，要求该单位工程比合同工期提前 30 日完工，则该单位工程目标成本降低额及目标工期计算如下：

$$单位工程目标成本降低额 = (900 - 660) - 1.2 \times 150$$
$$= 1.2 \times (200 - 150) = 60（万元）$$

$$单位工程目标工期 = \frac{900 - (660 + 60)}{0.01 \times 120} = 150（日）$$

上述单位工程保本工期、目标工期及目标成本降低额用图 6-2 表示。

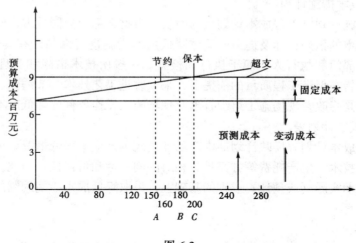

图 6-2
A—目标工期；B—合同工期；C—保本工期

第三节 成本费用计划

一、成本计划的概念

成本计划是指企业在计划期内（年、季、月）规定的工程（产品）的生产耗费和成本水平，并确定工程成本较预算（或上年）的计划成本降低额和降低率，以及为保证成本计划实施的降低成本措施计划。它是组织和动员企业全体职工挖掘增产节约潜力，努力实现降低成本任务的具体奋斗目标。

建筑企业成本计划主要有工程成本计划和产品（作业）成本计划两种，两者计划确定的基础有所不同。建筑产品构造各异，具有不可比性，因此建筑工程成本计划确定的基础是施工图预算，在此基础上采取降低成本措施，确定计划成本降低额和降低率。建筑业产品的生产，一般从产品生产类型、工艺技术过程到生产耗费等方面都存在相对的同一性和可比性，因此，可以上年的成本水平作为成本计划的基础，在此基础上采取降低成本措施，确定计划成本降低额和降低率。

二、成本计划的编制方法

（一）工程成本计划表

工程成本计划表综合反映计划期内建筑安装工程的预算成本、计划成本、计划降低额和计划降低率，它是以计划期内承包的全部施工工程或单位工程为对象，在工程预算成本的基础上，计算确定计划成本节约额及计划成本进行编制的。

工程成本计划编制的依据、步骤和内容如下：

(1) 根据合同预算分析、计算和汇总计划期内全部工程（或单位工程）的预算成本。

(2) 编制降低成本措施计划，通过分析计算，进行反复核实，提出各成本项目的降低成本节约额。

(3) 进行试算平衡。试算平衡是根据降低成本措施计划以及上期实现降低成本情况，进行比较分析和补充，最后确定计划成本、计划降低额及计划降低率。

（二）降低成本措施计划

降低成本措施计划是工程成本计划表的附表。由财会部门会同技术、施工管理等有关部门按照降低成本的预期目标及提出的具体降低成本措施进行编制，有具体的节约项目、计算方法、责任部门和执行人，便于执行和检查。一般由技术措施和管理措施两部分组成。技术措施是指在保证工程质量的前提下，采取改进工艺技术、节约工、料、机械费等措施。管理措施是指改善现场施工组织管理及现场施工操作条件的降低成本措施。

（三）产品成本计划表

建筑业产品成本计划表反映计划期内产品计划成本及成本降低情况。由于建筑业产品生产类型、工艺技术、生产耗费等方面具有相对的同一性和可比性，因此，成本计划的编制，一般是在上期实际（或预计）成本的基础上，采取降低成本措施编制的，其编制方法如下：

1. 直接材料

材料费用受材料消耗定额降低和材料价格变动两个因素的影响。其成本降低率计算公式如下：

材料费用计划降低率 = 1 − (1 − 材料消耗定额降低率) × (1 ± 材料价格变动率)

2. 直接工资

工资费用受劳动生产率和人均工资率两个相互制约因素变动的影响。根据劳动生产率增长一定要超过人均工资增长这一节约工资费用的基本原则，人工工资降低率的计算公式如下：

$$工资费用计划降低率 = 1 - \frac{1+计划平均工资增长率}{1+计划劳动生产增长率}$$

3. 制造费用

制造费用分变动费用和固定费用两部分。变动费用随业务量增长而增长，但其增长幅度应低于生产增长的幅度；固定费用在一定的业务量范围内不变。其计算公式如下：

$$制造费用计划降低率 = 1 - \left(\frac{1+变动费用增长率}{1+生产增长率} \times \frac{变动费用占制造}{费用的总额的比率} + \frac{1}{1+生产增长率} \times \frac{固定费用占制造}{费用总额的比率} \right)$$

三、期间费用计划

期间费用（包括管理费用、财务费用和销售费用）不计入生产经营成本，直接体现为当期损益，是在其损益期内，应全部进行分配的费用。作为期间费用，直接影响当期损益，而对业务量则不同，在一定的业务量范围内，不受业务量增减的影响，因而费用的支出具有一定的伸缩性。为了控制期间费用的开支，应对其实行计划管理。

为了正确编制期间费用计划，必须有合理的标准费率。但由于期间费用内容庞杂，且其支出具有一定的弹性空间，为了制定合理的标准费率，可据相关的业务量范围，制定适用于一系列业务范围的一系列的期间费用分配率，便于编制计划时抉择。

【例6-4】 某建筑公司 2000 年预计公司管理部门管理费用支出总额为 240 万元，适应于 1600～2000 万元工程收入的业务量范围，现编制一系列管理费用率计划表，作为确定标准费率的参考，见表 6-3。

管理费用费率计算表　　　　　　　　　　　　　　　表 6-3

××建筑公司　　　　　　　　2000 年度　　　　　　　金额单位：万元

业务量 （工程收入）	管理费用 （固定费用）	费用分配率	各种标准费率的管理费用				
			0.15	0.142	0.1333	0.1263	0.12
1600	240	0.15	240	226	213	202	192
1700	240	0.1412	255	240	227	215	204
1800	240	0.1333	270	254	240	227	216
1900	240	0.1263	285	268	253	240	228
2000	240	0.12	300	282	267	253	240

表 6-3 的一系列管理费用费率就是弹性费率，可供确定标准费率作参考。表内各费率间有一对角线，表明超过预计管理费用总额 240 万元是不可取的。为了有利于费用控制，节省开支，一般可在管理费用总额 240 万元斜虚线的上方选择较小费率为标准费率。

为了保证年、季度期间费用计划的顺利进行，应据月度业务量计划按月编制期间费用计划。具体做法是：将确定的标准费率按费用项目的开支情况进行分配，制定费用项目开支比重计算编制，同时下达归口管理部门控制和监督，以保证各项指标的有效执行。

1. 管理费用计划

又称管理费用预算，是指企业行政管理部门为组织和管理经营活动预计的各项支出。管理费用计划的编制，必须符合以下原则。

（1）符合配比原则；
（2）符合归口原则；
（3）贯彻审批原则。

2. 销售费用计划

又称销售费用预算,是指计划期内建筑业为销售产品及劳动预计的销售费用。销售费用的支出与销售收入及贡献毛利有一定的比例关系,可按贡献毛利法制定,其计算公式如下:

$$销售费用率 = (销售费用/销售收入) \times 100\%$$
$$= (贡献毛利/销售收入) \times 100\% \times (销售费用/贡献毛利) \times 100\%$$
$$= 贡献毛利率 \times 毛利销售费率$$
$$贡献毛利 = 销售收入 - 销售成本 - 销售税金及附加$$

3. 财务费用计划

又称业务费用预算,是指计划期内企业为筹集资金预计的财务费用支出。财务费用与业务量有一定的比例关系,可参照管理费用制定标准费率的方法编制计划。

第四节 成本费用控制

成本控制,是指在企业生产经营过程中,按照既定的成本目标,对发生生产经营耗费的各项活动进行组织、调节和监督,使成本控制在预定的目标范围之内。

一、成本控制程序

(一)制定成本控制标准

成本控制标准是对各项费用开支和资源消耗规定的数量界限,是成本控制和成本考核的依据。成本控制的标准可以根据成本形成的不同阶段和成本控制的不同对象确定,主要有以下几种:

1. 目标成本

目标成本是在预测价格的基础上,以实现产品的目标利润为前提而确定的。对于新产品来讲,投产以后成本水平的高低在很大程度上取决于产品设计。把产品设计成本控制在目标成本之内,就能在相当程度上保证新产品预期经济效益的实现。产品设计阶段,通常是以整个产品的目标成本或分解的每个零部件的目标成本作为控制标准。

2. 计划指标

企业编制成本计划以后,可采用成本计划指标作为成本控制标准。在实际工作中,为便于操作,还可根据计划指标进行必要的分解。可按生产单位、管理部门分解,也可按不同产品和每种产品的工艺阶段、零部件或生产工序进行分解。

3. 消耗定额

消耗定额是在一定的生产技术条件下,为生产某种产品或零件而需要耗费的人力、物力、财力的数量标准,它包括材料物资消耗定额、工时定额和费用定额等。

4. 费用预算

由于企业费用支出的项目多、范围广,控制起来难度更大,一般需要通过编制费用预算进行控制。

(二)执行标准

执行标准就是对成本的形成过程进行具体的监督。要根据成本指标,审核各项费用开支和各种资源的消耗,实施增产节约的措施,保证成本计划的实施。

(三)确定差异

在成本计算的基础上，核算实际成本耗费脱离控制指标的差异。通过确定差异可以发现实际成本比控制标准是节约还是超支，由此进一步分析造成差异的原因和责任归属。

（四）消除差异

消除差异是指组织企业各部门各单位挖掘降低成本的潜力，使成本控制在标准范围之内。

二、标准成本控制

标准成本控制，是指预先确定标准成本，在实际成本发生以后，以实际成本与标准成本相比，用来揭示成本差异，并对成本差异进行因素分析，据以加强成本控制的一种成本控制方法。

（一）标准成本的概念

标准成本是通过精确的调查、分析与技术测定而制定的，用来评价实际成本、衡量工作效率的一种预计成本。标准成本要体现企业的目标和要求，主要用于衡量工作效率和控制成本，也可用于存货和销货成本计价。

在实际工作中，标准成本有两种含义：一是指单位产品的标准成本，它是根据单位产品的标准消耗量和标准单价计算出来的；另一是实际产量的标准成本，它是根据实际产品产量和单位产品成本计算出来的。

（二）标准成本的制定

制定标准成本通常先确定直接材料和直接人工的标准成本，其次确定制造费用的标准成本，最后确定单位产品的标准成本。在制定时，无论是哪一个成本项目，都需要分别确定其用量标准和价格标准，两者相乘后得出成本标准。

用量标准包括单位产品材料消耗量、单位产品直接人工工时等，主要由生产技术部门主持制订，吸收执行标准的部门参加。

价格标准包括原材料单价、小时工资率、小时制造费用分配率等，由会计部门和其他部门共同研究确定。

1. 直接材料标准成本

直接材料的标准消耗量，是用统计方法、工业工程法和其他技术分析方法确定的。

直接材料的价格标准，是预计下一年度实际需要支付的进料单位成本，包括发票价格运费、检验和正常损耗等成本，是取得材料的完全成本。

2. 直接人工标准成本

直接人工的用量标准是单位产品的标准工时。标准工时是指现有生产技术条件下，生产单位产品所需要的时间，包括直接加工操作必不可少的时间，以及必要的间歇和停工，不可避免的废品耗用工时等。

直接人工的价格标准是指标准工资率。它可能是预计的工资率，也可能是正常的工资率。

3. 制造费用标准成本

制造费用的标准成本是按部门分别编制，然后将同一产品涉及的各部门单位制造费用标准加以汇总，得出整个产品制造费用标准成本。

（1）变动制造费用标准成本。它由数量标准和价格标准组成。变动制造费用的数量标准通常采用单位产品直接人工工时标准，它在直接人工标准成本制定中已经确定。变动制造费用的价格标准是每一工时变动制造费用的标准分配率，它是根据变动制造费用预算和直接人工总工时计算求得，计算公式为：

变动制造费用标准分配率＝变动制造费用预算总额/直接人工标准总工时

确定数量标准和价格标准后，两者相乘即可得出变动制造费用标准成本。

（2）固定制造费用标准成本。它也由数量标准和价格标准组成。固定制造费用的用量标准与变动制造费用的用量标准相同。固定制造费用的价格标准是其每小时的标准分配率，计算公式为：

固定制造费用标准分配率＝固定制造费用预算总额/直接人工标准总工时

确定了用量标准和价格标准后，两者相乘，即可得出固定制造费用标准成本。

（三）标准成本差异分析

标准成本是一种目标成本，由于种种原因，产品的实际成本会与目标不符。实际成本与标准成本之间的差额，称为标准成本差异，或称为成本差异。

成本差异包括直接材料成本差异、直接人工成本差异、变动制造费用差异和固定制造费用差异四个部分。

成本差异＝实际成本－标准成本
　　　　＝实际用量×（实际价格－标准价格）－（实际用量－标准用量）×标准价格
　　　　＝价格差异－数量差异

实际成本超过标准成本所形成的差异，叫做不利差异、逆差或超支，用正数表示。实际成本低于标准成本所形成的差异，叫做利差异、顺差或节约，用负数表示。

1. 直接材料成本差异分析

它是直接材料的实际成本与标准成本的差额。

包含数量差异和价格差异。

材料价格差异＝实际用量×（实际价格－标准价格）

材料数量差异＝（实际用量－标准用量）×标准价格

【例6-5】 华新公司第一混凝土班2000年4月完成100m³混凝土工程耗用水泥、砂子成本分析，见表6-4。

华新公司班组核算材料成本差异分析　　　表6-4

第一混凝土班　　2000年4月　　工程量100m³　　金额单位：元

名称	单位	标准成本			实际成本			成本差异		
		标准价格	标准用量	金额	实际价格	实际用量	金额	合计	价差	量差
水泥	t	350	18	6300	330	20	6600	－300	400	－700
砂子	m³	40	50	2000	43	45	1935	65	－135	200

2. 直接人工成本差异分析

它也区分为"价差"和"量差"。价差是指实际工资率脱离标准工资率，其差额按实际工时计算确定的金额，又称为工资率差异。量差是指实际工时脱离标准工时，其差额按标准工资率计算确定的金额，又称人工效率差异。

工资率差异＝实际工时×（实际工资率－标准工资率）

人工效率差异＝（实际工时－标准工时）×标准工资率

【例 6-6】 华新公司 2000 年 4 月钢筋工及混凝土工小组完成 100m³ 钢筋混凝土工程耗用人工成本分析，见表 6-5。

华新公司班组核算人工成本差异分析　　　　　表 6-5

2000 年 4 月　　　　　工程量 100m³　　　　　金额单位：元

工种小组	单位	标准成本			实际成本			成本差异		
		标准工资率	标准工时	金额	实际工资率	实际工时	金额	合计	工资率差异	人工效率差异
钢筋工	工时	20	400	8000	21	380	7980	20	-380	400
混凝土工	工时	19	500	9500	18	550	9900	-400	350	-950

3. 变动制造费用差异分析

变动制造费用的成本差异是指实际变动制造费用与标准变动制造费用之间的差额。它也可以分解为"价差"和"量差"两部分。价差是指变动制造费用的实际小时分配率标准，按实际工时计算的金额，它反映耗费水平的高低，故称为耗费差异。量差是指实际工时脱离标准工时，按标准的小时费用率计算确定的金额，它反映工作效率变化引起的费用节约或超支，故称为变动费用效率差异。

变动制造费用耗费差异 = 实际小时 × （变动费用实际分配率 - 变动费用标准分配率）

变动制造费用效率差异 = （实际工时 - 标准工时）× 变动费用标准分配率

4. 固定制造费用差异分析

固定制造费用成本差异是固定制造费用实际数与固定制造费用标准数之间的差异，它分为耗费差异和能量差异。耗费差异是指固定制造费用的实际金额与固定制造费用的预算金额之间的差额。

固定制造费用耗费差异 = 固定制造费用实际数 - 固定制造费用预算数

能量差异是指固定制造费用预算与固定制造费用标准成本的差额。或者说是实际业务量的标准工时与生产能量的差额用标准分配率计算的金额，它反映企业未能充分使用现有生产能量而造成的损失。

固定制造费用能量差异 = 固定制造费用预算数 - 固定制造费用标准成本
　　　　　　　　　　 = 固定制造费用标准分配率 × 生产能量 - 固定制造费用标准分配率 × 实际工时标准
　　　　　　　　　　 = （生产能量 - 实际产量标准工时）× 固定制造费用标准分配率

第五节　工程单元成本分析与控制

成本差异计算为成本分析奠定了基础。要探究成本差异形成的具体原因，还需要通过工程单元成本差异分析来完成。

一、单元成本差异分析的基本程序

（1）根据"工程单位成本明细表"所列成本项目作成本差异分析。

（2）对成本项目作成本结构要因分析，并据以编制"单元成本变动表"。

（3）对某一确定的重点成本项目作专题分析，重新编制"单元成本分析表"，拟定改善对策方案，确定办理事项。

（4）根据确定的办理事项，填制"交办单"，说明成本差异现状，提出重点要求，处理对策，交经办责任部门限期完成和报告结果。

二、单元成本差异分析的基本方法

（一）建立标准与计算差异

"单元成本明细表"中各成本项目的目标成本及其制定方法参照前面所讲标准成本的制定，企业会计部门根据各成本项目的目标成本与实际成本数额，计算差异，送交成本控制主管单位。成本控制主管单位针对价格差异和效率差异，拟定改进措施，送交有关经办单位，进行单元成本分析。

（二）成本结构要因分析

在单元成本分析中首先作单元成本变动分析。"单元成本变动表"的格式如表6-6所示。

单 元 成 本 变 动 表　　　　　　　　　　　　　表6-6

部门：　　　　　　　　　　工程名称：
单位：　　　　标准基期　　年　月　　工程量：

类别	项目	成本项目	原 标 准				变 动 情 况				差异金额		变动后标准			增减
			单位用量	单价	单位成本	%	日期	项次	交办单	内容	效率	价格	单位用量	单价	单位成本	总成本	%

本表的"成本项目"栏，以"单元成本明细表"中一个成本项目作为项目，逐项分析。至于明细栏目，则要通过图6-3中的"单元成本结构要因图"（简称鱼骨图）的分析来填列。

单位成本可以分为单位工程产品的耗用量和每单位耗用量的成本价格两大项。在控制

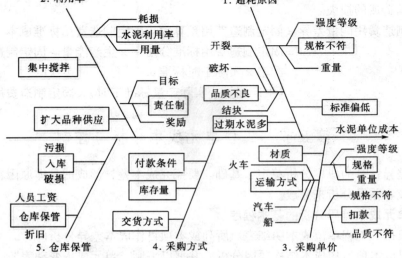

图6-3　成本结构要因图

和降低工程成本的同时,还必须注意工程质量的提高,或仍能维持原有水平,符合建设单位要求。

每一工程成本项目的单元分析,是一项连续不断的工作,对设定下一轮目标有利的单位用量、单价和单位成本,就是该项目下轮控制目标数,如此不断进行下去,逐步降低工程成本。

(三)单元成本专题分析

1. 单元成本专题分析内容的确定

首先,根据前述"单位成本明细表"和"单元成本变动表",对单元成本项目进行成本差异显著性分析;其次,决策是否对某项单位成本进行专题分析;再次,决策对某项单位成本中的哪些单元成本进行专题分析。

决策方法一般有:(1)运用概率分析模型,通过比较进行与不进行专题分析的期望成本来决策。(2)根据常规经验、知识来判断。主要考虑以下几个问题:首先考虑单元成本形成过程,处于控制之中还是处于控制之外的可能性各有多大;其次,考虑进行专题分析的成本,采取纠正行动所发生的追加成本;再次,考虑如果采取纠正行为,所能实现的成本节约额,不采取行动将会发生的成本增加额。

2. 单元成本专题分析的实际操作

确定对某项单元成本需进一步专题分析之后,应以专题方式填列专题分析表,其格式如表6-7所示。

单元成本专题分析表　　　　　　　　　　　　　　表6-7

编号			直接成本				年 月 日	
专题项目		工程类别	结 构			单元成本	实 际	
			工程量				标 准	
材料名称		单 位	差 异			现状分析		
			单位用量	单 价	成本差异			
改进对策			交办事项			经办部门		
主管批示			填表人			交办单 NO.		

分析和控制工程成本,作探究根源的单元成本分析,实际是将涉及范围既广且深的成本发生原因,分成细目,缩小范围,使其清楚明朗,便于查明,这种由根做起,真实而合理的成本分析,有利于全面成本控制。

小　　结

1. 成本是指商品生产中耗费的活劳动和物化劳动的货币表现。它具有以下两个重要含义:①成本是取得资财的代价,或是对象化的生产费用;②成本是价值的补偿尺度。

工程成本是指各种建筑工程和安装工程成本，属于专业成本的范畴。它是考核建筑和安装工程经济效益的一个重要指标。

成本费用管理的首要环节是应明确成本、费用的概念，正确确定成本、费用开支范围。与生产经营无关的支出，不得计入企业的成本费用。

成本构成是指根据成本管理制度及成本计算办法规范的成本项目内容。工程成本项目包括人工费、材料费、机械使用费、其他直接费及间接成本等项。产品成本项目包括直接材料、直接工资、其他直接支出及制造费用等项。期间费用与企业生产没有直接联系，不计入工程成本，全部由当期损益负担。

2. 成本预测是指分析研究各种相关因素与成本的依存关系，对一定时期的工程成本水平，目标成本进行测算，促进成本管理更加符合客观规律要求的一种科学分析方法。其基本内容包括目标成本预测、中期成本预测、日常改革变动趋势预测、"四新"工作经济效益预测等。

成本预测的基本方法主要有综合工程成本保本点预测、多种工程创利额法预测、单位工程保本工期预测、目标工程及单位工程成本降低额预测等。

3. 成本计划是指企业在计划期内（年、季、月）规定的工程（产品）的生产耗费和成本水平，确定工程成本较预算的计划成本降低额和降低率，以及为保证成本计划实施的降低成本措施计划。

编制成本计划，应先收集和整理资料，然后平衡制定；同时，成本计划应符合先进、合理的要求，保证降低成本目标的实现，严格遵守成本开支范围和费用开支标准，综合责任成本加以贯彻。

成本计划的编制方法有工程成本计划表、降低成本措施计划、产品成本计划表等的编制方法。期间费用不计入工程成本，直接由当期损益抵减，可根据营业收入计划制定标准费率进行编制。

4. 成本控制是指企业生产成本过程中，根据降低成本目标对实际发生的各项生产耗费，进行严格的计量、监督和指导，使各项生产耗费被限制在成本计划范围之内，如有偏差，能及时采取改进措施加以纠正。成本控制是一项系统工程，包括前馈控制系统、事中控制系统及事后控制系统等。

成本差异分析是指企业对成本计划执行过程中实际成本脱离标准的偏差进行分析，找出成本差异和原因，并及时加以纠正，以保证降低成本目标的实现。成本差异分析通常采用对比分析法和因素分析法，分析量差（效率差）和价差（费率差），以便进一步揭示产生差异的内在原因。

5. 要探究成本差异形成的具体原因，还需要通过工程单元成本差异分析来完成，单元成本差异分析的方法有成本结构要因分析、单元成本专题分析等。

思 考 题 与 习 题

思考题

1. 试述成本费用的概念及作用。
2. 试述成本费用构成。
3. 成本费用管理的基本要求是什么？

4. 试述成本预测的含义及作用?
5. 成本预测的基本内容有哪些?
6. 什么是成本费用计划?
7. 成本费用计划的编制步骤是怎样的?
8. 什么是成本控制?其控制程序如何?
9. 什么是成本差异?成本差异分析的基本方法有哪些?如何加以运用?
10. 工程项目成本分析的基本步骤和方法有哪些?

习题一

(一)目的:通过练习,掌握单位工程保本工期预测及目标工期预测的方法。

(二)资料:华西建筑公司2000年承包某单位工程,工程预算成本为2700万元,年有效施工天数为300天,订购合同工期为180天。经测算,工程变动成本为1800万元,人日分配固定成本150元,施工人数为300人,要求该工程比合同工期提前30天完工。

(三)要求:

1. 预测保本工期、目标工期及目标成本降低额。
2. 绘制单位工程工期、成本预测图。

习题二

(一)目的:通过练习,掌握保本点的预测方法。

(二)资料:华意建筑公司2000年预测承建公寓房一批,每平方米售价1500元,单位变动成本为900元,固定成本为270万元。

(三)要求:预测保本点的工程量和工程收入。

习题三

(一)目的:通过练习,掌握有关成本项目成本差异的分析方法。

(二)资料:

1. 混凝土工程710m³ 材料成本差异分析资料(见表6-8)。

表 6-8

名　称	单　位	标准单价	实际单价	标准用量	实际用量
钢　筋	t	3000	3150	5	4.6
水　泥	t	350	320	30	32

2. 人工费差异分析资料(见表6-9)。

表 6-9

工种小组	单　位	标准工资率	实际工资率	标准工时	实际工时
砌砖工	工　时	18	19.5	150	135
装饰工	工　时	20	19.5	200	240

3. 某公司第二机械作业班2000年×月铲运成本差异分析资料(见表6-10)。

表 6-10

项　目	生产量(m³)	台班单产	每立方米成本	每台班成本
标　准	3500	250		900
实　际	4200	300		950

4. 某公司 2000 年 × 月间接费用差异分析资料（见表 6-11）。

表 6-11

项　　目	工程收入（万元）	工时定额（工时）	标准费率（元）	实际工时总数（工时）	实际费用总额（万元）
标　准	900	0.012	7.2		
实　际	950			118750	65

(三) 要求：
1. 编制材料费分析表，分析量差和价差。
2. 编制人工费分析表，分析效率差异和工资率差异。
3. 编制制造费用分析表，分析效率差异和费率差异。

第七章　营业收入及利润管理

第一节　营业收入管理

一、营业收入的概述

(一)营业收入的概念

建筑企业营业收入是指企业在生产经营活动中,由于工程结算、销售商品、提供劳务等经营业务所实现的收入。企业的营业收入可以是取得现金,也可以形成企业债权的增加,还可以形成某种负债的减少,以及以上几种形式兼而有之。

(二)营业收入的分类

按照营业收入对企业经营成果的影响程度,将营业收入划分为主营业务收入和其他业务收入两部分。

1. 主营业务收入

主营业务收入又称基本业务收入,是指企业通过基本生产经营活动而创造并实现的收入。建筑安装企业的主营业务收入即工程价款收入,包括工程价款结算收入,向发包单位收取的索赔款,以及列作营业收入的各种款项,如临时设施费、劳动保护费、施工机构迁移费等内容。主营业务收入一般占企业营业收入的比重较大,对企业经营效益产生较大的影响。

2. 其他业务收入

其他业务收入是指企业因从事基本生产经营活动以外的其他营业收入。其他业务收入因其在生产经营中的作用不同,又可划分为建筑附属企业营业收入及其他营业收入两类。

附属企业营业收入是指建筑企业内部独立生产企业的产品销售收入、机械及运输作业收入等。其他营业收入是指除上述业务以外,企业附带经营的业务所取得的收入。

二、营业收入的确认

(一)营业收入确认的原则

合理确认营业收入的实现额及入账时间。

1. 根据商品交换的规则以及权责发生制的原则,营业收入的实现应为产品或商品发出,劳务或服务已经提供,同时收讫价款或取得索取价款的凭据,确认营业收入的实现。

2. 合理确认营业收入的实现必须遵循收入与其相关的成本费用应当相互配比的原则。

建筑安装工程施工属于长期劳务性质,在交工结算时,必须根据有关签证资料和文件把在施工中增加的设计变更、材料代用、隐蔽工程、临时设施、施工机构迁移费等计入工程价款收入。

(二)营业收入的确认

1. 工程价款结算收入的确认

工程收入确认的标准和时间,应按合同规定的条件进行。主要有全部完成工程合同,一次性办理工程竣工交工结算即为工程收入的确认；或是按工程进度百分比办理分段（次）验工交工，以及最后工程全部完工办理竣工交工结算，即为分次工程收入的确认。前者是一次销售成立，承包工程所有权一次转移；后者是分次销售成立，承包工程所有权分次逐步转移，直至最后全部转移。

2. 产品、作业销售收入的确认

一般商品、作业销售成立是指货物已经发出，劳务已经提供，价款及相应的成本和销售退回条件已基本确定，即可作为营业收入的实现。主要有以下结算形式：

（1）采用预收货款销售产品的，在产品发出时即作为销售收入的实现。

（2）采用委托银行收款方式销售商品或劳务时，应在发出商品或提供劳务后，将有关票账单提交银行办妥委托收款手续后，即作为销售收入的实现。

（3）在采用分期收款方式销售的情况下，应按本期所收价款或合同约定收款日期作为销售收入的实现。同时，按全部销售成本与全部销售收入的比例，计算本期应结转的销售成本。

（4）在采用委托其他单位代销的方式下，应在代销产品已经由代销单位发出，并已收到代销单位的代销清单后，按代销清单所列收入金额作为销售收入的实现。

（5）在采用直接交款提货的方式下，应以货款已经收到，发票账单和提货单已交购货方，即作为销售收入的实现。

关于销售退回、销货折让和销售折扣的处理，如下：

（1）销售退回。企业营业收入实现后，客户对所购商品质量、规格不满意而将货物退回，因此企业将货款退还客户。如果退回的商品是以前月份销售的或者是以前年度销售的，如果数量较少，为简化核算手续，直接冲抵退货当期的营业收入。如果退回的是上年度销售的商品，在上年度财务报表尚未报出的情况下，则冲减上年度营业收入或采用冲减当期营业收入的方法。

（2）销售折扣。销售折扣按折扣方法划分为现金折扣和商业折扣两种。商业折扣是指企业为了促进商品销售，对购货企业在一次多购货的情况下，直接以优惠价格的方式给予买方的一种优惠条件。发生商业折扣时，不存在调整销售收入的问题。现金折扣是企业为尽早收回货款而给予客户在价格上的优惠。对现金折扣主要有两种处理方法：第一种是全价法，即销售收入按全价反映，实际发生的现金折扣则冲减销售收入；第二种是净额法，即销售收入按扣除实际发生的现金折扣后的净额反映，在财务处理上反映不出实际发生的现金折扣。现行财务制度规定对现金折扣按全价法处理。这样既能全面反映销售收入和现金折扣的计算和处理过程，又有利于加强财务监督，防止企业任意冲减营业收入。

（3）销售折让。是指企业向买方售出商品后，由于商品品种、规格、质量等问题而在价格上给予买方的优惠条件。企业发生的销售折让，在调整销售收入时，无论是本年销售的产品，还是以前年度销售的产品，一律冲减当月销售收入。

3. 成本费用的确认

就是确定成本费用与本期营业收入的直接联系和费用所属的期间。

（1）与营业收入直接联系的，就是工程、产品直接成本，计入当期工程、产品等成本。

（2）合理确定间接费用分配标准，正确分配和摊销到各项工程、产品等成本中去。

(3) 正确监督期间费用。

三、营业收入的管理要求

（一）工程收入的管理

1. 重在履行工程合同

履行工程合同是工程收入确认的前提。一是要认真履行工程合同，按照建设工期的要求完成工程合同，工程的实际进度及交工工程量符合工程合同的要求。二是工程质量达到施工验收规范的要求，工程得以顺利交接和结算，没有不符合质量要求或需要返工的工程，取得了确认工程收入的可靠资料。

2. 重在工程收入的实现

完成合同法要求工程合同全部完成才计算实现的工程收入，完成进度法则要求合同总收入与总成本以及本期完成的工程进度和成本都能准确地估计。只有取得准确无误的数字资料，才符合客观性原则及收入与成本配比的原则，使实现的工程收入能正确反映企业会计期间的经营情况和成果。

3. 重在工程价款的收回有可靠的保证

一是要有资金作保证，发包建设单位的投资项目要有明确的资金来源或有偿债能力的法人作担保，保证建设资金及时到位，以此作为取得建筑许可证、进行投标承包、签订工程合同及预付工程款的依据。二是要有付款保证。应收工程款的结算应按信用制度及有关票据结算的手续办理，能够及时收回工程款。

（二）产品、作业销售收入及其他业务收入管理的要求

1. 搞好市场预测，开辟销售渠道

随着日趋激烈的市场竞争，企业要在市场竞争中取胜，必须认真做好市场预测，及时了解市场需求，掌握市场动态，并要搞好产品的宣传和售后服务工作，以赢得使用单位和消费者的信誉，提高产品在国内外市场上的占有率。只有这样，才能保证企业及时取得销售收入，并使其数量不断增加。

2. 及时完成生产任务，提供适销对路商品

企业根据国家计划安排和市场预测结果，确定企业产品的销售数量，这只是企业取得销售收入的前提，而产品是否能及时销售出去并取得销售收入，关键在于企业能否按计划生产出质优价廉的产品。如果企业的生产计划未能及时完成，或生产的产品质次价高，产品就难以销售出去，这样，就使企业的销货合同不能及时完成，销售收入的取得也就失去了保证。所以，企业应加强生产管理，努力增加产品数量，提高产品质量，为企业取得和增加销售收入提供可靠的保证。

3. 合理制定商品销售价格

产品销售数量和销售价格，是决定产品销售收入的两个主要因素。在销售数量一定的情况下，价格的高低会直接影响销售收入的多少。因此在价格改革和调整时期，某些企业为了片面追求收入和盈利，就会在提高产品价格上打主意，应予以杜绝。企业销售收入的增加，应当主要依靠增加产品数量，提高产品质量和扩大销售来达到。所以，企业在销售产品时，必须严格执行国家的价格政策，合理确定产品的销售价格，以维护企业的信誉，不断开拓市场，促进企业产品生产和销售的稳定增长。

企业应在抓内部管理、抓内部成本控制的同时，合理制定价格，既要考虑市场供求状

况又要考虑消费者的习俗，消费心理，保证价格能给企业带来合理的利润。

4. 加强营业收入的计划管理

为了使企业的供、产、销活动都能有计划地进行，企业首先要根据预测的销售量，正确编制销售收入计划，在计划执行过程中，加强控制管理，以保证销售收入计划的顺利实现。

5. 及时办理结算，尽快收回货款

销售部门在成品发运和提供劳务后，应立即将发票单证送交财会部门，财会部门应立即按合同规定的结算方式分别用汇兑、委托收款、托收承付、商业汇票、本票、支票等各种结算形式与购货客户进行结算，及时收回货款。

第二节 利 润 管 理

一、利润的概念

企业利润是企业一定时期内实现的盈亏总额，是企业最终财务成果的货币表现。企业一定时期的利润，通常以利润总额加以反映。利润总额若为正数，表示该企业为盈利企业；若为负数，则为亏损。利润总额扣除所得税后的余额，称为净利润，是企业进行利润分配的基础。

二、建筑企业利润的构成

（一）企业净利润

企业利润总额包括销售利润、投资收益（减投资损失）以及营业外收支净额。其计算公式为：

$$利润总额 = 销售利润 + 投资净收益 + 营业外收入 - 营业外支出$$

其中，销售利润的计算公式为：

$$销售利润 = 产品销售利润 + 其他销售利润 - 管理费用 - 财务费用$$

$$企业净利润 = 利润总额 - 所得税$$

（二）建筑企业营业利润组成

建筑企业的营业利润为营业收入减去营业成本、营业税金及附加（包括营业税、城市维护建设税、教育费附加），再减去期间费用后的余额。用公式表示如下：

$$营业利润 = 工程结算利润 + 产品销售利润 + 劳务作业利润 + 材料消售利润 + 其他销售利润 + 各种经营利润 + 固定资产出租利润 + 其他业务利润 - 期间费用$$

1. 工程结算利润

是指企业及其内部独立核算的施工单位（包括国外工程和国内外资工程）已向工程发包单位办理工程价款结算而形成的利润。

$$工程结算利润 = 工程价款收入 - 工程实际成本 - 工程结算税金及附加$$

工程结算税金及附加包括营业税、城市维护建设税、教育费附加等。

2. 产品销售利润

是指企业内部独立核算的工业企业销售产品所实现的利润。

$$产品销售利润 = 产品销售净收入 - 产品销售成本 - 产品销售税金及附加$$

产品销售净收入 = 产品销售收入 – 销售退回、折让、折扣

3. 劳务作业利润

是指企业内部独立核算的机械站和运输队对外提供机械、运输等劳务作业所实现的利润。

劳务作业利润 = 劳务作业收入 – 劳务作业成本 – 劳务税金及附加

劳务税金及附加包括营业税、城市维护建设税、教育费附加等。

4. 材料销售利润

是指企业及其内部独立核算的材料供应部门销售材料所实现的利润。

5. 其他销售利润

是指除上述各种销售利润以外的其他销售利润。如企业内部非独立核算的辅助生产部门，对外单位或企业内部其他独立核算单位提供产品和劳务所实现的利润。

6. 多种经营利润

是指建筑企业为了拓宽业务，增加效益，举办一些与工程施工无直接联系的其他行业的经营业务，如餐饮服务、服装加工、商品贸易等，其营业收入减营业成本、营业税金后形成的利润。

7. 固定资产出租利润

是指企业对外单位或企业内部其他独立核算单位出租施工机具、生产设备等的租金收入减租赁成本、营业税金后形成的利润。

8. 其他业务利润

(1) 无形资产转让利润，是指无形资产转让收入减无形资产账面余额、税金后的差额。

(2) 联合承包节省投资分成收入，是指企业按国家规定，与建设单位、设计单位联合承包工程项目，从节省的投资中分得的收入。

(3) 提前竣工投产利润分成收入，是指企业按国家规定，与建设单位、设计单位联合承包的生产性工程项目比合同工期提前竣工交付使用，生产单位提前投产，经项目主管部门批准，从提前投产的利润中分得的收入。

(三) 投资收益（损失）的内容

投资收益，是指企业报告期兑现的对外投资利润、股利和债券利息，投资到期收回或中途转让取得款项高于账面价值的差额，以及按照权益法核算的股权投资在被投资单位增加的净资产中所拥有的数额。

投资损失指对外投资到期收回或者中途转让取得款项低于账面价值的差额，以及按照权益法核算的股权投资在被投资单位减少的净资产中所分担的数额。

(四) 营业外收支净额

营业外收支净额是指营业外收入与营业外支出的差额。营业外收入和营业外支出是指与企业生产经营无直接关系的各项收入和支出。营业外收入主要包括固定资产盘盈、清理的净收益、罚款收入、确实无法支付的应付款、教育费附加返还等。营业外支出主要包括固定资产盘亏、清理的净损失，以及各种罚款损失、非常损失、公益救济性捐赠支出、职工子弟学校经费和技工学校经营支出等。

三、利润预测

利润预测是在对企业营业收入预测的基础上，通过对成本、营业费用、销售量以及对

影响利润的其他因素进行分析和研究,测算企业在未来某一会计期间内可以实现的利润。由于营业利润在利润总额中占有较大的比重,因而营业利润成为利润预测的重点,投资收益或损失以及营业外收支净额等可以采取较为简便的方法进行预测。又由于营业利润包括主营业务利润和其他业务利润两部分,如果其他业务利润在企业营业利润中所占的比重不大,对其他业务利润同样可以采取简便方法进行预测。

利润预测方法很多,以下介绍几种常用的产品销售利润预测方法。

(一)量本利分析法

这种方法是利用企业在一定时期内成本与业务量(产量或销售量)和利润之间的依存关系预测产品销售利润的方法。计算公式如下:

预计销售利润 = 业务量 ×(单位售价 – 单位制造成本 – 单位销售税金）– 期间费用

需注意的是,上式中销售税金主要指生产和销售应税消费品的企业应缴纳的消费税,不包括增值税。期间费用是指与产品生产没有直接关系,不构成产品成本的产品销售费用、财务费用和管理费用。

【例7-1】 扬子工厂销售应税消费品甲产品1万件,单位售价为140元,消费税税率30%,单位产品制造成本为65元,产品销售费用、管理费用和财务费用总额为18万元。

销售利润 = 10000 ×（140 – 65 – 140 × 30%）– 180000 = 150000（元）

(二)比例测算法

比例测算法是根据各种不同的利润率指标来预测销售利润的方法。常用的利润率指标有销售收入利润率、成本费用利润率、资金利润率等。它们的计算公式分别是:

(1) 利用销售收入利润率预测利润

预计销售利润 = 预计销售收入 × 销售收入利润率

(2) 利用成本费用利润率预测利润

预计销售利润 = 预计成本费用额 × 成本费用利润率

(3) 利用资金利润率预测利润

预计销售利润 = 预计资金总额 × 资金利润率

比例测算法的优点是:计算简便、易行,故在实际工作中被广泛采用。但如果企业产品销售结构复杂,价格及成本不稳定,而导致利润率指标变化幅度较大时,则不宜采用此方法。

(三)销售额增长比率法

销售额增长比率法是以基本实际销售利润与计划年度销售额预计增长比率为依据计算目标利润的方法。该法假定利润额与销售额同步增长,其计算公式是:

预计销售利润 = 基年实际销售利润 + ［1 + 计划年度销售额预计增长比率］

【例7-2】 东风工厂基年实际销售利润为80万元,实际销售额为1000万元。若计划销售额为1200万元,即增长率为20%,则计划年度该企业的预计销售利润应为:

预计销售利润 = 800000 ×（1 + 20%）= 960000（元）

销售额增长比率法计算也比较简便。但如果计划期所得税率、成本、费用与基期相比差别较大,导致利润额与销售额增长不同步时,则不宜采用此方法。

(四)因素测算法

这一方法是以上年主营业务利润水平为基础,充分考虑计划期影响主营业务利润变动的各因素后，测算出企业计划年度主营业务利润的数额。具体测算方法如下：

（1）确定上年度成本利润率

$$上年成本利润率 = \frac{上年主营业务利润总额}{上年销售成本总额} \times 100\%$$

（2）测算计划年度由于销售量变动对主营业务利润的影响。

$$\begin{matrix}销售量变动影响主\\营业务利润增减额\end{matrix} = \left(\begin{matrix}按上年成本计算的计划\\年度产品销售成本总额\end{matrix} - \begin{matrix}上年预计销售\\成本总额\end{matrix}\right) \times \begin{matrix}上年成本\\利润率\end{matrix}$$

（3）测算计划年度由于产品品种结构变化对主营业务利润的影响。

$$\begin{matrix}产品品种变动影响主\\营业务利润增减额\end{matrix} = \begin{matrix}按上年成本计算的计划\\年度产品销售成本总额\end{matrix} \times \left(\begin{matrix}计划年度主营业\\务平均利润率\end{matrix} - \begin{matrix}上年主营业务\\平均利润率\end{matrix}\right)$$

其中：

$$\begin{matrix}计划年度主营业\\务平均利润率\end{matrix} = \Sigma\left(\begin{matrix}某产品上年主\\营业务利润率\end{matrix} \times \begin{matrix}该产品计划年\\度销售比重\end{matrix}\right)$$

（4）测算由于制造成本的变动对主营业务利润的影响。

$$\begin{matrix}成本变动影响主营\\业务利润增减额\end{matrix} = \begin{matrix}按上年成本计算的计\\划年度产品销售总额\end{matrix} \times \begin{matrix}产品成本\\变动率\end{matrix}$$

（5）测算计划年度由于期间费用的变动而对主营业务利润的影响。

$$\begin{matrix}期间费用变动影响\\主营业务利润增减额\end{matrix} = \begin{matrix}上年期间\\费用总额\end{matrix} \times \frac{\begin{matrix}按上年成本计算的计划\\年度产品销售成本总额\end{matrix}}{上年销售成本总额} - \begin{matrix}计划年度预计\\期间费用总额\end{matrix}$$

（6）测算由于计划年度销售价格变动对主营业务利润的影响。

$$\begin{matrix}销售价格变动\\影响主营业务\\利润增减额\end{matrix} = \Sigma\left[\begin{matrix}价格变动的某\\种产品销售量\end{matrix} \times \left(\begin{matrix}计划年度变动\\的单位售价\end{matrix} - \begin{matrix}上年度产\\品单位售价\end{matrix}\right) \times \left(1 - \begin{matrix}上年度消\\费税税金\end{matrix}\right)\right]$$

（7）测算由于计划年度产品消费税税率的变动对主营业务利润的影响额。

$$\begin{matrix}消费税率变动\\影响利润增减额\end{matrix} = \Sigma\left[\begin{matrix}消费税率变动的\\产品按计划年度\\单价计算的销售收入\end{matrix} \times \left(\begin{matrix}该产品上年\\消费税率\end{matrix} - \begin{matrix}该产品计划\\年度消费税率\end{matrix}\right)\right]$$

（8）计划期主营业务利润总额测算公式如下：

$$\begin{matrix}计划期主营\\业务利润\end{matrix} = \begin{matrix}上年主营业务\\利润总额\end{matrix} \pm \begin{matrix}计划期由于各种因素变动而\\影响主营业务利润的增减额\end{matrix}$$

【例7-3】 某企业计划年度生产甲、乙两种产品，上年甲、乙两种产品销售成本总额为100000元，主营业务利润15000元，甲产品成本利润率为12%，乙产品成本利润率为10%，计划期成本计划如表7-1所示。

表7-1

产品名称	计划期销售量	上年平均单位成本	上年计划单位成本	按上年成本计算的计划年度成本总额	按本年成本计算的计划年度成本总额
甲	1500	50	48	75000	72000
乙	1000	25	25	25000	25000
合计				100000	97000

上年企业全部期间费用总额为 30000 元，计划年度预计 40000 元，计划期甲产品销售比重为 70%，乙产品销售比重为 30%；甲产品上年单位售价 65 元，消费税率 15%，计划年度甲产品单位售价 70 元，消费税率 10%。乙产品仍维持上年单位售价，上年企业主营业务平均利润率为 9%。根据有关资料计算结果如下：

$$\frac{上年成本}{利润率} = \frac{15000}{100000} \times 100\% = 15\%$$

$$\frac{销售量变动对主营}{业务利润的影响额} = (100000 - 100000) \times 15\% = 0$$

$$\frac{产品品种变动影响}{主营业务利润的数额} = 100000 \times (11.4\% - 9\%) = 2400（元）$$

其中：

$$\frac{计划年度主营业}{务平均利润率} = 70\% \times 12\% + 30\% \times 10\% = 11.4\%$$

$$\frac{成本变动对主营业}{务利润影响的金额} = 100000 \times \frac{100000 - 97000}{97000} \times 100\% = 3100（元）$$

$$\frac{期间费用变动对主营}{业务利润的影响} = 30000 \times \frac{100000}{100000} - 40000 = -10000（元）$$

$$\frac{销售价格变动对主}{营业务利润的影响} = 1500 \times (70 - 65) \times (1 - 15\%) = 6375（元）$$

$$\frac{消费税率变动对主}{营业务利润的影响} = 1500 \times 70 \times (15\% - 10\%) = 5250（元）$$

$$\frac{计划期主营}{业务利润} = 15000 + 0 + 2400 + 3100 - 10000 + 6375 + 5250 = 22125（元）$$

四、利润计划

利润计划是企业财务计划的主要组成部分，它是在利润预测的基础上编制而成的，是对利润预测和经营决策的具体反映。利润计划是企业一定生产经营活动的目标。

利润计划由营业利润、投资净收益和营业外收支净额组成。因此，在编制利润计划时，应先编制营业利润计划、投资收益计划和营业外收支计划，然后，在这些计划的基础上汇总编制利润计划。营业利润计划是在销售预测的基础上编制的；投资收益计划应根据企业的投资计划以及投资收益预测来编制；营业外收支计划是根据企业过去营业外收支资料及对未来营业外收支的预测分析编制的。这些计划的编制方法在这里不再具体介绍，下面举例说明企业利润计划的编制。

【例 7-4】 长江公司根据销售预测，计划年度可实现产品销售收入 500 万元，产品销售成本 350 万元，产品销售费用 6 万元，其他销售收入预计 100 万元；其他销售成本 60 万元，应上缴的销售税金及附加 5 万元；预计计划年度对外投资收益为 15 万元，投资损失为 3 万元；预计计划年度营业外收入为 1 万元，营业外支出为 1.5 万元；计划管理费用为销售收入的 4%，财务费用预计 20 万元。根据以上资料可以编制计划年度利润计划如表 7-2 所示。

利 润 计 划 表 表7-2

编制单位：长江公司　　　　　　　　　××年度　　　　　　　　　计量单位：万元

项目	行次	上年实际	本年计划	增减
一、产品销售收入	1		500	
减：产品销售成本	2		350	
产品销售费用	3		6	
产品销售税金及附加	4		5	
二、产品销售利润	5		139	
加：其他销售利润	6		40	
减：管理费用	7		24	
财务费用	8		20	
三、营业利润	9		135	
加：投资收益	10		12	
营业外收入	11		1	
减：营业外支出	12		1.5	
四、利润总额	13		146.5	

利润计划确定后，企业就要组织生产经营活动，做好销售工作，管好对外投资活动，尽量扩大收入，控制各种成本、费用，努力完成企业的计划指标，实现企业的利润计划。在计划执行过程中，如果因为各种因素发生变化，使计划不切实际，就应及时调整计划，对计划指标进行修改。

第三节　利润分配的管理

利润分配是指企业将一定时期实现的利润总额按照规定的办法，在国家、企业和投资者之间进行分配的过程。我国国有企业的利润分配制度，从1978年开始进行多次的探索、实践，期间经历了企业基金制、利润留存制、利改税承包经营责任制等，本着缩小不同行业、不同所有制企业的利润分配差异、公平负担、公平竞争、资本保全的原则，财政部于1993年颁布了《企业财务通则》，在利润分配方面作了大刀阔斧的改革，设计了尽可能与国际通行做法接轨的利润分配制度。

一、利润分配的顺序

《企业财务通则》对利润分配改革的基本原则是：既要规范、统一企业利润分配办法，又要体现理顺企业产权关系，充分保障投资者权益和收益；既要兼顾不同所有制企业、不同经营方式的企业利润分配的特征，又要尽可能符合国际惯例；既要考虑扩大企业自主权，又要考虑便于加强宏观调控和财务监督、约束。

（一）弥补企业以前年度亏损

所谓亏损，就是指企业收入不足以抵充支出，利润总额呈现负值。企业发生亏损的原因是多种多样的，但总的来说，不外乎两种基本类型，即政策性亏损和经营性亏损。

政策性亏损是由于执行国家某些为进行宏观调控制定的特定政策发生的亏损。通常是由于国家政策限价，使企业生产的产品以低于成本费用的价格出售而形成的。例如，国家对生产农业生产资料企业的价格进行限定，要求以偏低价格出售，以便支援农业生产的发展，致使该类企业发生了亏损。政策性亏损一般采用定额补贴或亏损包干的办法。随着市场经济体制的建立和完善，通过价格体制改革将逐步取消政策性亏损补贴。

经营性亏损是企业由于经营不善或其他原因发生的亏损，如产品滞销，原材料供应不正常等。经营性亏损原则上应由企业自行弥补，但考虑到我国市场经济体制改革刚刚起步，经营风险大，发生经营亏损是难免的，为了让企业生产经营得以维持，对其经营亏损应予以及时弥补。企业经营亏损弥补的办法是，企业的年度亏损，可以用下一年度的税前利润以及筹建期间的汇兑净收益弥补；下一年度利润不足弥补的可以在5年内的税前利润弥补，在延续5年内不足弥补时，采用税后利润弥补和盈余公积金弥补。企业经营亏损的这种弥补办法，一方面体现了国家对企业生产经营的扶持政策，一方面则督促企业采取适当措施，努力降低成本，提高盈利能力，尽快扭亏为盈。

（二）依法缴纳所得税

企业所得税是对我国企业（外商投资企业和外国企业除外）生产经营所得和其他所得征收的一种税。企业利润总额按照国家规定作相应调整后，应依法缴纳所得税。

对利润总额的调整主要包括两个项目：一是按照规定用所得利润弥补的亏损数额；二是投资收益中已纳税的项目或按规定需补交所得税的项目。在进行上述调整后，形成了应税所得额，并以此按税法规定的税率计算缴纳所得税，其计算公式如下：

应缴纳所得税额 =（利润总额 ± 应调整的项目）× 所得税 = 应税所得额 × 33%

【例7-4】 企业上年因经营不善亏损25万元，本年度扭亏为盈实现利润总额为175万元，其中包括投资分得已纳税收益10万元，则该企业的所得税额计算如下：

应纳所得额 =（1750000 − 250000 − 100000）× 33% = 462000（元）

企业所得税的缴纳一般采用按年计算，分月分类预缴的办法，月份或季度终了后15日内预缴，年度终了在规定的时间内结算清缴，多退少补。

（三）税后利润分配顺序

企业缴纳所得税后的利润，除国家另有规定，应当按照下列顺序分配：

（1）支付由于违反行政法规而被没收财物的损失以及违反税法规定的滞纳金和罚款。

（2）弥补延续5年用税前利润还不能弥补的经营性亏损。

（3）提取法定盈余公积金。即按税后利润扣除前两项后的10%提取法定盈余公积金。如果法定盈余公积金已达到注册资本的50%时不再提取，法定盈余公积金主要用于弥补亏损，按国家规定转增资本等。

（4）提取公益金。它也是按照税后利润的一定比例提取，主要用于企业集体福利设施支出。

（5）向投资者分配利润。

这个利润分配顺序符合国际惯例和国家法规，同时兼顾了企业、投资者以及职工三者利益。如企业因违反税收征管条例而被税务部门罚款，之所以要在税后先列支，是因为不让企业因违规受罚时，造成的损失以少缴所得税形式转嫁给国家负担。企业以前年度亏损未弥补之前不得提取公积金和公益金。根据资本保全的原则，企业提取盈余公积金和公益金之前，要先弥补以前年度亏损，提取了公积金和公益金后，便可向投资者分配利润，根据规定，企业以前年度未分配的利润可并入本年向投资者分配。因此，向投资者分配利润并不限于当年的利润。

二、股份制企业利润分配程序

上述税后利润分配制度,原则上适用于不同所有制和经营方式的所有企业。鉴于股份制企业税后利润分配涉及股东切身利益,财务制度对股份制企业的税后利润分配作了特殊规定,有限责任公司税后利润分配顺序如下:

(1) 用于抵补被罚没的财物损失,支付违反税法规定的各种滞纳金和罚款。

(2) 用于弥补以前年度的亏损。

(3) 提取法定盈余公积金。法定盈余公积金按税后利润扣除前两项后的 10% 提取。当法定盈余公积金达到注册资本的 50% 时,可不再提取。

(4) 提取公益金。按税后利润扣除 1 和 2 项后的 5%～10% 计提,用于企业职工集体福利设施支出。

(5) 支付优先股股利。

(6) 提取任意盈余公积金。

(7) 支付普通股股利。

按照有关法规,企业当年无利润不得对外分配股利。但在企业用盈余公积金弥补亏损后,可按照不超过股票面值 6% 的比例用盈余公积金分配股利。分配股利后企业法定盈余公积金不得少于注册资本的 25%。按照有关法规,企业的盈余公积金可以用于弥补亏损和转增资本,但转增资本后,企业的法定盈余公积金不得少于注册资本的 25%。

三、股份制企业股利支付的程序和方式

(一) 股利支付程序

股份制企业向股东支付股利,前后要经历一个过程,依次为股利宣告日、股利登记日、除息日和股利支付日。

1. 股利宣告日

即公司董事会将股利支付情况予以公告的日期。公告中将宣布每股股利,股权登记日、除息日和股利支付日等事项。我国的股份公司通常一年派发一次股利,也有在年中派发中期股利的。

2. 股权登记日

即有权领取股利的股东资格登记截止日期。凡在登记日之前(含登记日当天)列于公司股东名册上的股东,都将获得本次发放的股利,而在登记日之后的股东,则无权领取本次股利,证券交易所的中央清算系统一般在营业结算的当天即可打印出股东名册。

3. 除息日

即指领取股利的权利与股票相互分离的日期,也叫无股息日或除息基准日。在除息日前,股利权从属于股票,持有股票者享有领取股利的权利;除息日开始,股利权与股票分离,新购入股票的不能分享股利。在我国上海、深圳两证券交易所目前采用 T+1 交割方式或成交当天即能完成过户手续,所以股权登记日的下一个营业日为除息日。

4. 股利支付日

即向股东发放股利的日期,也称发放日和派息日。

(二) 股利支付方式

股利按其支付形式可分为以下五种:现金股利、股票股利、财产股利、负债股利及清算股利。

1. 现金股利

即以现金支付的股利。这是一种最普通的股利形式。股利支付除了要受是否有净收益或留存收益的限制以外，还要看是否有足够的现金。这是因为，公司有净收益，从而"留存收益"账户表现为贷方余额，虽然表明公司有了可供分配的资源，但这种资源未必就是现金，而可能表现为非现金资产的增加，如占用在存贷上，或已投资于新的固定资产，或已用于支付到期的长期负债等。因此，现金股利的支付，必须充分考虑现金的流动状况。

2. 股票股利

即指以额外发行的股票来支付的股利。通常，股票股利是按现有股东所持股份比例配发的。

3. 财产股利

即指以非现金资产支付的股利。由于非现金资产不易分割，财产股利的分派形式受到很大的限制。所以，只有在股东为数不多的情况下，公司才便于采用财产股利形式，对于股东甚多的大公司来讲，分派财产股利时实际分发给股东的非现金资产，主要是其持有的别的公司发行的有价证券。

4. 负债股利

即指建立一项负债来支付的股利。通常以签发期票的方式建立负债。这种股利形式通常是在公司希望分派股利，但又没有现金立即予以支付的情况下采用。这样，公司分发股利时，就由公司先签发期票给股东，待期票到期时再予兑现。这种形式实务上已较少采用。

5. 清算股利

实质上不是一般意义上的股利支付，而是公司发还股东原投入资本的一部分或全部。公司宣布分派清算股利，可能是因为缩减经营规模而压缩资本数额，也可能是解散结束经营，因此，清算股利不是对留存收益的分配，而是对股东缴入资本的发还。

股份公司支付股利时，可以单独采用上述一种方式，也可以是上述方式的任意组合。目前我国公司分配股利的方式主要有：纯现金股利发放方式；纯股票股利方式；现金股利与股票股利相配合的方式。

小　结

1. 营业收入是指企业在生产经营活动中由于工程结算、商品销售、作业提供等经营业务实现的收入。

企业的营业收入，按其与生产经营活动的关系不同划分，分为主营业务收入和其他业务收入两类。建筑企业的主营业务收入是工程价款收入；其他业务收入又分为附属企业营业收入和其他营业收入两类。

营业收入确认的原则是：①合理确认营业收入的实现额和入账时间；②必须遵循收入与其相关的成本、费用应当相互配比的原则。营业收入确认的一般方法是"销售成立法"，即必须具备资产所有权转移，收到货款或取得索取货款的权利为条件。工程结算收入具体确认的方法有完成合同法和完成百分比法等。产品作业销售收入的确认一般在商品已经发出，劳务已经提供，出售货物及劳务的价款以及相应的成本和销货退回条件等基本确定即可作为营业收入的确认。

营业收入管理的要求，一是工程收入的确认重在履约，重在收入的实现和重在工程款能够收回；二是产品、作业销售重在搞好市场预测，开辟销售渠道，及时完成生产任务，提供适销对路商品，合理制定商品销售价格，加强营业收入的管理，及时办理结算，尽快收回货款。

2. 利润是指企业在一定期间的经营成果，即企业净利润。表现为由于资产的流入或增值以及负债的减少而导致企业净资产的增加。

$$企业净利润 = 营业利润 + 投资净收益 ± 营业外收支净额 - 所得税$$

企业发生的年度亏损，可以用下一年度税前利润弥补，下一年度实现利润不足的，可以在5年内延续弥补。延续5年内仍未弥补完的亏损，则用税后利润弥补。

利润预测的方法，常用的产品销售利润预测方法有量本利分析法、比例测算法、销售额增长比率法、因素测算法等。

利润分配，体现了企业产权及维护投资者权益和利益的原则。企业利润分配的顺序是：①弥补企业以前年度亏损；②依法缴纳所得税。税后利润分配顺序是：①支付滞纳金和罚款；②弥补亏损；③提取法定盈余公积金；④提取公益金；⑤向投资者分配利润。

3. 股份制企业利润分配程序是：①支付罚款、滞纳金；②弥补以前年度亏损；③提取法定盈余公积金；④提取公益金；⑤支付优先股股利；⑥提取任意盈余公积金；⑦支付普通股股利。

4. 股份制企业股利支付的程序是：股利宣告日、股权登记日、除息日、股利支付日。股利支付方式是：现金股利、股票股利、财产股利、负债股利及清算股利。

思 考 题 与 习 题

思考题

1. 什么是营业收入？有哪些分类？
2. 营业收入确认的原则是什么？
3. 工程结算收入确认的方法有哪些？
4. 营业利润构成内容有哪些？
5. 营业利润预测中量本利分析法的主要内容有哪些？
6. 企业利润分配的程序是什么？
7. 股份制企业股利支付程序和方式是什么？

习题一

（一）目的：练习量本利分析法的运用

（二）资料

某厂生产甲、乙、丙三种产品，有关资料见表7-3：

金额单位：元　表7-3

产品	单位	单位制造成本	销售量（件）	税率	期间费用
甲产品	100	60	1400	10%	
乙产品	80	40	800	10%	
丙产品	110	70	1200	12%	

(三) 要求：
根据上述资料计算该厂预计销售利润为多少？

习题二

(一) 目的：练习因素分析法预测可比产品销售利润

(二) 资料：大华工厂有关可比资料如表 7-4 所示：

金额单位：元　表 7-4

项　　目	金　额	项　　目	金　额
1. 预计产品销售利润	15000	1. 按基年成本计算的计划年度可比产品成本总额	1600000
2. 预计产品销售成本	1500000	2. 成本降低率指标	6%
3. 成本利润率 　A 产品 　B 产品	 13% 8%	3. 各种产品占销售总量比例 　A 产品 　B 产品	 50% 50%
4. 各类产品占销售量比例 　A 产品 　B 产品	 40% 60%	4. 计划年度征税的可比产品应销比例	
5. 期末结存 　A 产品	 8000	5. 从年初起，A 产品价格下降	4%
6. 销售税率	3%		

(三) 要求：
采用因素分析法预测计划年度可比产品销售利润（假设该企业 A 产品计划销售量为 2500 件，基年单价为每件 520 元，销售税率不变）。

习题三

(一) 目的：通过练习，熟悉利润计划的编制方法

(二) 资料：海华建筑公司 200X 年度本年利润计划资料如下（上年度预计：略）

1. 工程结算收入 16500 万元，工程结算成本 12500 万元，营业税及附加占 3.24%；
2. 其他业务利润 1500 万元；
3. 管理费用 800 万元，财务费用 100 万元；
4. 投资收益 100 万元；
5. 应付所得税，按税前利润的 33% 计算；
6. 年初未分配利润 160 万元；
7. 上年利润调整 10 万元，上年所得税调整按上年利润调整的 33% 计算；
8. 提取法定盈余公积金，按当年净利润的 10% 计算；
9. 提取公益金，按可分配利润（减 7、8 项）的 45% 计算。

(三) 要求：编制海华公司 200X 年度利润计划表。

第八章 外汇资金管理

第一节 外汇资金管理概述

一、外汇资金的概念

外汇是外币资金的总称,是指以外国货币表示的,用于国际结算的各种支付手段。按照我国《外汇管理暂行条例》的规定,外汇包括:(1)外国货币,包括钞票、铸币等;(2)外币支付凭证,包括票据、银行存款凭证、邮政储蓄凭证等;(3)外币有价证券,包括政府公债、国库券、股票、息票等;(4)其他外汇资金,包括特别提款权、欧洲货币单位等。

二、汇率

外汇与商品一样,是经常地、大量地进行买卖的。要进行外汇买卖,就产生两种货币之间的比价,这种比价,就叫汇率。所以,汇率也叫汇价,是一国货币用另一国货币表示的价格。通过银行用本国货币按汇率购买外汇或将外汇按汇率兑换成本国货币,就是外汇买卖。汇率是外汇买卖的兑换标准。

(一)汇率的种类

外汇汇率可从不同的角度进行分类。

(1)按银行买卖外汇的价格可分为买入汇率、卖出汇率和中间汇率;
(2)按汇率的制定方法可分为基本汇率和套算汇率;
(3)按外汇的支付方式可分为电汇汇率、信汇汇率和票汇汇率;
(4)按外汇交割时间分为即期汇率和远期汇率;
(5)按国际汇率制度分为固定汇率和浮动汇率。

(二)汇率的标价方法

折算两个国家的货币比价,首先要确定以哪个国家的货币作标准。是以本国货币作标准,还是以外国货币作标准,由于标准不同,就产生了两种标价方法,即直接标价法和间接标价法。

1. 直接标价法

又称应付标价法,是以一定单位的外国货币为标准,来计算应付若干单位的本国货币,即以本国货币表示外国货币的价格。

2. 间接标价法

又称应收标价法,是以一定单位的本国货币为标准来计算应付若干单位的外国货币,即以外国货币表示本国货币的价格。

三、外汇管制

(一)外汇管制的含义及内容

外汇管制是指一国政府为了维持其国际收支平衡,减少本国外汇储备的流失,稳定本国货币对外汇率、保障本国经济的发展，运用各种手段对在其境内的和管辖范围内的本国和外国的居民和非居民（包括机关、团体、企业、个人等）从事的外汇交易活动所进行的管制。国家外汇管制的内容大致包括以下几个方面：

1. 经常项目的管理

经常性项目管理包括贸易外汇管理和非贸易外汇管理两部分。对贸易和非贸易的外汇收入，要全部或部分按官方汇率结集给国家指定的银行；对于贸易或非贸易的外汇支出，要逐笔批准或超过一定的限额要经过外汇管理部门批准。

2. 资本项目管理

资本项目相对于经常项目数量虽然较少，但在管理上往往比经常项目还要严格，对于每一笔资本输出和输入都要实行严格的审批制度。

3. 储备资金管理

对外汇储备资金的管理，就是要解决外汇储备总量和构成问题，要在保证支付的前提下，避免国际金融市场汇率和利率变动的风险，以保持外汇储备资金的价值和增加收益。

4. 汇率管理

（二）我国外汇管理体制

我国现行的外汇管理体制的内容包括以下几个方面：

（1）实行以市场供求为基础的，单一的、有管理的浮动汇率制。

（2）实行外汇收入的结汇制，中国境内所有的企事业单位，机关和社会团体（外资企业除外），必须将规定范围内的外汇收入及时调回境内，按照银行挂牌汇率，全部卖给指定银行，不得将外汇擅自存放在境内。

（3）实行售汇制。允许人民币在经常项目下的有条件兑换。

（4）实行国际收支统计申报制度，凡有国际收支活动的单位和个人，必须进行国际收支统计申报。

（5）在中华人民共和国境内，禁止外币流通，并不得以外币计价结算。

第二节 外汇风险管理

一、外汇风险的种类

外汇风险是指由于汇率变动使外汇的实际价值发生增减变化可能带来的损益，故亦称汇率风险。

（一）会计折算风险

会计折算风险又称转换风险，评价风险。是指企业在会计上将以外币计价的资产负债、收入、费用折算为本币时，由于汇率的变动而使其价值发生增减变化可能带来的损益。例如，某企业在美国一银行存款 100000 美元，假定年初存款时汇率为 100 美元等于 527.72 元人民币，则年初该公司资产负债表中该项目金额应为 527720 元人民币（100000 × 5.2772）。年终时，汇率变动为 100 美元等于 570.47 元人民币，则年末该公司资产负债表中该项目金额为 570470 元人民币（100000 × 5.7047）。在两个不同日期的资产负债表中，同样的 100000 美元存款由于汇率的变化，折算成人民币，结果其价值增加了 42750 元人民币（570470 - 527720）。如果年终时汇率变为 100 美元等于 490.97 元人民币，则年末该公司资产负债表中该项目金额为 490970 元人民币（100000×4.9097）。结果其价值减少了 36750（527720-490970）。这就是会计折算风险。

（二）交易风险

交易风险是指企业用某种外币结算的交易，在成交到收付款的过程中，由于汇率改变，用本国货币或另一种外币计算时，可能使收入、支出发生增加或减少的风险。交易风险包括以下三种：

1．商品进出口的交易风险

在用某种外币结算的商品进出口业务中，从签订合同，按即期或远期支付条件，到实际收付货款为止这一段时间内，由于汇率变化而产生的交易结算风险。

2．借款的交易风险

指企业借入或借出外币，在债权债务未清偿前所存在的风险，这种风险既有外币与外币汇率变动的风险，也有外币与人民币汇率变动的风险。

3．期汇交易的风险

在期汇交易中，由于合同的期汇率与合同到期日的即汇率不一致，而使交易的一方按期汇换得或付出的货币数额多于或少于按即汇换得或付出的货币数额而发生的风险。

（三）经济风险

经济风险是指由于意料之外的汇率变动对企业的产销数量、价格、成本等产生影响，从而引起企业未来一定期间收益增加或减少的一种潜在的风险。

二、外汇风险的控制

企业外汇风险控制是企业财务管理的一个重要方面。如果企业有效地进行风险控制，将能避免汇率变动可能造成的损失，增加收益，反之，则可能蒙受巨大的损失。对不同的外汇风险，应采取不同的控制方法。

（一）交易和会计折算风险的控制

交易风险和会计折算风险紧密相关，前者反映的是单项经营活动的后果，后者反映的是一个时期所有经营活动的后果。在控制交易和会计折算风险时，主要采用以下方法：

（1）通过中国银行办理远期外汇买卖。远期外汇买卖是指在国际金融市场上进行外汇买卖，签订买卖契约时，只定出汇率、币别、金额、交割日，并不立即进行交割，到交割日再按事先定出的汇率、币别、金额进行交割。

（2）利用借贷和投资等办法对付外汇风险。

（3）资产负债的平衡方法。这种方法主要是将有风险的资产和有风险的负债进行平衡，以抵其外汇风险。

（4）在办理对外收支时，正确选择货币种类。一般说，选择货币的原则是：①要选择可自由兑换的货币；②在出口收汇时，争取使用硬货币；在进口付汇时，争取使用软货币。③在进口材料、设备时，企业有何外汇，就用哪种外汇；在取得外汇借款时，一般应借可能贬值的货币。

（5）根据汇率变动情况，适当调整商品价格。

（6）采取货币保值措施，交易双方共担外汇风险。

（7）早付迟收或早收迟付法。

（二）经济风险的控制

经济风险的控制目标,是预测意外的汇率变动对未来现金流量的影响,并采取必要的措施。如果企业使其国际经营活动和财务活动多样化,就有可能避免风险,减少损失。经营多元化是指企业在国际范围内分散其销售、生产地址、生产设施及原材料来源。财务多元化是通过筹资和投资方面的多元化来避免或减少经济风险。包括筹资多元化,投资多元化及将外币应收款与外币应付款作一配合,使其风险相互抵消。

第三节 外币业务的账务处理

企业外币业务的处理,是指实行以人民币为记账本位币的情况下,对涉及外币业务的账务处理。

一、投入资本金的折算业务

投入资本金的折算,是指外方投资者缴付的出资额与记账本位币不一致时,按规定的汇率和方法折合为记账本位币的财务处理方法。一般有以下两种方法:

(一) 企业合同中约定投资者出资折合汇率

采用合同汇率,是指不论投资人何时缴付出资额,也不论缴付出资额时市场的汇价是多少,一律按合同汇率对投入资本进行折合。在这种情况下,投资各方实收资本账户的折合采用的是同一汇率,因此,不会产生账面实收资本比例与合同规定的注册资本比例不一致的情况。

(二) 合同中没有约定投资者出资折合汇率

在实际工作中,企业实际收到资本的日期与签订合同的日期往往相差一段时间,在此期间内,市场汇率可能会发生较大的波动。如果在合同中事先约定折合汇率,则有可能造成实际出资额折合的记账本位币金额与按合同约定汇率折合的记账本位币金额之间出现较大的差额。因此,有些企业在合同中仅约定了资本总额、投资各方出资比例及出资的货币,对出资的折合汇率不作约定,而是按收到资本时的市场汇价折算。有以下两种处理方法:

1. 注册登记的货币与记账本位币一致

在此种情况下,是指出资各方一次同日投入资本金,实收资本统一按各方出资时的市场汇价折合,因此,不会发生实收资本账户各方的比例与合同规定出资比例不一致的现象。

2. 注册登记的货币与记账本位币不一致

采用实际汇率,由于出资时间不同,可能产生汇率变动而导致账面实收资本比例与合同规定的注册资本比例不一致的情况,因此将会引起权益之争。为解决这一问题,规定了在没有合同汇率,而且注册货币与记账本位币不一致的情况下,在折合实收资本的记账本位币金额时,均采用企业第一次收到出资当日的市场汇价折合。有关资产账户则采用实际收到出资额时的当日市场汇价折合。有关资产账户与实收资本账户采用的折合率不同而产生的记账本位币差额,作为资本公积金处理。

【例8-1】 某公司为A、B(以上为外方) C(中方)三方合资企业,注册资本为5亿元人民币,A、B各方占30%,C方占40%,分两期出资(2000年4月及2000年10月),每期以现金缴纳资本的一半,出资情况见表8-1。

表 8-1

出资日期	出资方	出资额			银行存款	实收资本	资本公积金
		币种	金额（万元）	汇率	（人民币万元）	（人民币万元）	（人民币万元）
2000年4月1日	A	美元	937.5	8	7500	7500	—
	B	英磅	625	12	7500	7500	—
	C	人民币	10000	1	10000	10000	—
	小计				25000	25000	—
2000年10月1日	A	美元	937.5	8.32	7800	7500	300
	B	英磅	625	12.5	7812.5	7500	312.5
	C	人民币	10000	1	10000	10000	
	小计				25612.5	25000	612.5
	合计				50612.5	50000	612.5

二、外币收付业务

企业对外币现金、银行存款的收付业务，应同时反映外币收付及折算为记账本位币的收付情况，一般有以下方法：

1．先进先出法

是指假定先收入的外汇，付出时，按记账时间的顺序先减少。采用此法，每次均需辨认以前的记账汇率，收付款业务较多时，显得较麻烦。

2．移动平均法

又称变动汇率法，是指每增加一笔收入都要重新计算一次账面汇率的方法。采用这种方法，可以随时结出账面汇率，无需辨认以前的记账汇率。但计算工作量也较大。

三、汇兑损益

汇兑损益是指企业发生的外币业务，在折合为记账本位币时，由于业务发生的时间不同，所采取的折合率不同而发生的差额，即外汇兑换损失或收益。汇兑损益反映企业从事外币业务的经济效果，也体现了经营外币业务的风险程度。

（一）汇兑损益的确认

1．交易外币兑换损益的确认

交易外币兑换损益，是指由于日常外币收付业务或买进卖出外汇差价产生的汇兑损益。

（1）由于账面汇率与账面汇率的不同而发生的汇兑损益。主要使用外币存款、现金偿还各种债务而产生的汇兑损益。

【例 8-2】 某公司于 200X 年 8 月 10 日用外币存款（美元）支付 5 月 10 日发生于本月到期的应付账款 1000 元，应付账款发生时的汇率为 8.1，偿还时企业银行存款的账面汇率为 8.32，结算情况见表 8-2。

户名：×× 　　　　　　　　　　　应付账款明细账　　　　　　　表 8-2

200×年		摘要	美元				汇率	人民币			
月	日		借方	贷方	借或贷	余额		借方	贷方	借或贷	余额
5	10	应付购货款		1000	贷	1000	8.1		8100	贷	8100
8	10	偿还	1000		平	0	8.32	8320		借	220
	10	结转汇兑损益							220	平	0

以上为汇兑损失，反之为汇兑收益。

(2) 由于账面汇率与记账汇率不同而产生的汇兑损益。主要是收回外币应收账款或使用外汇而产生的汇兑损益。

【例 8-3】 某公司于 2000 年 3 月 30 日收回上月 5 日应收账款 1500 美元，原账面汇率为 8.32，而本月当日的记账汇率为 8.4，结算情况见表 8-3。

户名：××　　　　　　　　　　　应 收 账 款 明 细 账　　　　　　　　　　　表 8-3

2000年		摘 要	美 元				汇率	人 民 币			
月	日		借方	贷方	借或贷	余额		借方	贷方	借或贷	余额
2	5	应收销货款	1500		借	1500	8.32	12480		借	12480
3	30	收　　回		1500	平	0	8.4		12600	贷	120
	30	结转汇兑损益						120		平	0

以上为汇兑收益，反之，为汇兑损失。

【例 8-4】 某公司于 2000 年 6 月初外币存款为 5000 美元，账面汇率为 8.16，6 月 5 日收入外币存款 4000 美元，当日汇率为 8.25，6 月 10 购买材料，支用 2500 美元，以变动汇率为账面汇率，银行存款收支情况见表 8-4。

　　　　　　　　　　　　　　　　　银 行 存 款 明 细 账　　　　　　　　　　　表 8-4

2000年		摘 要	美 元			汇率	人 民 币		
月	日		借方	贷方	余额		借方	贷方	余额
6	1	月初余额			5000	8.16			40800
6	5	收　入	4000		9000	8.25	33000		73800
6	10	购买材料		2500	6500	8.20		20500	53300

注：变动汇率 = 73800/9000 = 8.2

接上例，6 月 10 日外购材料时人民币兑美元的汇率为 8.3，以此作为外购材料的记账汇率，见表 8-5。

　　　　　　　　　　　　　　　　　外 购 材 料 账 户　　　　　　　　　　　表 8-5

2000年		摘 要	借方	贷方	借或贷	余额
月	日					
6	10	购入 A 材料，美元 2500 元，汇率 8.3	20750		借	20750

上项外购材料，银行存款记账本位币按账面汇率计算，支付 20500 美元，外购材料按记账汇率折算为 20750 元，增加价值 250 元，作为汇兑收益。反之，为汇兑损失。

2. 期末换算外币损益的确认

期末换算外币损益，又称未实现的汇兑损益，是指企业于月份终了时，将外币现金、外币银行存款以及有关外币的债权、债务等账户的余额，按照期末市场汇率折合为记账本位币金额所产生的与原账面汇率折算的记账本位币金额的差额。由于这一换算汇率所产生的汇兑损益企业实际上并未收到，故称之为未实现的汇兑损益。

期末各种外币项目都已经反映了其记账本位币的期末余额，之所以还要核算账面汇率，其根本原因在于外币与记账本位币的汇率是经常变动的，有时变动幅度大，由此产生了由于外汇汇率的变化，使得依照平时汇率计算的各外币账户期末记账本位币余额编制的财务报告不具有可比性，不能客观地反映出企业期末真实的财务状况。因此，按期末汇率调整记账本位币余额，就能核实各项外币资产、负债和损益，据此编制财务报告，才能真实客观地反映本期的财务成果和期末的财务状况。同时，调整后期末未实现的汇兑损益，是期末外币资产、负债潜在的外币折算差额，可以减轻企业的汇率风险。

（二）汇兑损益的处理

1．企业筹建期间发生的汇兑损益

筹建期间的汇兑损益应单独进行核算，如为汇兑净损失，作为开办费处理，从企业开始生产经营月份的次月起，按照不短于5年的期限平均摊销；如为汇兑净收益，可在下列三种方法中任选一种进行处理：

（1）作为"递延收益"，从经营月份的次月起，按不短于5年的期限均摊；

（2）留待弥补生产经营期间发生的年度亏损；

（3）留待并入企业的清算损益。

2．企业生产经营期间发生的汇兑净损益，列入财务费用。

3．企业清算期间发生的汇兑净损益，计入清算损益。

4．与购建固定资产或无形资产有关的汇兑损益。

在资产尚未交付使用，或虽已交付使用，但尚未办理竣工决算之前，计入资产的价值（购建成本）；在资产已交付使用并办妥竣工决算之后，应计入财务费用。

小　　结

1．外汇是外币资金的总称，是以外国货币表示的，用于国际结算的各种支付手段。包括外币、外币存款、外币表示的汇票、支票凭证，以及外国政府债券、公司债券等。外汇汇率是指用一种货币折算成另一种货币的比率，或是用一种货币表示另一种货币的价格。外汇汇率的标价方法有直接标价法和间接标价法。

2．外汇管制是指一国政府为了维持其国际收支平衡，减少本国外汇储备的流失，稳定本国货币对外汇率，保障本国经济的发展，运用各种手段对其在境内的和管辖范围内的本国和外国的居民和非居民从事的外汇交易活动所进行的管制。包括①经常项目的管理；②资本项目管理；③储备资金管理；④汇率管理。

3．外汇风险是指由于汇率变动使外汇的实际价值发生增减变化可能带来的损益，包括①会计折算风险；②交易风险；③经济风险。外汇风险的控制包括①交易和会计折算风险的控制；②经济风险的控制。

4．外币业务的账务处理，是指实行以人民币为记账本位币的情况下，对涉及外币业务的账务处理。

资本金折算业务是指投资者缴付的出资额与记账本位币不一致的处理方法。折算的方法有：企业合同约定投资者出资的折合汇率；合同中没有约定投资者出资的折合汇率两种。前者按合同约定汇率折算，后者按第一次出资时的实际汇率折算。

外币现金、银行存款等收付业务，反映外币收付及折算为记账本位币的情况，分别采用先进先出法，移动平均法等。

汇兑损益的确认分别有已实现的汇兑损益和未实现的汇兑损益。应根据不同情况进行处理。

思考题与习题

思考题

1. 什么是外汇？包括哪些内容？
2. 试述外汇汇率的种类。
3. 外汇管制的含义及内容。
4. 国家外汇管制的内容有哪些？
5. 什么是外汇风险？其种类有哪些？
6. 如何进行外汇风险的控制？
7. 企业发生的汇兑损益如何处理？

习题一

（一）目的：通过练习，熟悉已实现汇兑损益的计算方法。

（二）资料

1. 华兴公司于2000年6月收回上月应收账款25万日元，原日元对人民币的账面汇率为100：7.6464，而本月记账汇率为100：7.4702。

2. 兴华公司于2000年7月支付上月应付款40000港元，原港元对人民币的账面汇率为1：1.0476，支付时的当日汇率为1：1.0724。

（三）要求：分别按资料1、2计算汇兑损益。

习题二

（一）目的：熟悉调整期末外币账户折合汇率，计算期末记账本位币金额及汇兑损益的方法。

（二）资料：

1. 利华建筑公司2000年9月期末外币账户金额见表8-6。

表8-6

会计账户	外 币（美元）		折 合 人 民 币	
	借 方	贷 方	借 方	贷 方
银行存款	28000		233240	
应收账款	30000		243300	
应付账款		80000		656000

2. 期末市场汇率为1：8.325

（三）要求：编制外币账户折合记账本位币期末余额调整表。

第九章 企业清算

第一节 企业清算概述

一、企业清算的原因及分类

企业清算是指企业按照章程规定解散，破产或者其他原因终止时，为保护债权人、所有者等利益相关者的合法权益，由专门的工作机构对企业的财产、债权、债务所进行的全面清查，作价和处理等一系列的工作过程。

（一）企业清算的原因

一般来说，企业如遇到下列情况之一的，可以提出解散申请书，报审批机构批准进行清算：

（1）内联、合营、合作企业合约期满，投资各方无意继续经营；
（2）因调整产业结构与布局，合并、分立与撤销一些企业；
（3）企业发生严重亏损，无力继续经营；
（4）企业投资一方不履行合营企业协议、合同、章程规定的义务，致使企业无法继续经营；
（5）因自然灾害，战争等不可抗拒的原因而遭受严重损失，致使企业无法继续经营；
（6）合营企业未达到其经营目的，同时又无发展前途；
（7）违反国家法律，法规，危害社会公共利益，被依法撤销；
（8）企业资不抵债，宣告破产；
（9）有关法律，章程所规定的其他解散原因已经出现的。

（二）企业清算的分类

企业清算由于原因不同，其清算的组织者不同，企业清算又可分为以下几种：

1. 按清算的意愿不同，企业清算分为自愿清算和强制清算

自愿清算是企业或其所有权人自愿终止企业而进行的清算，包括创办人自愿清算，股东自愿清算，企业自愿清算等。强制清算是指由法院或政府主管机关以命令的形式，强制要求企业终止或宣告企业终止而进行的清算。企业因经营管理不善造成严重亏损，不能偿还到期债务而导致的破产清算也属于强制清算。

2. 按清算的法律程序不同，企业清算可以分为普通清算和特别清算

普通清算是指企业在清算时，清算事务主要由企业自行确定的清算人按法律规定的一般程序进行，法院和债权人不直接干预的清算。特别清算是指不能由企业自行组织，而由法院出面直接干预并进行监督的清算，如果企业不能清偿到期债务，企业有资产不足清偿到期债务的嫌疑，企业无力自行组织清算工作，企业董事会对清算事务达不成一致意见，或者由债权人、股东、董事会中的任何一方申请等情况发生，就应采用特别清算程序。我国企业的破产清算列为特别清算，有的国家则将破产清算单列一类。在普通清算中，清算

人一旦发现企业的清算资产不足清偿全部债务，清算人有责任立即向人民法院宣告企业破产，清算工作则由普通清算程序进入特别清算程序。

二、企业清算程序

（一）成立清算组或清算机构

（二）通知或公告债权人

清算组成立后，应当在10日内通知债权人，并于60日内在报纸上至少公告3次。债权人应当在接到通知书之日起30日内，未接到通知书的自第一次公告之日起90日内，向清算组申报其债权。

（三）调查与清理企业财产，确定清算方案

在这一过程中，如果发现原本实行普通清算的清算企业财产不足以偿付全额债务之嫌疑时，应立即向法院申请破产。

（四）处理未了结业务

企业宣告终止后，应停止正常的经营活动，但在终止前已经发生而尚未了结的业务活动，清算组应视情况妥善处理。对于那些继续执行对企业不会造成损失且在清算期内可以完成的业务活动，可以允许其继续进行；对于清算期内不能完成的业务活动，清算组有权终止合同，由此给对方带来的损失，按合同规定由清算企业承担，可列为清算债务在清算期间予以清偿。

（五）清缴所欠税款

清算企业在清算前欠缴国家的各种税费和在清算过程发生的未了结业务应交的税款，由清算组在支付完清算费用、职工工资和劳动保险费用后，用企业剩余财产交纳税款。

（六）清偿债务，分配剩余财产

企业的清算财产先用以支付清算费用，职工工资和劳动保险费，补交国家的各种税费，剩下的财产用以清偿债务。若剩余的财产不足以偿还企业的债务的，应申请破产清算，破产企业的债务应按比例偿付。破产企业未能偿还的债务不再偿还。企业的清算资产清偿完债务后仍有剩余财产，除法律或企业章程中另有规定外，应在企业所有者之间进行分配。

（七）编制上报清算报告

企业清算后，清算组应根据清算结果编制清算报告，报股东会或有关机关确认，并报送企业登记机关，申请注销企业登记，公告企业终止。

第二节 企业清算财产的范围和计价

一、企业清算财产的范围

清算企业的财产包括宣布清算时企业的全部财产及清算期间取得的财产。

已经作为担保物的财产相当于担保债务的部分，不属于清算财产，担保物的价款超过所担保债务数额的部分，属于清算财产。

企业在宣告终止6个月前至终止之日的期间内，下列行为无效，清算机构有权追回其财产，作为清算财产入账：

（1）隐匿、私分或者无偿转让财产；

(2) 非正常压价处理财产；

(3) 对原来没有财产担保的债务提供财产担保；

(4) 对未到期的债务提前清偿；

(5) 放弃自己的债权。

二、清算财产的作价

清算工作结束后，应对清算财产作价，以确定财产的清算价值，清算财产的作价一般以账面净值为依据，也可以重估价或者变现收入等为依据。

（一）账面净值法

账面净值法是指以企业宣告解散日的资产负债表所列的资产价值，经清算机构清算核实调整后，即作为清算财产的价值，用公式表示如下：

清算财产价值 = 解散日资产负债表资产的价值 ± 清查核实调整价值

这种方法的特点是，手续简便，符合历史成本原则，适用于产权转让形式下的剩余财产分配。但在处置财产时，与实得价值不一致，需在处置财产时作适当调整。

【例 9-1】 某合营企业于 2000 年 6 月合约期满，投资各方无意继续经营，经报审批机关批准解散清算，解散终止日为 2000 年 6 月 30 日，经与各方协商，财产作价采用账面净值法，编制解散日资产负债表并作清算核实调整，见表 9-1。

××公司解散日资产负债表　　　　　　　表 9-1

2000 年 6 月 30 日　　　　　　　　　　　　金额单位：元

项 目	解散日余额	核实调整	调整后余额	项 目	解散日余额	核实调整	调整后余额
一、资产项目				二、负债及所有者权益			
货币资金	110000		110000	银行借款	180000		180000
存 货	90000		90000	应付账款	170000		170000
应收账款	150000		150000	应付工资	35000		35000
固定资产净值	580000		580000	应付福利费	3000		3000
		(1)					
无形资产	20000		0	应交税金	12000		12000
		−20000				(2)	
				未弥补亏损	−50000		0
						50000	
						(1)	
						−20000	
				实收资本	600000		530000
						(2)	
						−50000	
资产合计	950000	−20000	930000	负债及所有者权益合计	950000	−20000	930000

表 9-1 采用账面净值法进行财产作价，其中核实调整项目说明如下：
(1) 未摊销的无形资产，因终止营业已无实际价值，冲转资本金；
(2) 未弥补亏损，因终止营业，已无正常收益弥补，属于净资产的减少，冲转资本金。

(二) 重估价值法

重估价值法是以重估价值作为清算财产计价的依据进行计价的一种方法。重估价值是指清算财产的重置完全价值减去累计折旧或损耗以后的余额。重估价值与原账面价值的差额计入清算损益。

(三) 变现收入法

变现收入法亦称变现价值法，是指由清算机构依法对各项财产进行拍卖、收回债权，以此实际所得变现收入额作为清算财产的价值。企业财产变现收入高于账面价值的净额，作为清算收益。

第三节 清算损益的确定和剩余财产的分配

一、清算损益的确定

清算损益是企业清算期间所发生的清算收益和清算损失的总称，企业的清算收益主要包括：清算中发生的财产盘盈；清算中发生的财产重估收益；清算中发生的财产变价净收入；因债权人原因确定无法归还的债务；清算期间的经营收益。企业的清算损失主要包括：清算中发生的财产变现损失；无法收回的债权；清算期间的经营损失。清算收益减去清算费用和清算损失，即得到清算净收益。清算净收益应当缴纳所得税。

二、债务清偿及其顺序

（一）债务清偿最高额度的确定

我国企业一般采取有限责任公司的组织形式，有限责任公司的清偿债务的最高还欠能力为其注册资本额。如果企业实际资本额等于注册资本时，企业实收资本就是最高还欠责任；如果实收资本额还没有达到注册资本，现有资本又不足偿付债务时，有限责任公司的投资各方要补足各自认缴额，使实收资本达到注册资本以清偿债务。

（二）债务清偿顺序

由于企业采取有限责任公司的组织形式，如果企业清算财产的变现所得不足以支付有关债务时，债务的清偿顺序就相当重要，它决定着企业的有关债权人能否收回借款或能否足额收回借款。按规定，企业清算财产变现支付清算费用后，必须按照法定的顺序清偿债务；应付未付的职工工资、劳动保险费等；应缴未缴的国家税金；尚未偿付的债务。

企业清算债务必须按照上述顺序依次清偿，不得随意颠倒。当同一顺序不足清偿，则应按照比例清偿。它主要运用于对第三顺序—普通债务清偿。当所剩财产不足以清偿普通债务时，所有债权一律按该债权在债权总额中所占比例和清偿财产与债权总额的比例，平等分配给各个债权人，以保障债权人的债权依法得以公平清偿。

【例 9-2】 设某企业在清偿债务过程中在交纳税款和归还银行贷款后，尚余清算收入 5 万元，另有应付账款两笔：A 厂 7 万元，B 厂 3 万元，不足偿付，分摊偿还如下：

$$清偿率 = \frac{5}{7+3} \times 100\% = 50\%$$

偿还 A 厂 $= 7 \times 50\% = 3.5$（万元）

偿还 B 厂 $= 3 \times 50\% = 1.5$（万元）

各自未能清偿的部分及以下顺序的各项未偿付债务，因无财产清偿而依法注销。此时企业再无剩余财产可供其他分配。

三、剩余财产的分配

企业的各种财产在支付清算费用，清偿各种债务，并缴纳了与清算收益相关的有关税收以后的剩余部分，即是可供企业投资者进行分配的剩余财产。企业剩余财产的分配，不论实物或现金，都应根据有关法律的要求，按企业章程或合同等有关条款来进行，充分体现公平，对等，照顾各方利益。

(1) 有限责任公司，除公司章程另有规定者外，按投资各方的出资比例分配。

(2) 股份有限公司，按照优先股份面值，首先对优先股股东分配，优先股股东分配的剩余部分，按照普通股股东的股份比例进行分配。如果剩余财产不足全额偿还优先股股金时，按照优先股股东所持比例分配。

(3) 国有企业分得的剩余财产应上缴国家财政。

(4) 中外合作经营企业，其合作合同规定有折旧完的固定资产归中方投资者所有的，剩余财产仅在中方投资者之间分配。

(5) 剩余财产实物的分配，其价值有差额时，按投资比例计算。

第四节 破 产 清 算

一、破产的概念

破产是指企业作为法律上的债务人，其全部资产不足以抵偿债务时，人民法院依照法定程序对债务人的总财产进行一般的强制执行。

一般来说，企业具备了下列条件，可由人民法院做出宣告企业破产的书面裁定。

(1) 企业因经营管理不善造成严重的亏损，不能清偿到期债务。

(2) 企业不能清偿债务。指企业因经营管理不善造成严重亏损，丧失了偿还债务的能力。

(3) 企业所负债务总额已到清偿期。

上述三项破产条件，缺一不可，企业同时具备了这三项条件，也就是达到了破产的界限，可以宣告破产。

二、破产程序

(1) 破产申请的提出和受理。

(2) 债权人会议。

(3) 了解和整顿。

(4) 破产宣告和破产清算。

(5) 报告清算工作、注销破产企业。

三、破产财产的构成

(1) 宣告破产时破产企业经营管理的全部财产。

(2) 破产企业在破产后至破产程序终结前所取得的财产，主要指在破产清算期间，破产企业的债务人所偿还的债务，由于企业破产而收回的对外投资的份额和由于破产企业的无效行为而由人民法院追回的财产。

(3) 应当由破产企业行使的其他财产权利。

四、破产费用的范围

破产费用是指清算组对破产财产的管理、变卖和分配所需的费用，破产案件的诉讼费用，以及在破产程序中为保护债权人的共同利益而支出的其他费用。

五、破产财产的分配

支付破产财产的分配顺序是指按法律规定的对破产财产分配的先后顺序。

(1) 支付破产企业所欠职工工资和劳动保险费用。

(2) 支付破产前所欠的税款。

(3) 支付破产债权的求偿额。破产债权指企业破产宣告前成立的无财产担保的债权和放弃优先受偿权的有财产担保的债权。

在破产财产的分配顺序中，只有当上一顺序的债权完全满足后，下一顺序的债权才能得到清偿。若破产财产不能满足同一顺序债权的清偿，则应按比例清偿债权额。

小 结

1. 企业清算是指企业按照章程规定在解散、破产或者其他原因宣布终止营业时，对企业的财产、债权、债务及剩余财产分配，最终结清一切财务事项的法律行为。企业清算程序是：设置清算机构，负责制定清算方案，清理企业财产，结清债权，偿还债务，处理剩余财产分配等事宜。

2. 清算财产的范围包括宣布清算时企业的全部财产以及清算期间取得的财产。清算财产的作价方法有：账面净值法、重估价值法、变现收入法等。

企业在清算期间发生的清算收益减去清算费用及清算损失后即为清算净收益，应依法缴纳所得税。债务清偿的最高额度是注册资本。债务清偿的顺序是应付工资及劳动保险费；应付税金；尚未偿付的债务。企业清算收入足以支付全部债务后的剩余财产，应按投资者出资的比例进行分配。

3. 破产，是指企业作为法律上的债务人，其全部资产不足以抵偿债务时，人民法院依照法定程序对债务人的总财产进行一般的强制执行。企业破产，依法将其全部财产抵偿其所欠各种债务，并依法免除其无法偿还的债务。

破产财产，是指企业被宣告破产后，用来清算和清偿债务的财产。破产财产在优先拨付破产费用后按下列顺序清偿：所欠职工工资和劳动保险费用；所欠税款；破产债权。破产财产分配完毕，破产程序即告终结。

思考题与习题

思考题

1. 为什么要进行企业清算？企业清算有哪些类型？
2. 企业清算时涉及的财务管理工作有哪些方面？

3. 如何遵循债务的清偿顺序？
4. 企业破产的顺序是如何规定的？
5. 企业破产有哪些条件？

习题一

（一）目的：通过练习，熟悉清算财产作价及清算财产核实调整的方法

（二）资料：中外合营恒通建筑公司于2000年9月合同期满宣告终止经营，解散日会计账户的余额见表9-2。

表 9-2

金额单位：元

会计账户	借　方	贷　方	备　注
货币资金	157000		
存　款	128000		
应收账款	214000		
坏账准备		8600	
固定资产净值	719600		
银行借款		280000	无法收回的
应付账款		204000	应收账款 14000
应付工资		42000	
应付福利费		3600	
应交税金		14400	
未弥补亏损	54000		
实收资本		720000	
合　　计	1272600	1272600	

（三）要求：采用账面净值法编制解散日资产负债表，进行清算财产核实调整。

习题二

（一）目的：通过练习，熟悉清算业务处理及剩余财产分配

（二）资料：按习题一，清算期间发生如下清算业务：

1．以货币资金支付清算费用30000元。
2．处理存货128000元，变价收入145000元，收回货币资金。
3．处理固定资产403000元，变价收入390000元，支付清理费用4000元。
（以上均由货币资金收付）。
4．货币资金收回应收账款208600元。

（三）要求：

1．编制清算损益表及清算后资产负债表。
2．按顺序清偿债务，列出分配顺序及金额。
3．按股权比例分配剩余财产：外方49%，中方51%，固定资产归中方。

第十章 财 务 计 划

第一节 财务计划概述

一、财务计划的概念

建筑企业财务计划，又称财务预算。是指总括反映企业在经营期内预计经营成果、资金的流入和流出、资本支出以及预期财务状况。主要内容包括：预计财务目标，预计资本支出及预计财务收支状况等指标。

财务计划是企业全面计划的核心内容，是实现企业经营目标的最直接有效的管理手段。财务计划作为企业管理工作的总纲，其最终目的就是全面实现经营管理的目标，其具体体现一般包括维持企业生存的经营指标（收入、成本费用、利润、资金等），以及企业扩张、发展的资本支出预算，通过计划的切实有效的实施，确保预期财务目标的实现。

二、财务计划的特征

建筑企业财务计划具有如下特征：

（一）以经济效益最优为目标

利润是衡量企业生产经济效益的指标，具有很高的综合性。它综合反映了企业内部各部门各环节的生产经营业绩。经济效益最优是利润强势增长的集中反映，一个企业所能掌握的资源是有限的，投入的人、财、物最少，产出的工程（产品）更多、更好，获取的经济效益就更大，符合国家、企业及其员工以及投资者各方面的经济利益。

（二）以生产经营的最佳业绩为导向

企业财务计划涉及生产技术、经营管理、固定资产投资、新技术开发、人员培训以及债务偿付等各个领域，必须在资金筹集、资金投向和资金使用方面作出全面的统筹和规划。在资金筹集上，要减少筹资成本，降低筹资风险。在资金的投向和使用上，既要节约资金，又要注重效益，既要满足短期资金的需要，又要支持长远发展的方针；既要全面统筹，又要有所侧重，把资金用在刀刃上，以创造生产经营的最佳业绩为目标，不断改善企业的财务状况。

（三）以计划的有效执行为准绳

财务计划的实施，在于有效的贯彻和执行，有以下两个方面：

(1) 计划牵涉到企业各级各部门、生产经营的各个环节，因此，必须激励全体员工的积极性和创造性的发挥，使人人参与计划的制订和管理，并在各自的岗位上发挥作用，为完成共同的财务目标而同心协力。

(2) 要紧紧围绕工程（产品）设计，供、产、销活动全过程，对人、财、物资源的分配和利用都要纳入计划和控制的轨道，使各项经济活动都能按照计划的要求，并在计划严密的监督和控制下有效地运行。

三、建筑企业财务计划的作用

建筑企业财务计划，反映计划期间预期的财务状况和财务目标，是在财务预则和决策的基础上进行编制的。财务计划指标提供的信息，是指导企业内部财务活动、协调内部财务关系、控制财务收支的依据，是使之达到预期财务目标的纲领性文件，主要作用如下：

（一）强化目标管理

企业财务计划指标，是以企业经营方针和经营策略的整体行为目标制定的，也就是按照企业在计划期内所要达到的经营业务量为标准，通过综合平衡，预计未来的财务状况和财务成果，以便有效地组织企业的财务活动。财务指标是与企业内部各部门的经济活动和经营目标紧密联系的，有企业内部各部门为实现经营目标拟采取的措施和方法。

（二）协调财务关系

建筑企业任务多变，计划无法消除不可预见的因素。计划的实施有赖于认清内外经济形势的变化，使计划具有一定的弹性，便于及时调整企业内部的经济活动，使之能够协调、均衡的发展。同时，现代企业内部各部门之间，存在着局部与整体的冲突。局部计划可能是最好的，但放在全局范围内，就不一定是最合理的，为了整体目标，必须上情下达，纵横沟通，使各部门的经济活动做到密切配合、相互协调，综合平衡。

如果不进行协调，每个人可能只会从本部门的角度考虑问题，而很少会考虑到与其他部门的联系和造成的后果。例如，经营部门总想多签订一些工程合同，争取扩大承包工作量，但对施工生产部门的生产能力可能考虑得很不够，如此等等。计划工作就是要加强协调，消除分歧、综合平衡。

（三）控制财务收支

财务计划的编制和执行，应当贯彻开源节流和量入为出的原则，平衡财务收支，做到有效控制。财务计划的控制包括计划制定前的预测和预控，过程的控制和事后反馈控制，而尤重于日常财务收支的监督和控制。在日常控制上，要对每一项财务收支、特别是支出项目进行认真的审查和监督，并加强实际与计划的对比和分析，特别是对降低成本指标的对比和分析，及时揭露脱离计划的差异及其原因，以便采取有效的措施加以纠正，以保证财务计划的实施。

（四）注重计划实效

财务计划的编制，必须从重视实效出发，采用多样性和灵活性的措施，提高计划质量，而不必拘泥于一种形式。在计划的指导期上，既有长期规划，又要有年度计划和季、月计划，做到长期目标和中、短期目标的有机综合，在计划场合上，既要有正式计划，也要有非正式计划，使之作为具体、明细的补充，便于计划和控制的执行。在计划业务内容上，既有主营业务收支计划，也要有其他业务和多种经营收支计划，做到全面反映。在计划编制方法上，可结合具体情况采用增长计划、滚动计划和弹性计划等多种形式灵活运用。总之，要在实际中不断研究各种有效的计划方法，提高财务计划的实效性。

（五）做好业绩考评

要使人们积极主动从事某项工作必须给予应有的激励。因此，对财务计划执行的业绩，必须定期进行考核评比并给予必要的奖惩，从而激发和鼓励企业员工努力工作。

第二节 建筑企业财务计划的编制

一、建筑企业财务计划的组成内容

(一) 经营（财务）目标计划

经营（财务）目标计划是以预计经营成果及预计财务状况的有关内容为基础编制的，主要有以下表式：

1. 成本计划表

本表反映预期降低成本目标及成本水平，包括工程成本计划表、产品成本计划表、作业成本计划表等表式，根据经营部门提供的经营计划及采取的降低成本措施计算编制。各种成本计划可进一步分别按成本责任中心和成本项目编制。

2. 利润计划表

本表反映计划期内利润的形成及利润分配，是预计经营成本的重要指标，是企业预计积累及现金流入的主要源泉。根据经营计划、成本计划及期间费用预算计算编制。

3. 预计财务状况表（预计资产负债表）

本表反映期初、期末财务状况。通过预期经营成果和实现预期财务收支，对未来财务状况的改善作出预计。

(二) 资本支出计划

资本支出计划，又称专项投资计划。本表反映资源的有效配置和利用而安排的未来长期资产投资项目。包括固定资产更新、改造、新建及扩建；专利技术、专有技术等无形资产项目；债券及股权等长期投资项目，以及搭建临时设施项目等。主要是为企业资本的保值、增值作出决策。

(三) 财务收支计划

财务收支计划，又称现金计划。反映计划期为实现经营目标及资本支出计划对企业存量资金及对外筹资、运用目标等进行决策，是企业预期的资金流量表。财务收支计划目标的实现，正是实现经营目标及资本保值、增值目标的体现。

二、财务计划的编制方法

在此着重介绍财务收支计划表及预计财务状况表的编制方法。

(一) 财务收支计划表

财务收支计划表又称现金计划表，它是按收付实现制的原则反映计划期内现金（货币资金）流入流出的动态，是预期财务收支的计划安排，按现金净流入流出量列入计划。现金的流入流出与企业各项财务资源的取得与运用密切相关，是企业筹措资金、生产经营、投资活动以及预测未来偿债能力的重要依据，对企业实现预期的财务状况将产生重大的影响。

财务收支计划的编制应注意以下几点：

(1) 贯彻收付实现制的原则，要求必须是当期的现收现支，而不能安排应收应支本期不能兑现的款项。

(2) 处理好收支的平衡关系。要求做到量入为出，以收抵支，取得相应收支项目的内在平衡，而不能造成收不抵支，确保收支计划的总体平衡。

(3) 计划要留有余地。要求计划适当安排期末结余资金，而不能满收满付，以备处理不可预见项目的开支以及下期初资金的急需。

在编制本表前，为了说明现金流量与各项财务资源的关系，根据会计平衡原理列示现金流向关系的计算公式如下：

$$期初货币资金 = 负债 + 所有者权益 - 非货币资产$$

$$期末货币现金 = 期初货币资金 + 本期负债增加 + 本期实现利润 + 已从净收益中减去需支用现金的费用和损失 + 本期非货币资产减少 - 本期负债减少 - 本期非货币资产增加$$

【例 10-1】 设华厦建筑工程公司 200×年度各项财务收支业务资料预计如下：

1. 期初货币资金预计数（或实际数）为 206 万元。
2. 本期预计收入

(1) 本年实现净利润 210 万元，转入所有者权益（提取公积金 21 万元，未分配利润 113 万元）134 万元，应付利润 76 万元。

(2) 已从净利润中减去的非现金支出的费用和损失：

1) 固定资产折旧 60 万元；
2) 无形资产摊销 14 万元；
3) 临时设施摊销 6 万元；
4) 固定资产变价净损失 2 万元（固定资产报废 5 万元，已提折旧 3 万元，变价净损失 2 万元）；
5) 递延税款 8 万元（应缴税金与实计税金的差额）。

(3) 流动资产减少数（收回应收账款 10 万元，应收票据 8 万元）18 万元。

(4) 流动负债增加数（应付账款 12 万元，应付票据 10 万元）22 万元。

(5) 长期负债增加数（长期借款 90 万元，应付债券 50 万元）140 万元。

(6) 对外投资转出固定资产 50 万元。

3. 本期预计支出

(1) 本年计划存货新增 50 万元（其中：采购材料计划 573 万元，耗用材料计划 523 万元）。

(2) 本年计划新增固定资产 230 万元。

(3) 本年计划未完专项工程 20 万元。

(4) 本年计划无形资产投资 25 万元。

(5) 本年计划对外长期投资（现金）50 万元。

以上三项根据专项投资计划编列。

(6) 流动资产增加（预付账款 10 万元，其他应收款 4 万元）。

(7) 职工福利费支出数增加 7 万元。

(8) 支付投资者利润 76 万元。

编制财务收支计划表，见表 10-1。

编制单位：华厦建筑公司　　　　　　财务收支计划表　　　　　　　　　　表 10-1
　　　　　　　　　　　　　　　　　　200×年度　　　　　　　　　　金额单位：万元

收　入　项　目	金　额	支　出　项　目	金　额
一、本年收入		二、本年支出	
（一）本年实现利润	210	（一）存货	
加：已从净利润减去的费用		采购材料支出　573	
（1）固定资产折旧	60	减：本期耗料　523	50
（2）无形资产摊销	14	（二）固定资产投资支出	230
（3）临时设施摊销	6	（三）专项工程支出	20
（4）固定资产变价净损失	2	（四）无形资产投资	25
（5）递延税款	8	（五）长期投资	100
营业收入小计	300	（六）其他支出	
（二）其他收入		1. 预付账款增加	10
1. 收回应收账款	10	2. 其他应收款增加	4
2. 收回应收票据	8	3. 应付福利费支出	7
3. 应付账款增加	12	4. 支付投资者利润	76
4. 应付票据增加	10	其他支出小计	97
5. 长期借款增加	90		
6. 应付债券增加	50		
7. 对外投资转出固定资产	50		
8. 其他收入小计	230		
收入合计	530	支出合计	522
期初货币资金	206	期末货币资金	214
总　　　计	736	总　　　计	736

　　说明：(1) 本年实现利润包括所有者权益 134 万元及应付利润 76 万元；加：已从净利润减去的费用 90 万元为非货币支出。

　　(2) 对外投资转出固定资产 50 万元，为固定资产减少，长期投资增加。

　　（二）预计财务状况表（预计资产负债表）

　　预计财务状况表反映企业计划期内期初期末财务状况变动情况。本表财务变动的经济内容与财务收支计划表相联系。通过本表，可以预见和掌握企业从期初到期末各项财务资源的利用及其对企业生产经营的影响，从而有利于改进企业的财务活动，提高企业继续经营的能力，扩大财务成果和增强偿债能力。

　　本表用资产负债表的形式编制，根据年初数（一般是 1~11 月份实际加 12 月份预计）及财务收支计划表有关数字计算填列。接上例，见表 10-2。

　　本表期末数编制说明如下：

　　1. 资产项目

　　(1) 货币资金。年初数，期末数与财务收支计划表数字相对应。

　　(2) 应收票据。年初数减本年收回数 8 万元后填列。

预计财务状况表

表10-2

编制单位：华厦建筑公司　　　　　　　　200×年度　　　　　　　　金额单位：万元

资产项目	年初数	期末数	负债及所有者权益	年初数	期末数
流动资产			流动负债		
货币资金	206	214	短期借款		
短期投资			应付票据	25	35
应收票据	20	12	应付账款	165	177
应收账款	172	162	预收账款	15	15
预付账款	20	30	其他应付款	12.45	12.45
其他应收款	15	19	应付利润		
存　货	192.5	242.5	应付福利费	17.5	10.5
待摊费用	—	—	递延税款	10	18
流动资产小计	625.5	679.5	流动负债小计	244.95	267.95
长期投资	156	256	长期负债		
固定资产	770	945	长期借款	300	390
减：累计折旧	154	211	应付债券	110	160
固定资产净值	616	734	长期负债小计	410	550
专项工程	13	33	负债合计	654.95	817.95
无形资产	45	56	所有者权益		
其他资产			实收资本	600	600
临时设施	53.5	53.5	资本公积	54	54
减：临时设施摊销	10.05	16.05	盈余公积	125	146
临时设施净值	43.45	37.45	未分配利润	65	178
			所有者权益合计	844	978
资产总计	1498.95	1795.95	负债及所有者权益合计	1498.95	1795.95

(3) 应收账款。年初数减本年收回数10万元后填列。

(4) 预付账款。年初数加本年增加数10万元后填列。

(5) 其他应收款。年初数加本年增加数4万元后填列。

(6) 存货。年初数加本年增加数50万元后填列。

(7) 长期投资。年初数加本年增加数100万元后填列。

(8) 固定资产。年初数加本年新增固定资产230万元，减对外投资转出固定资产50万元及本年报废转出固定资产减少数5万元后填列。

(9) 累计折旧。年初数加本年固定资产60万元减本年报废固定资产已提折旧额3万元后填列。

(10) 专项工程。年初数加本年增加数20万元后填列。

(11) 无形资产。年初数加本年增加无形资产投资25万元，减本年无形资产摊销14万元后填列。

(12) 临时设施摊销。年初数加本年摊销数6万元后填列。

2. 负债项目

(1) 应付票据。年初数加本年增加数 10 万元后填列。

(2) 应付账款。年初数加本年增加数 12 万元后填列。

(3) 应付福利费用。年初数减去本年支出数 7 万元后填列。

(4) 应付利润。本年增加应付利润 76 万元，本年支付投资者利润 76 万元，两抵。

(5) 递延税款。年初数加本年递延税项增加 8 万元后填列。

(6) 长期借款。年初数加本年增加数 90 万元后填列。

(7) 应付债券。年初数加本年增加数 50 万元后填列。

3. 所有者权益项目

(1) 盈余公积。年初数加本年提取盈余公积金 21 万元后填列。

(2) 未分配利润。年初数加本年未分配利润 113 万元后填列。

小 结

1. 建筑企业财务计划又称财务预算，是指企业在计划期内预计的财务收支状况，资金流入和流出总额。建筑企业财务计划的特征是：以经济效益最优为目标，以生产经营的最佳业绩为导向，以计划的有效执行为准绳。建筑企业财务计划的目的是要达到预期的财务目标，其主要作用是强化目标管理，协调财务关系，控制财务收支，注重计划实效和做好业绩考评等方面。

2. 建筑企业财务计划的组成内容包括经营（财务）目标计划，资本支出计划及财务收支计划三个部分。

财务收支计划表又称现金计划表，是按照收付实现制的原则，按现金流入流出量列入计划。预计财务状况表反映企业计划期内期初期末财务状况的变动情况，并与财务收支计划表相联系。

思 考 题 与 习 题

思考题

1. 什么是财务计划？建筑企业财务计划有哪些特征？

2. 建筑企业财务计划有哪些作用？

3. 试述建筑企业财务计划的组成内容。

4. 财务收支计划表反映什么内容？编制财务收支计划应注意哪些问题？

5. 预期财务状况表反映什么情况？它与财务收支计划有何关系和联系？

习题

(一) 目的：通过练习，掌握财务收支计划表及预期财务状况表的编制方法。

(二) 资料：

1. 中兴建筑公司 2000 年年初预计资产负债表见表 10-3。

2. 本年财务收支项目计划如下：

(1) 本年预计净利润 250 万元，所有者权益（提取公积金 25 万元，公益金 12.5 万元，未分配利润 95.5 万元）133 万元，应付利润 117 万元。

(2) 已从净利润中减去的非现金支出的费用和损失：

中兴公司预计资产负债表

2000年1月1日 表10-3

金额单位：万元

资产项目	年初数	负债及所有者权益项目	年初数
流动资产		流动负债	
货币资金	230	短期借款	80
短期投资	12	应付票据	40
应收票据	25	应付账款	150
应收账款	200	其他应付款	26
其他应收款	8	应付福利费	34
预付账款	22	递延税款	15
存　　货	250	未付利润	40
待摊费用	18	流动负债小计	385
流动资产合计	765	长期负债	
长期投资	120	长期借款	400
固定资产	1080	应付债券	50
减：累计折旧	250	长期负债小计	450
固定资产净值	830	负债合计	835
专项工程	40	所有者权益	
无形资产	60	实收资本	800
其他资产		资本公积	80
临时设施	65	盈余公积	60
减：临时设施摊销	25	未分利润	80
临时设施净值	40	所有者权益合计	1020
资产总计	1855	负债及所有者权益总计	1855

1) 固定资产折旧72万元；
2) 无形资产摊销12万元；
3) 临时设施摊销15万元；
4) 递延税款10万元；
5) 固定资产变价净损失2.5万元（固定资产退废20万元，已提折旧17.5万元）。

(3) 短期投资：预计增加数16万元，预计收回数12万元；
(4) 应收票据：预计增加数10万元，预计收回数15万元；
(5) 预付账款：预计增加数25万元，预计收回数22万元；
(6) 应收账款：预计增加数250万元，预计收回数200万元；
(7) 应付票据：预计增加数50万元，预计归还数40万元；
(8) 应付账款：预计增加数200万元，预计归还数160万元；
(9) 其他应收款：预计增加数15万元，预计收回数9万元；
(10) 其他应付款：预计增加数25万元，预计归还数26万元；
(11) 应付福利费：预计增加数20万元，预计支用数25万元；
(12) 存货：本年采购计划708万元，本年耗用数657万元；
(13) 长期借款：预计增加数200万元，预计归还数180万元；

(14) 固定资产投资增加 110 万元；
(15) 专项工程支出 30 万元；
(16) 无形资产投资支出 20 万元；
(17) 长期投资增加 50 万元；
(18) 支付投资者利润 87 万元。
（三）要求：
1. 编制中兴建筑公司 2000 年度财务收支计划表。
2. 编制中兴建筑公司 2000 年度预计财务状况表。

第十一章 财务分析

第一节 财务分析概述

财务分析是以企业的会计报表等核算资料为基础，对企业财务活动过程及其结果，运用专门的方法进行分析、研究、评价，为筹集、投资和企业的生产经营决策提供科学依据。

一、财务报表分析的内容和目的

总体说来，会计报表分析的目的是了解和评价企业的财务状况和经营业绩。在外部利害关系人方面，可以根据分析的结论做出与企业相关的决策，在企业内部，可以以分析的结论作为引导和线索，进一步开展内部分析。

财务分析的主要内容，包括以下几个方面：

（一）企业的偿债能力分析

企业的偿债能力，也称支付能力，是企业能用于支付的资产抵补需要偿付的债务能力。企业偿债能力强弱，直接影响着筹集资金的能力和信誉，对企业的生存和发展极为重要。偿债能力分析主要有长期偿债能力和短期偿债能力分析。

（二）企业的获利能力分析

获利是企业赖以生存和发展的基础，是兴办企业的根本目的。企业获利能力强，自有资金的增加就有保证，资金充裕，就有利于生产经营活动的顺畅，有利于投资，也有利于如期偿还债务和筹集新的资金。因此，获利能力是投资者，潜在投资者最关心的分析内容，分析获利能力不仅要分析某期间，还要分析其趋势；不仅要分析获利绝对额，还要分析其各种有关的相对指标。

（三）企业资金营运能力分析

企业资金营运能力是指资金在企业生产经营全过程中流转是否顺畅，周转速度的快慢，有否积压、呆滞。一方面反映企业的生产经营组织与管理的水平，另一方面也反映资金增值力量的强弱。因此，资金营运能力又直接影响着企业的偿债能力和获利能力，它也是外部各种利害关系人普遍关注的分析内容。

（四）企业的财务综合分析

以上偿债能力、获利能力、资金营运能力是从某一个侧宣面对企业的分析观察，正如上述，这几个方面不是孤立的，而是互为影响的，在各侧面分析的基础上，还要进一步把他们联系起来，对企业的财务状况与经营成果作综合的、整体的分析，以揭示各方面的相互关系及其影响。

二、财务分析的方法

（一）比较分析法

比较分析法是指将两个或几个有关的可比数据进行对比，揭示差异和矛看。比较是分析的最基本方法，比较分析的具体方法很多。

1. 按比较对象分类。

（1）与本年计划指标比。通过对比可以确定实际指标与计划指标的差异，分析计划指标的完成程度。

（2）与上年同期或特定历史时期实际指标相比。以确定不同时期的差异，分析研究生产经营活动变化的规律。

（3）与同行业先进企业的实际指标相比，通过横向对比，确定企业与先进企业在经营管理上的差距。

2. 按比较内容分类。

（1）会计报表的比较。它是将连续数期的会计报表的金额并列起来，比较其相同指标的增减变动金额和幅度，以判断企业财务状况和经营成果发展变化的一种方法。

（2）会计报表项目构成的比较。它是以会计报表中的某个总体指标作为100%，再计算出其各组成项目占该总体项目的百分比，从而来比较各个项目百分比的增减变动，以判断有关财务活动的变动趋势。

采用比较分析法，应注意指标的可比性，即进行比较的财务指标应在计算方法、计价标准、时间单位、经济内容等方面口径一致。

（二）比率分析法

比率分析法是把某些彼此存在关联的项目加以对比，计算出比率，据以确定经济活动变动程度的分析方法。比率是相对的，采用这种方法，能够把某些条件下的不可比指标变为可比指标，以利于进行分析，比率分以下四类：

（1）反映企业偿债能力的比率：资产负债率、流动比率、速动比率。

（2）反映营运能力的比率：应收账款周转率、存货周转率。

（3）反映盈利能力的比率：销售利润率、总资产报酬率、资产收益率、资本保值、增值率。

（4）反映社会贡献能力的比率：社会贡献率、社会积累率。

（三）因素分析法

因素分析法又称因素替换法或连环替代法，它是用来确定几个相互联系的因素分析对象——综合财务指标或经济指标的影响程度的一种分析方法。

因素分析法的基本程序：

（1）确定分析对象。

（2）确定影响指标变动的各因素，按照各因素之间的依存关系编制成分析公式，并以基期数（计划数或前期数）为基础。

（3）按照分析公式所列因素顺序，依次运用各因素的实际数替换基期数，有几个因素就替换几次，直到把所有因素都替换成实际数为止，并计算出每次替换的结果。

（4）将每次替换所得结果与前一次计算的结果相比较，两者之差便是某一因素变动对经济指标的影响程度。

（5）将各因素变动对经济指标影响额相加，所得代数和应等于实际指标与基期指标的总差异。

（四）趋势分析法

趋势分析法是指根据企业连续几期的财务报表,比较各期的有关项目金额,以揭示当期财务状况、经营情况和成果增减变化的性质及其趋势的一种分析方法。

趋势分析通常采用比较财务报表的方法,即将连续几期的同一性质的报表并列在一起加以比较,以了解其增减变动情况。编制比较财务报表时,可用绝对数进行比较,也可用百分比进行比较。

第二节 企业主要财务指标分析

财务指标是财务分析的核心,无论采用什么分析方法,都必须选择合适的财务指标,从各个角度反映和评价企业财务状况和经营成果,既满足政府部门的需要,又满足投资者、债权人、经营者以及关心企业的有关各方面需要。对企业财务状况和经营成果分析的重要财务指标,大致可分为五大类:偿债能力指标、营运能力指标、获利能力指标、发展能力指标和现金流量分析指标。现将后面举例时需要用到的利民公司的资产负债表和利润表列举如下(见表11-1,表11-2)。

资 产 负 债 表

1999年12月31日　　　　　　　　　单位:万元　　表 11-1

资产	年初数	年末数	负债及所有者权益	年初数	年末数
流动资产			流动负债		
货币资金	101	129	短期借款	230	250
短期投资	80	70	应付账款	102	150
应收账款	123	170	预收账款	35	55
预付账款	40	60	其他应付款	13	15
存货	99	105	流动负债合计	380	470
待摊费用	37	46	长期负债		
流动资产合计	480	580	长期借款	86	100
长期投资	60	60	负债合计	466	570
固定资产原值	587	641	所有者权益		
减:累计折旧	42	49	实收资本	554	570
固定资产净值	545	592	资本公积	20	20
无形资产	45	68	盈余公积	60	90
			未分配利润	30	50
			所有者权益合计	664	730
资产总计	1130	1300	负债及所有者权益总计	1130	1300

利 润 表

1999年度　　　　　　　　　单位:万元　　表 11-2

项　目	上年数	本年数	项　目	上年数	本年数
一、产品销售收入	7460	8240	三、营业利润	210	254
减:产品销售成本	5430	6012	加:投资收益	15	14
产品销售费用	1310	1374	营业外收入	10	20
产品销售税金及附加	250	280	减:营业外支出	48	82
二、产品销售利润	470	574	四、利润总额	186.5	206
加:其他业务利润	—	10	减:所得税(税率为33%)	61.5	68
减:管理费用	180	240			
财务费用	80	90	五、净利润	125	138

一、企业偿债能力分析

偿债能力是指企业清偿债务的能力,它是反映企业财务状况好坏的标志,也是企业债权人最为关心的问题。在市场经济条件下,企业负债越来越普遍,通过举债筹措资金占企业资金总额的比重也越来越大。分析企业偿债能力,对于了解企业资金实力和资产变现能力,促使企业合理安排时间调度资金,提高资金使用效果有重要作用。

(一)短期偿债能力分析

企业的短期偿债能力是指支付短期债务的能力。反映短期偿债能力的指标有以下几个:

1. 流动比率

流动比率是企业一定时期流动资产与流动负债的比率。它主要用以衡量企业短期债务偿还能力,评价企业偿债能力的强弱。其计算公式是:

$$流动比率 = \frac{流动资产}{流动负债} \times 100\%$$

一般来讲,流动比率指标越高,表明企业流动资金周转得越快,偿还流动负债的能力越强。但须注意,该指标若过高,说明企业的资金利用效率比较低下,对企业的生产经营也不利,国际上的公认标准比率为200%,我国较好的比率为150%左右。如果行业生产周期较长,则企业的流动比率应相应提高,如果行业生产周期较短,则企业的流动比率可以相对降低,在实际操作时,应该将该指标与行业的平均水平进行分析比较。

【例11-1】 根据表11-1资料,该企业1999年的流动比率为:

$$年初流动比率 = 480 \div 380 = 1.26$$
$$年末流动比率 = 580 \div 470 = 1.23$$

该企业1999年年初、年末流动比率均低于一般公认标准,且年末比年初流动比率有所下降,反映该企业短期偿债能力不够强,而且有下降趋势,需采取措施加以扭转。

2. 速动比率

它是企业一定时期的速动资产同流动负债的比率,速动比率衡量企业的短期偿债能力,评价企业流动资产变现能力的强弱。其计算公式为:

$$速度比率 = \frac{流动资金 - 存货}{流动负债} \times 100\% = \frac{速动资产}{流动负债} \times 100\%$$

该指标中由于剔除了流动资产中变现能力最差的存货,因此,速动比率较之流动比率更加准确、可靠地评价企业资产的流动性及其偿还短期负债的能力。

该指标越高,表明企业偿还流动负债的能力越强,一般保持在100%的水平比较好,表明企业既有好的债务偿还能力,又有合理的流动资产结构。国际上公认的标准比率为100%,我国目前较好的比率在90%左右。由于行业间的关系,速动比率合理水平值的差异较大,在实际运用中,应综合行业特点分析判断。

【例11-2】 根据表11-1资料,该企业1999年的速动比率为:

$$年初速动比率 = (480 - 99) \div 380 = 1.00$$
$$年末速动比率 = (580 - 105) \div 470 = 1.01$$

分析表明该企业1999年年初、年末速动比率均达到一般公认标准,而且有上升趋势,反映该企业虽然流动比率不够理想,但由于流动资产中存货所占比重逐渐减少,速动比率达到一般公认标准，企业的实际短期偿还能力较为理想。

3. 现金流动负债比率

它是企业经营活动产生的现金净流量与流动负债的比率。其计算公式为：

$$现金流动负债比率 = \frac{年经营现金净流量}{年末流动负债} \times 100\%$$

这一比率是从现金流入和流出的动态角度对企业实际偿债能力进行修正。由于有利润的年份不一定有足够的现金来偿还债务，所以利用以收付实现制为基础的现金流动负债比率指标，能充分体现企业经营活动所产生的现金净流量可以在多大程度上保证当期流动负债的偿还，直观地反映出企业偿还流动负债的实际能力。用该指标评价企业偿债能力更为谨慎。

该指标较大，表明企业经营活动产生的现金净流入较多，能够保障企业按时偿还到期债务。但也不是越大越好，过大则表示企业流动资金利用不充分，收益能力不强。

【例11-3】 根据表11-1资料，而且已知该企业1999年年初、年末经营活动现金净流入分别为230万元和310万元，则该企业1999年的现金流动负债比率为：

$$年初现金流动负债比率 = 230 \div 380 = 0.61$$
$$年末现金流动负债比率 = 310 \div 470 = 0.66$$

该企业1999年年末现金流动负债比率比年初高，说明企业经营活动产生的现金净流入逐渐增加，偿还债务的保障程度有所提高，但若指标过大，表明其流动资金未能得到合理的利用。

(二) 长期偿债能力分析

企业的长期偿债能力是指偿还长期债务的能力。对企业来说，长期偿债能力与企业利润有紧密的联系。另外企业的债务与资本的比例也非常重要，如果债务所占的比例很大，说明大部分经营风险转移到债权人身上，企业的资本结构中债务的比例越高，无力偿还债务的可能性就越大，反映长期偿债能力的指标有以下几个：

1. 资产负债率

资产负债率是指企业一定时期负债总额同资产总额的比率。它表明企业总资产中有多少是通过负债筹集的，该指标是评价企业负债水平的综合指标。其计算公式为：

$$资产负债率 = \frac{负债总额}{资产总额} \times 100\%$$

资产负债率是衡量企业负债水平及偿债风险程度的重要指标。该指标越高，表明企业的债务负担越重，偿债的风险程度越大，偿债能力越差；但过低的资产负债率，则表示企业经营思想比较保守，不能充分利用举债经营方式获取更多的利润。因此，适度的资产负债率既能表明企业的投资人、债权人的适度投资风险；又有表明企业的经营比较安全、稳健、有效，具有较强的举债经营能力。

资产负债率的衡量标准，国际上一般认为在50%~60%比较适当。但实际分析中，应充分考虑企业的行业、资产周转特征等因素，灵活掌握。

【例11-4】 根据表11-1资料，该企业1999年的资产负债率为：

$$年初资产负债率 = 466 \div 1130 = 0.41$$
$$年末资产负债率 = 570 \div 1300 = 0.44$$

该企业年初、年末的资产负债率均未达到一般公认标准,说明企业有一定的长期偿债能力,同时,也有助于增强债权人对企业出借资金的信心。

2. 已获利息倍数

它是企业一定时期息税前利润与利息支出的比值,反映了企业偿付债务利息的能力,其计算公式为:

$$已获利息倍数 = \frac{息税前利润}{利息支出}$$

该指标反映了当期企业经营收益是所需支付的债务利息的多少倍,从偿债资金来源角度考察企业债务利息的偿还能力。若已获利息倍数适当,表明企业偿付债务利息的风险小。国外一般选择计算企业5年的已获利息倍数,以充分说明企业稳定偿付利息的能力。

因企业所处的行业不同,已获利息倍数有不同的标准界限,国际上公认的已获利息倍数为3,一般情况下,该指标如大于1,表明企业负债经营能取得比资金成本更高的利润,但这仅表明企业能维持经营,还远远不够;如小于1,则表明企业无力获取大于资金成本的利润,企业债务风险很大。所以该指标越高,表明企业债务偿还越有保证;相反,则表明企业没有足够资金来源偿还债务利息,企业偿债能力低下。

二、企业营运能力分析

企业的营运能力是指企业的资产运用或管理效率,它表明企业管理人员经营管理、运用资金的能力。企业营运能力分析指标主要有以下几个方面:

(一)总资产周转率

总资产周转率是指企业一定时期销售(营业)收入净额同平均资产总额的比值,它是综合评价企业全部资产经营质量和利用效率的重要指标。其计算公式为:

$$总资产周转率(次) = \frac{销售(营业)收入净额}{平均资产总额} \times 100\%$$

$$平均资产总额 = \frac{期初资产总额 + 期末资产总额}{2}$$

该指标比值越高,表明资金周期速度越快、销售能力越强,资金利用效率越高。但由于企业所处行业不同,全部资金周转速度会有很大的差异,所以不可能有一个共同的标准值。

【例11-5】 假设利民公司1997年末全部资产总额为1030万元,根据表11-1、表11-2资料,该公司1998年和1999年的总资产周转率计算如表11-3所示。

总资产周转率计算表   单位:万元   表11-3

项　　目	1997年	1998年	1999年
销售(营业)收入净额		7460	8240
全部资产年末余额	1030	1130	1300
全部资产平均余款		1080	1215
全部资产周转次数		6.91	6.78

以上计算表明,该企业1999年全部资产周转率比1998年有所延缓,次数由6.91次降为6.78次,反映出该企业资产增长幅度超过销售增长幅度,企业应采取措施,提高产品市场占有率,进一步提高资产利用效率。

（二）流动资产周转率

流动资产周转率是指企业一定时期销售（营业）收入净额同平均流动资产总额的比值，它是评价企业资产利用效率的另一主要指标。其计算公式为：

$$流动资产周转率（次）= \frac{销售（营业）收入净额}{平均流动资产总额} \times 100\%$$

$$流动资产周转天数 = \frac{计算期天数}{流动资产周期率}$$

$$= \frac{计算期天数 \times 平均流动资产总额}{销售（营业）收入净额}$$

$$平均流动资产总额 = \frac{流动资产年初数 + 流动资产年末数}{2}$$

流动资产周转率反映了企业流动资产的周转速度，是从企业全部资产中流动性最强的流动资产角度对企业资产的利用效率进行分析，以进一步揭示影响企业资产质量的主要因素。

一般情况下，该指标越高，表明企业流动资产周转速度越快，利用越好。在较快的周转速度下，流动资产会相对节约，在某种程度上增强了企业的盈利能力；若周转速度慢，形成资金浪费，降低了企业盈利能力。

【例11-6】 假设利民公司1997年末流动资产总额为450万元，根据表11-1、表11-2资料，可以计算该公司1998年、1999年流动资产周转情况如表11-4所示。

流动资产周转率计算表　　　　　　　　　　单位：万元　　**表11-4**

项　目	1997年	1998年	1999年
销售（营业）收入净额		7460	8240
流动资产年末余额	450	480	580
流动资产平均余额		465	530
流动资产周转次数		16.04	15.55
流动资产周转天数		22.44	23.15

计算结果表明该公司1999年流动资产周转速度比1998年延缓了0.71天，流动资金占用增加，增加占用的数额可计算如下：

$$(23.15 - 22.44) \times 8240 \div 360 = 16.25（万元）$$

（三）存货周转率

存货周转率是企业一定时期销售成本与平均存货的比率。它是对流动资产周转率的补充说明，其计算公式是：

$$存货周期率（次）= \frac{销售成本}{平均存货}$$

$$存货周转天数 = \frac{计算期天数}{存货周转率} = \frac{计算期天数 \times 平均存货}{销售成本}$$

$$平均存货 = \frac{存货期初数 + 存货期末数}{2}$$

存货周期率是评价企业从取得存货、投入生产到销售收回（包括现金销售和赊销）等各环节管理状况的综合性指标，用于反映存货的周转速度。

存货周期率比值越大，表明这部分资金的周转速度越快，占用资金少而销售额大，资金的利用效果好。

【例 11-7】 假设利民公司 1997 年末存货余额为 95 万元，根据表 11-1、表 11-2 资料，可以计算该公司 1998 年、1999 年存货周转率如表 11-5 所示。

存货周转率计算表　　　　　　　　单位：万元　　表 11-5

项　　目	1997 年	1998 年	1999 年
销售成本		5430	6012
存货年末余额	95	99	105
存货平均余额		97	102
存货周转次数		55.98	58.94
存货周转天数		6.43	6.11

计算结果表明，该企业存货周转率 1999 年比 1998 年有所改善，周转次数由 55.98 次提高为 58.94 次，周转次数由 6.43 天缩短为 6.11 天。说明企业的营运能力有所增强，销售能力和存货的周转速度有了提高。

（四）应收账款周转率

应收账款周转率是企业一定时期内销售（营业）净额同平均应收账款余额的比率，它也是对流动资金周转率的补充说明。其计算公式为：

$$应收账款周转率（次）= \frac{销售（营业）收入净额}{平均应收账款} \times 100\%$$

$$应收账款周转天数 = \frac{计算期天数}{应收账款周转率} = \frac{计算期天数 \times 平均应收账款}{销售（营业）收入净额}$$

$$平均应收账款 = \frac{应收账款期初数 + 应收账款期末数}{2}$$

应收账款周转率反映了企业应收账款的流动速度。及时收回应收账款，能够减少营运资金在应收账款上的呆滞占用，从而提高企业的资金利用效率。

一般说，应收账款周转率越高，平均收账期越短，说明应收账款的收回越快。否则，企业的营运资金会过多地呆滞在应收账款上，影响正常的资金周转。

【例 11-8】 假设利民公司 1997 年末应收账款余额为 11.5 万元，根据表 11-1、表 11-2 资料，可以计算该公司 1998 年、1999 年应收账款周转率如表 11-6 所示。

应收账款周转率计算表　　　　　　单位：万元　　表 11-6

项　　目	1997 年	1998 年	1999 年
销售（营业）收入净额		7460	8240
应收账款年末余额	115	123	170
应收账款平均余额		119	146.5
应收账款周转次数		62.69	56.25
应收账款周转天数		5.74	6.4

计算结果显示，该企业 1999 年应收账款周转率比 1998 年有所延缓，次数由 62.69 次降为 56.25 次，周转天数由 5.74 天增长为 6.4 天。这反映出该企业应收账款变现的速度有所降低。

三、企业获利能力分析

企业获利能力的分析也称企业财务效益状况分析，是企业赚取利润的能力，是企业财务能力的集中体现。由于获利能力的强弱决定投资人投资收益的高低，影响企业偿债能力的强弱，综合地反映企业组织生产经营活动和财务管理水平的高低，因此，它成为投资人、债权人和企业领导管理层都关心的中心问题。

分析获利能力的比率指标，主要有以下一些：

（一）净资产收益率

净资产收益率也称权益净利率，是指企业一定时期内的净利润同平均净资产的比率。对股份制企业也称为股东权益报酬率，在我国财务分析中，习惯称为自有资金利润率，它体现了投资者投入企业的自有资本获取净收益的能力，反映了投资与报酬的关系，是评价企业资金运用效益的核心指标。其计算公式为：

$$净资产收益率 = \frac{净利润}{平均净资产} \times 100\%$$

式中的"平均净资产"是企业所有者权益的期初、期末余额的平均值。

净资产收益率是评价企业自有资本及其积累获取报酬水平的最具综合性与代表性的指标，反映企业资本运营的综合效益，它的比率值越高，企业自有资金的获利能力越强，资金运用效果越好，对投资人、债权人的保证程度越高。

【例11-9】 假定利民公司1997年年末所有者权益合计638万元，根据表11-1、表11-2资料，可计算1998年和1999年净资产收益率如下：

1998年净资产收益率 = 125 ÷ [（638 + 664）÷ 2] = 0.192

1999年净资产收益率 = 138 ÷ [（664 + 730）÷ 2] = 0.198

该公司1999年净资产收益率比1998年上升了0.6%，这是由于该公司净利润的增长快于所有者权益的增长所引起的。

（二）总资产报酬率

总资产报酬率是指企业一定时期内获得的报酬总额与平均资产总额的比率。它表明企业全部资产的总体获利能力，是评价企业资产运营效益的重要根据。其计算式为：

$$总资产报酬率 = \frac{利润总额 + 利息支出}{平均资产总额} \times 100\%$$

总资产报酬率，一方面反映了投资者和债权人所提供的全部资金的获利能力，即投入产出的关系；另一方面反映了企业经营者管理资金利用资源的效率。

我国一般认为可以把企业的总资产报酬率与资本市场的资本利率进行比较，如果大于市场利率，则表明企业可以充分利用财务杠杆进行负债经营，获取尽可能多的效益。

【例11-10】 据表11-1、表11-2资料及其他已知资料，可计算该公司1998、1999年总资产报酬率分别为：

1998年总资产报酬率 = （186.5 + 80）÷ [（1030 - 1130）÷ 2] = 0.247

1999年总资产报酬率 = （206 + 90）÷ [（1130 + 1300）÷ 2] = 0.244

计算结果表明，企业资产综合利用效率1999年不如1998年，需要进一步对公司资产的使用情况，增产节约工作等情况作进一步的分析考察，以便改进管理，提高效益。

（三）销售（营业）利润率

销售（营业）利润率是指企业一定时期销售（营业）利润同销售（营业）收入净额的比率。它表明企业每单位销售（营业）收入能带来多少销售（营业）利润，反映了企业主营业务的获利能力，是评价企业经营效益的主要指标，其计算公式为：

$$销售（营业）利润率 = \frac{销售（营业）利润}{销售（营业）收入净额} \times 100\%$$

销售（营业）利润率是从企业主营业务的盈利能力和获利水平方面对资本金收益率指标的进一步补充，体现了企业主营业务利润对利润总额的贡献，以及对企业全部收益的影响程度。体现了企业经营活动最基本的获利能力。

该指标越高，说明企业的定价工作科学性强，营销策略得当，主营业务市场竞争力强，发展潜力大，获利水平高。

【例 11-11】 据表 11-2 资料，可计算销售利润率如下：

1998 年销售（营业）利润率 = 470 ÷ 7460 = 0.063

1999 年销售（营业）利润率 = 574 ÷ 8240 = 0.070

计算结果表明，利民公司的销售（营业）利润率呈上升趋势，该公司每 100 元的销售（营业）收入比上年增加了 0.7 元的销售（营业）利润。

（四）成本费用利润率

成本费用利润率是企业一定时期的利润总额同企业成本费用总额的比率，它表示企业为取得利润而付出的代价，从企业支出方面补充评价企业的收益能力。其计算公式为：

$$成本费用利润率 = \frac{利润总额}{成本费用总额} \times 100\%$$

成本费用总额是指当期的销售成本、销售费用、管理费用、财务费用等成本费用之和，不包括投资损失、营业外支出等项目。

成本费用利润率是从企业内部管理等方面，对资本收益状况的进一步修正，指标通过企业收益与支出直接比较，客观评价企业的获利能力。它从耗费角度补充评价企业收益状况，有利于促进企业加强内部管理，节约支出，提高经营效益。

该指标越高，表明企业为取得收益所付出的代价越小，企业成本费用控制得越好，企业的获利能力越强。

【例 11-12】 据表 11-2 资料，计算成本费用利润率如下：

1998 年成本费用利润率 = 186.5 ÷（5430 + 1310 + 180 + 80）= 0.027

1999 年成本费用利润率 = 206 ÷（6012 + 1374 + 240 + 90）= 0.027

计算结果表明，该公司成本费用利润率指标 1998 年与 1999 年基本持平，企业应对成本费用加强管理，提高收益。

（五）资本保值增值率

资本保值增值率是指企业期末所有者权益同期初所有者权益的比率，它表示企业当年资本在企业的努力下的实际增减变动情况，是评价企业财务状况的辅助指标，其计算公式为：

$$资本保值增值率 = \frac{期末所有者权益}{期初所有者权益} \times 100\%$$

资本保值增值率是根据"资本保全"原则设计的指标，更加谨慎、稳健地反映了企业资本保金和增值状况，它充分体现了对所有者权益的保护，能够及时、有效地发现侵蚀所有者权益的现象。

一般来说，该指标越高，表明企业的资本保全状况越好，所有者的权益增长越快，债权人的债务越有保障，企业发展后劲越强。

【例 11-13】 假定利民公司 1997 年末所有者权益总额为 654 万元，据表 11-1 资料，计算该公司资本保值增值如下：

1998 年资本保值增值率 = 664 ÷ 654 = 1.02

1999 年资本保值增值率 = 730 ÷ 664 = 1.10

计算结果表明该公司 1999 年比 1998 年资本保值增值率有所提高，这两年资本保值增值状况较好。

四、企业发展能力分析

企业发展能力反映企业扩大经营规模，增加资产和积累，保持持续发展的能力。在市场经济条件下，研究企业发展能力越来越普遍。分析企业发展能力，对于了解企业资产增长情况和资本扩张规模，促使企业增加积累应付风险，保持持续发展有着重要作用。

（一）销售（营业）增长率

销售（营业）增长率是指企业本期销售（营业）收入增长额同上期销售（营业）收入总额的比率，它表示与上期比，企业销售（营业）收入的增减变动情况，是评价企业成长状况和发展能力的重要指标，其计算公式为：

$$销售（营业）增长率 = \frac{本期销售（营业）增长额}{上期销售（营业）收入总额} \times 100\%$$

其中本期销售（营业）增长额是企业本年销售（营业）收入与上年销售（营业）收入的差额。

销售增长率是衡量企业经济状况和市场占有能力、预测企业经营业务拓展趋势的重要标志，也是企业扩张增量和存量资本的重要前提。

一般来说，该指标若大于 0，表示企业本年的销售（营业）收入有所增长，指标值越高，表明增长速度越快，企业市场前景越好；若指标小于 0，则说明企业或是产品不适销对路，质次价高，或是在售后服务方面存在问题，产品销售不出去，市场份额萎缩。

（二）资本积累率

资本积累率是指企业本身所有者权益增长额同期初所有者权益的比率，它表示企业当期资本的积累能力，是评价企业发展潜力的重要指标，其计算公式为：

$$资本积累率 = \frac{本期所有者权益增长额}{期初所有者权益} \times 100\%$$

资本积累率体现了企业资本的积累情况，是企业发展强盛的标志。它反映了投资者投入企业资本的保全性和增长性，该指标越高，表明企业的资本积累越多，企业资本保全性越强。该指标若为负值，表明企业资本受到侵蚀，所有者利益受到伤害，应予以充分重视。

（三）总资产增长率

总资产增长率是企业本期总资产增长额同期初资产总额的比率，用以衡量企业本期资产规模的增长情况，评价企业经营规模总量的扩张程度，其计算公式为：

$$总资产增长率 = \frac{本期总资产增长额}{期初资产总额} \times 100\%$$

总资产增长率是考核企业发展能力的重要指标，它是从企业资产总量扩张方面衡量企业的发展能力，表明企业规模增长水平对企业发展的后劲的影响。

一般来说，该指标越高，表明企业一个经营周期内资产规模扩张的速度越快。

五、企业现金流量分析

企业现金流量分析，是在现金流量表出现以后发展起来的，现金流量表是连续资产负债表和利润表的桥梁，其表内数据之间以及与资产负债表、利润表数据之间存在着一系列的勾稽关系。因此，现金流量分析不仅依靠现金流量表，还要结合资产负债表和利润表。分析现金流量，可以进一步考察和评价企业的偿还能力、支付能力、盈利能力和获取现金能力，为投资者、债权人和经营者等更加全面地认识企业做出投资、筹资决策，提供有用的信息。需用到的兴欣公司的现金流量表如表11-7所示。

现 金 流 量 表　　　　　　　　　　　表11-7

编制单位：兴欣公司　　　　　1999年度　　　　　　　　　　　单位：元

项目	行次	金额	项目	行次	金额
一、经营活动产生的现金流量			现金流入小计	18	127000
销售商品、提供劳务收到的现金	1	9403000	购置固定资产所支付的现金	19	278000
收到的增值税额	2	845000	权益性投资所支付的现金	20	92000
收到的其他税费返还	3	18500	债权性投资所支付的现金	21	32000
收到的其他与经营活动有关的现金	4	186500	支付的其他与投资活动有关的现金	22	60000
现金流入小计	5	10453000	现金流出小计	23	462000
购买商品，接受劳务支付的现金	6	4644000	投资活动产生的现金流量净额	24	-335000
支付给职工以及为职工支付的现金	7	405000	三、筹资活动产生的现金流量		
支付的增值税款	8	832000	借款所收到的现金	25	823500
支付的所得税款	9	517000	现金流入小计	26	823500
支付的其他税款	10	565000	偿还债务支付的现金	27	775000
支付的其他与经营活动有关的现金	11	1525000	分配利润支付的现金	28	421000
现金流出小计	12	8488000	偿付利息支付的现金	29	536000
经营活动产生的现金流量净额	13	1965000	融资租赁支付的现金	30	87500
二、投资活动产生的现金流量			现金流出小计	31	1819500
收回投资所收到的现金	14	42000	筹资活动产生的现金流量净额	32	-996000
分得股利或利润所收到的现金	15	47500	四、汇率变动对现金的影响额	33	0
取得债券利息收入所收到的现金	16	15000	五、现金及现金等价物净增加额	34	634000
处理固定资产而收回的现金净额	17	22500			

（一）偿还能力分析

企业真正能用于偿还债务的是现金流量，现金流量和债务的比较可以更好地反映偿还债务的能力。

1. 到期债务偿还比率

它是经营活动现金流量与本期到期债务本息的比率，它反映企业到期债务本息可由经营活动产生的现金流量支付的程度，其计算公式为：

$$到期债务偿还比率 = \frac{经营活动现金流量}{本期债务利息 + 到期债务本金}$$

由于到期债务偿还比率反映企业到期债务本息可由经营活动创造现金支付的程度，所以该比率越大，企业流动性越好，偿还能力就越强。

【例11-14】　假设公司1999年末即将到期的债务本息合计为672900元，据表11-7资料，经营活动现金流量净额为1965000元，计算该公司到期债务偿还比率为：

$$到期债务偿还比率 = 1965000 \div 672900 = 2.92$$

计算表明兴欣公司 1999 年的到期债务本息可以由经营活动产生的现金流量来负担，公司偿还到期债务的能力较好。

2. 现金负债总额比率

它是经营活动现金流量与负债总额的比率，反映企业每 1 元的负债有多少经营活动现金流量来补充。其计算公式为：

$$现金负债总额比率 = \frac{经营活动现金流量}{负债总额}$$

该指标是一个综合反映偿债能力的指标，该指标越大，表示企业承担债务能力越强。

【例 11-15】 假设兴欣公司 1999 年负债总额 13100000 元，据表 11-7 资料，可计算现金负债总额比率为：

$$现金负债总额比率 = 1965000 \div 13100000 = 0.15$$

计算结果表明，该公司最大的偿债能力为 15%。

（二）支付能力分析

支付能力分析是指经营活动现金流量与有关指标的比较，反映企业以经营活动产生的现金支付各项支出的能力。

1. 每股现金流量

是指企业发行在外的普通股与经营活动产生的现金流量的比率，反映企业普通股每股所代表的现金流量，也是每股所能获得的最高现金流量。

其计算公式为：

$$每股现金流量 = \frac{经营活动现金流量}{普通股股数}$$

【例 11-16】 假设兴欣公司发行在外的普通股为 250000 股，据表 11-7 资料，可计算该公司每股现金流量为：

$$每股现金流量 = 1965000 \div 250000 = 9.86 \text{ 元/股}$$

它是企业最大的分派股利能力，超过此限度，就要借款分红。

2. 现金股利支付率

它是现金股利与企业经营活动现金流量的比率，它体现了支付股利的现金来源及所占的比例。其计算公式为：

$$现金股利支付率 = \frac{现金股利（分配利润）}{经营活动现金流量}$$

该指标越低，表明企业支付现金股利的能力越强。

【例 11-17】 假设兴欣公司 1999 年度支付现金股利 100000 元，据表 11-7 资料，计算该公司现金股利支付率为：

$$现金股利支付率 = 100000 \div 1965000 = 0.05$$

计算结果表明该公司每 1 元的经营活动现金流量支付现金股利 0.05 元，该公司支付现金股利的能力较强。

（三）盈利能力分析

盈利能力分析是通过分析企业净利润中有多少来自经营活动产生的现金流量，以及企业经营活动现金流量中有多少可以支付资本性支出，用以考察企业的净利润质量和未来的盈利能力。

1. 盈利现金比率

盈利现金比率是指企业经营活动产生的现金流量与净利润之间的比率，它反映企业的净利润有多少经营活动产生的现金流量作为保障，其计算公式为：

$$盈利现金比率 = \frac{经营活动现金流量}{净利润}$$

如果企业的经营活动现金流量和净利润都大于0，则比率越大，企业盈利质量就越高。此外，当比率大于等于1时表明企业的净利润有充足的现金保证；比率小于1时，说明净利润中存在尚未实现现金的收入。在这种情况下，就有可能出现企业账面上有盈利却因现金短缺而周转不灵，严重的甚至导致破产。如果企业经营活动现金流量大于0，而净利润小于0，即企业发生亏损，则该指标越小越好。如果企业经营活动现金流量为负数，而净利润大于0，表明企业虽然账上反映了盈利，但现金流量却减少了，这时企业净利润的质量就值得怀疑。

2. 扩大生产比率

扩大生产比率是经营活动现金流量与资本性支出的比率，它反映了企业当期经营现金流量是否足以支付资本性支出，主要是固定资产投资。计算公式为：

$$扩大生产比率 = \frac{经营活动现金流量}{资本性支出}$$

该比率越高，表示企业扩大生产规模、创造未来现金流量或利润的能力就越强。

（四）获取现金能力分析

获取现金的能力，是指企业经营活动现金流量与投入资源的比率。投入资源可以是销售收入、总资产、净营运资金等。

1. 销售净现率

它是经营活动现金流量与销售收入的比率，它反映每1元的销售收入所能带来的现金，直接体现了经营活动收入质量。其计算公式为：

$$销售净现率 = 经营活动现金流量 / 销售收入$$

理想状态下，企业的销售净现率应大于等于1，即企业的每1元销售收入都有现金作为保障。

2. 资产净现率

它是经营活动现金流量与全部资产的比率，反映企业资产产生现金的能力，其计算公式为：

$$资产净现率 = \frac{经营活动现金流量}{全部资产}$$

该指标表示每1元资产能带来的经营活动现金流量，反映了企业资产的利用情况，一般在6%~8%比较正常。

第三节 财务综合分析与评价

一、财务综合分析

财务综合分析是将前述各种反映企业财务状况及经营成果的各种单项财务比率指标，

按其逻辑关系，作系统的加工整理，使之形成一个分层次的完整的指标体系。

财务指标综合分析的主要特征是：

1. 全面性，是指财务指标评价涉及全部会计报表的内容、全部财务活动过程和全部重要财务指标。

2. 效益性，这是财务指标综合评价所涉及的主要内容。

二、财务综合评价标准

前面介绍的各种财务指标在计算和分析出财务比率后，如何衡量和判断它是偏高，还是偏低，均无法说明。因为，与本企业历史比较，只能看出自身的发展情况，不知道在市场竞争中所处的位置。所以需要有标准财务比率（即标准值），才能作为评价一个企业财务比率优劣的参照物。标准财务比率的确定有以下几种：

（1）行业标准。是以本行业同期平均水平为标准。

（2）经验标准。是以社会公认最佳财务比率为标准。

例如，流动比率一般以200%为佳；速动比率一般以100%为佳等，均属经验性的评价标准。

（3）政策标准。是以国家所规定的水平为标准。例如，企业所得税一般实行33%的比例税率，坏账准备金可于年度终了按年末应收款余额的3‰～5‰提取。

三、企业财务综合评价

（一）企业财务综合评价指标体系

为了做好企业财务状况和经营成果的综合评价工作，必须建立一套企业财务比率评价指标体系，便于进行综合系数分析。现以财政部制定的十项具体指标为例说明。

这套综合评价指标体系包括三大类十项指标：反映投资者关心的企业盈利能力和资本保值增值类指标有四个：即销售利润率、总资产报酬率、资本收益率、资本保值增值率；反映债权人关心的企业资产负债水平和偿债能力类指标有四个：即资产负债率、流动比率（或速动比率）、应收账款周转率、存货周转率；反映企业对社会和国家贡献水平的指标有两个：即社会贡献率、社会积累率。

现对社会贡献率和社会积累率的内容略作补充。

（1）社会贡献率 $=\dfrac{\text{企业社会贡献率总额}}{\text{平均资产总额}} \times 100\%$

企业社会贡献总额，就是企业为国家或社会创造或支付的价值总额，包括工资、劳保退休统筹及其他社会福利支出、利息支出净额、应交增值税、应交产品销售税及附加、应交所得税、其他税收、净利润等。

（2）社会积累率 $=\dfrac{\text{上交国家财政总额}}{\text{企业社会贡献总额}} \times 100\%$

上交国家财政总额，包括应交增值税，应交产品销售税金及附加、应交所得税、其他税收等。

（二）财务综合评价方法

企业财务综合评价方法有杜邦分析法、财务比率综合评价法等，在此介绍财务比率综合评价法。

财务比率综合评价，是在20世纪由亚历山大·沃尔首创的，故也称沃尔评分法。这种方法，就是把若干个财务比率用线性关系结合起来，以此对企业的财务情况进行综合评价，其基本步骤是：

1. 确定权数比分。

选择几种财务比率，并分别给定各种比率在总评中的比重，确定应得的标准分。具体地说，就是根据指标的重要程度，确定各项指标在标准值下的权数比分，然后各项标准分相加之和为100。

根据财政部制定的评价指标，在标准值下基本分数总和为100分，并参照美国、日本等国家的做法，又经过反复测算、验证、各指标的权数比分别暂定为：销售利润率20分、总资产报酬率12分、资本收益率8分、资本保值增值率10分、资产负债率10分、流动比率（或速动比率）10分、应收账款周转率5分、存货周转率5分、社会贡献率12分、社会积累率8分。

2. 确定标准比率。

根据财政部制定的指标体系评价方法的规定，对十个指标的标准值，是依据最近3~5年间的行业平均值作为标准值。

3. 实际值与标准值对比，计算出相对比率。

分项计算十项指标的实际值，然后与标准比率对比计算相对比率，其计算公式是：

$$相对比率 = \frac{实际比率}{标准比率} \times 100\%$$

4. 计算总评分。

$$总评分 = \Sigma 标准分 \times 相对比率$$

现根据上述各步骤的说明，综合举例列表见表11-8。

综合评分表　　　　　　　　　　　　　表11-8

编号	指标名称	权数比分（分数比重）	标准比率	实际比率	相对比率	综合评分
计算关系	①	②	③	④	⑤=④÷③	⑥=②×⑤
1	销售利润率	20	15%	27.22%	1.82	36.4
2	总资产报酬率	12	4%	4.63%	1.16	13.92
3	资本收益率	8	16%	4.76%	0.30	2.4
4	资本保值增值率	10	8%	4.6%	0.58	5.8
5	资产负债率	10	40%	33.43%	0.84	8.4
6	流动比率	5	2	2.68	1.34	6.7
	速动比率	5	1	1.01	1.01	5.05
7	应收账款周转率	5	3	2.78	0.93	4.65
8	存货周转率	5	2	0.291	0.15	0.75
9	社会贡献率	12	10%	9%	0.9	10.8
10	社会积累率	8	5%	3%	0.6	4.8
	合　计		100			99.67

该公司综合评分为 99.67 分，属偏上水平。

再用上述方法进行评价时，需要注意的几个问题：

(1) 选择财务指标时，必须基本符合现行财务会计制度的规定。

(2) 亏损企业没有盈利，所以销售利润率、总资产报酬率、资本收益率，这几项指标实际比率为负值，因此相对比率一律取 0，而不给负数评分。(见表 11-9)

表 11-9

指 标 名 称	计 算 方 法
销售利润率 > 0	权数比分 × (实际比率 ÷ 标准比率) = 评分
销售利润率 ≤ 0	权数比分 × 0 = 0
总资产报酬率 > 0	权数比分 (实际比率 ÷ 标准比率) = 评分
总资产报酬率 ≤ 0	权数比分 × 0 = 0
资产收益率 > 0	权数比分 × (实际比率 ÷ 标准比率) = 评分
资产收益率 ≤ 0	权数比分 × 0 = 0

(3) 资产负债率是一个重要指标，当实际比率超过标准比率时，并不是好现象，所以不能多给分。为此，需要根据"标准比率除以实际比率"确定相对比率，使实际评分低于标准评分。(见表 11-10)

(4) 有些企业个别财务比率由于特殊原因发生异常，为避免对综合评分发生不合理的过分影响，特规定对流动比率、应收账款周转率、存货周转率，这几项指标的评分，必须设定上限，就是最高得分为权数比分的 2 倍（即最高得 10 分）。

表 11-10

指 标	计 算 方 法
资产负债率 (实际比率) > 标准比率	权数比分 × (实际比率 ÷ 标准比率) = 评分

小 结

1. 财务分析是以企业的会计报表等核算资料为基础，对企业财务活动过程及其结果，运用专门的方法进行分析、研究、评价，为筹集、投资和企业的生产经营决策提供科学的依据。财务分析的主要内容有：企业偿债能力分析、获利能力分析、资金营运能力分析、财务综合分析。常用的方法有：比较分析法、比率分析法，因素分析法、趋势分析法等。

2. 对企业财务状况和经营成果分析的主要财务指标大致可分为五类：偿债能力指标、营运能力指标、获利能力指标、发展能力指标和现金流量分析指标。偿债能力指标主要有：流动比率、速动比率、现金流动负债比率、资产负债率、已获利息倍数等。营运能力分析指标主要有：总资产周转率、流动资产周转率、存货周转率、应收账款周转率等。获利能力分析指标主要有：净资产收益率、总资产报酬率、销售利润率、成本费用利润率、资本保值增值率等。发展能力分析主要指标有：销售增长率、资本积累率、总资产增长率等。现金流量分析主要内容有：偿还能力分析、支付能力分析、盈利能力分析、获取现金能力分析等。

3. 财务综合分析是将各种反映企业财务状况及经营成果的各种单项财务比率指标，

按其逻辑关系,作系统的加工、整理,使之形成一个分层次的完整的指标体系。其主要特征是全面性和效益性。企业财务综合评价方法主要是杜邦分析法、财务比率综合评价法等。

思 考 题 与 习 题

思考题
1. 试述财务分析的目的和内容。
2. 什么是流动比率?什么是速动比率?这两个指标有何不同?
3. 什么是资产负债率?这个指标具有哪些含义?
4. 偿债能力分析有哪些指标?内容是什么?
5. 获利能力分析有哪些指标?内容是什么?
6. 营运能力分析有哪些指标?内容是什么?
7. 财务比率综合评价法的主要内容是什么?

习题
(一)目的:练习企业财务状况和经营成果分析
(二)资料:
东盟公司200×年资产负债表和200×年度损益表见表11-11,表11-12。
(三)要求:
计算该公司的偿债能力比率、营运能力比率和获利能力比率,并综合分析该公司的财务状况和经营成果。

东盟公司资产负债表　　　　　　　　　　表 11-11
200×年12月31日　　　　　　　　　　　单位:万元

资产	年初	年末	负债及所有者权益	年初	年末
流动资产			流动负债:		
货币资金	990	1000	短期借款	200	220
短期投资	40	40	应付账款	720	720
应收账款	1050	1350	应付福利费	180	200
预付账款	250	250	未付利润	580	600
存货	780	1010	一年内到期的长期负债	100	125
流动资产合计	3110	3650	流动负债合计	1780	1865
长期投资:			长期负债:		
长期投资	375	375	长期借款	350	350
固定资产			实收资本	1555	1855
固定资产原价	3025	3125	资本公积金	600	625
减:累计折旧	907.5	937.5	盈余公积金	880	980
固定资产净值	2117.5	2187.5	未分配利润	500	600
无形资产及其他			所有者权益合计	3535	4060
无形资产	62.5	62.5			
资产总计	5665	6275	负债及所有者权益合计	5665	6275

东盟公司利润表
表 11-12
200×年度
单位：万元

项 目	上年数	本年度	注
一、营业收入	13585	14375	
减：营业成本	7025	8647	
销售费用	500	562.5	
管理费用	729.25	959.25	
财务费用	60.5	62.5	
营业税金及附加	634.25	718.75	
二、营业利润	4636	3425	
加：投资收益	58	52.5	
营业外投入	68	75	
减：营业外支出	70	62.5	
三、税前利润	4692	3500	
减：所得税	1548	1150	
四、税后利润	3144	2350	

（四）要求：

计算该公司的偿债能力比率、营运能力比率和获利能力比率，并综合分析该公司的财务状况和经营成果。

附录 复利表

1元的复利终值

附表1

年	1%	2%	3%	4%	5%	6%	7%	8%	9%	10%	12%	14%	15%	16%	18%	20%
1	1.010	1.020	1.030	1.040	1.052	1.060	1.070	1.080	1.090	1.100	1.120	1.140	1.150	1.160	1.180	1.200
2	1.020	1.040	1.061	1.082	1.102	1.124	1.145	1.166	1.188	1.210	1.254	1.300	1.322	1.346	1.392	1.440
3	1.030	1.061	1.093	1.125	1.158	1.191	1.225	1.260	1.295	1.331	1.405	1.482	1.521	1.561	1.643	1.728
4	1.041	1.082	1.126	1.170	1.216	1.262	1.311	1.360	1.412	1.464	1.574	1.689	1.749	1.811	1.939	2.074
5	1.051	1.104	1.159	1.217	1.276	1.338	1.403	1.469	1.539	1.611	1.762	1.925	2.011	2.100	2.288	2.488
6	1.062	1.126	1.194	1.265	1.340	1.419	1.501	1.587	1.677	1.772	1.974	2.195	2.313	2.436	2.700	2.986
7	1.072	1.149	1.230	1.316	1.407	1.504	1.606	1.714	1.828	1.949	2.211	2.502	2.660	2.826	3.185	3.583
8	1.083	1.172	1.267	1.369	1.477	1.594	1.718	1.851	1.993	2.144	2.476	2.853	3.059	3.278	3.759	4.300
9	1.094	1.195	1.305	1.423	1.551	1.689	1.833	1.999	2.172	2.358	2.773	3.252	3.518	3.803	4.435	5.16
10	1.105	1.219	1.344	1.480	1.629	1.791	1.967	2.159	2.367	2.594	3.106	3.707	4.046	4.411	5.234	6.192
11	1.116	1.243	1.384	1.539	1.710	1.898	2.105	2.332	2.580	2.853	3.479	4.226	4.652	5.117	6.176	7.430
12	1.127	1.268	1.426	1.601	1.796	2.012	2.252	2.518	2.813	3.138	3.896	4.818	5.350	5.936	7.288	8.916
13	1.138	1.294	1.469	1.665	1.886	2.133	2.410	2.720	3.066	3.452	4.363	5.492	6.153	6.886	8.599	10.699
14	1.149	1.319	1.513	1.732	1.980	2.261	2.579	2.937	3.342	3.797	4.887	6.261	7.076	7.988	10.147	12.839
15	1.161	1.346	1.558	1.801	2.079	2.397	2.759	3.172	3.642	4.177	5.474	7.138	8.137	9.266	11.974	15.407
16	1.173	1.373	1.605	1.873	2.183	2.540	2.952	3.426	3.970	4.595	6.130	8.137	9.358	10.748	14.129	18.488
17	1.184	1.400	1.653	1.948	2.292	2.693	3.159	3.700	4.328	5.054	6.866	9.276	10.761	12.468	16.672	22.186
18	1.196	1.428	1.702	2.026	2.407	2.854	3.380	3.996	4.717	5.560	7.690	10.575	12.375	14.463	19.673	26.623
19	1.208	1.457	1.754	2.107	2.527	3.026	3.617	4.316	5.142	6.116	8.613	12.056	14.232	16.777	23.214	31.948
20	1.220	1.486	1.806	2.191	2.653	3.207	3.870	4.661	5.604	6.728	9.646	13.743	16.367	19.461	27.393	38.338

1元的复利现值

附表2

年	1%	2%	3%	4%	5%	6%	7%	8%	9%	10%	12%	14%	15%	16%	18%	20%
1	0.990	0.980	0.971	0.962	0.952	0.943	0.935	0.926	0.917	0.909	0.893	0.877	0.870	0.862	0.847	0.833
2	0.980	0.961	0.943	0.925	0.907	0.890	0.873	0.857	0.842	0.826	0.797	0.769	0.756	0.743	0.718	0.694
3	0.971	0.942	0.915	0.889	0.864	0.840	0.816	0.794	0.772	0.751	0.712	0.675	0.658	0.641	0.609	0.579
4	0.961	0.924	0.889	0.855	0.823	0.792	0.763	0.735	0.708	0.683	0.636	0.592	0.572	0.552	0.516	0.482
5	0.951	0.906	0.863	0.822	0.784	0.747	0.713	0.681	0.650	0.621	0.567	0.519	0.497	0.476	0.437	0.402
6	0.942	0.888	0.838	0.790	0.746	0.705	0.666	0.630	0.596	0.564	0.507	0.456	0.432	0.410	0.370	0.335
7	0.933	0.871	0.813	0.760	0.711	0.665	0.623	0.583	0.547	0.513	0.452	0.400	0.376	0.354	0.314	0.279
8	0.923	0.853	0.789	0.731	0.677	0.627	0.582	0.540	0.502	0.467	0.404	0.351	0.327	0.305	0.266	0.233
9	0.914	0.837	0.766	0.703	0.645	0.592	0.544	0.500	0.460	0.424	0.361	0.308	0.284	0.263	0.226	0.194
10	0.905	0.820	0.744	0.676	0.614	0.558	0.508	0.463	0.422	0.386	0.322	0.270	0.247	0.227	0.191	0.162
11	0.896	0.804	0.722	0.650	0.585	0.527	0.475	0.429	0.388	0.350	0.287	0.237	0.215	0.195	0.162	0.135
12	0.887	0.788	0.701	0.625	0.557	0.497	0.444	0.397	0.356	0.319	0.257	0.208	0.187	0.168	0.137	0.112
13	0.879	0.773	0.681	0.601	0.530	0.469	0.415	0.368	0.326	0.290	0.229	0.182	0.163	0.145	0.116	0.093
14	0.870	0.758	0.661	0.577	0.505	0.442	0.388	0.340	0.299	0.263	0.205	0.160	0.141	0.125	0.099	0.078
15	0.861	0.743	0.642	0.555	0.481	0.417	0.362	0.315	0.275	0.239	0.183	0.140	0.123	0.108	0.084	0.065
16	0.853	0.728	0.623	0.534	0.458	0.394	0.339	0.292	0.252	0.218	0.163	0.123	0.107	0.093	0.071	0.054
17	0.844	0.714	0.605	0.513	0.436	0.371	0.317	0.270	0.231	0.198	0.146	0.108	0.093	0.080	0.060	0.045
18	0.836	0.700	0.587	0.494	0.416	0.350	0.296	0.250	0.212	0.180	0.130	0.095	0.081	0.069	0.051	0.038
19	0.828	0.686	0.570	0.475	0.396	0.331	0.276	0.232	0.194	0.164	0.116	0.083	0.070	0.060	0.043	0.031
20	0.820	0.673	0.554	0.456	0.377	0.312	0.258	0.215	0.178	0.149	0.104	0.073	0.061	0.051	0.037	0.026

1 元 的 年 金 终 值

附表3

年	1%	2%	3%	4%	5%	6%	7%	8%	9%	10%	12%	14%	16%	18%	20%
1	1.000	1.000	1.000	1.000	1.000	1.000	1.000	1.000	1.000	1.000	1.000	1.000	1.000	1.000	1.000
2	2.010	2.020	2.032	2.040	2.050	2.060	2.070	2.080	2.090	2.100	2.120	2.140	2.160	2.180	2.200
3	3.030	3.060	3.091	3.122	3.152	3.184	3.215	3.246	3.278	3.310	3.374	3.440	3.506	3.572	3.640
4	4.060	4.122	4.184	4.264	4.310	4.375	4.440	4.506	4.573	4.641	4.770	4.921	5.066	5.215	5.368
5	5.101	5.204	5.309	5.416	5.526	5.637	5.751	5.867	5.985	6.105	6.353	6.610	6.877	7.154	7.442
6	6.152	6.308	6.468	6.633	6.802	6.975	7.153	7.336	7.523	7.716	8.115	8.536	8.977	9.442	9.930
7	7.214	7.243	7.662	7.898	8.142	8.394	8.654	8.923	9.200	9.487	10.089	10.730	11.414	12.142	12.916
8	8.286	8.583	8.892	9.214	9.549	9.897	10.260	10.637	11.028	11.436	12.300	13.233	14.240	15.327	16.499
9	9.369	9.755	10.159	10.583	11.027	11.491	11.978	12.488	13.021	13.579	14.776	16.085	17.518	19.086	20.799
10	10.462	10.950	11.464	12.006	12.578	13.181	13.816	14.487	15.193	15.937	17.549	19.337	21.321	23.521	25.959
11	11.567	12.169	12.808	13.486	14.267	14.972	15.784	16.645	17.560	18.531	20.655	23.044	25.733	28.755	32.150
12	12.683	13.412	14.192	15.026	15.917	16.870	17.888	18.977	20.141	21.384	24.133	27.271	30.850	34.931	39.580
13	13.809	14.680	15.618	16.627	17.713	18.882	20.141	21.495	22.953	24.523	28.029	32.089	36.786	42.219	48.497
14	14.947	15.974	17.086	18.292	19.599	21.051	22.550	24.215	26.019	27.975	32.393	37.581	43.672	50.818	59.196
15	16.097	17.293	18.599	20.024	21.579	23.276	25.129	27.152	29.361	31.772	37.280	43.842	51.660	60.965	72.035
16	17.258	18.639	20.157	21.825	23.657	25.673	27.888	30.324	33.003	35.950	42.753	50.980	60.925	72.939	87.442
17	18.430	20.012	21.762	23.698	25.840	28.213	30.840	33.750	36.947	40.545	48.884	59.118	71.673	87.068	105.931
18	19.615	21.412	23.414	25.645	28.132	30.906	33.999	37.450	41.301	45.599	55.750	68.394	84.141	103.740	128.117
19	20.811	22.841	25.117	27.671	30.539	33.760	37.379	41.446	46.018	51.159	63.440	78.969	98.603	123.414	154.740
20	22.019	24.297	26.870	29.778	33.066	36.786	40.995	45.762	51.160	57.275	72.052	91.025	115.380	146.628	186.688

1 元 的 年 金 现 值

附表4

年	1%	2%	3%	4%	5%	6%	7%	8%	9%	10%	12%	14%	16%	18%	20%
1	0.990	0.980	0.971	0.962	0.952	0.943	0.935	0.926	0.917	0.909	0.893	0.877	0.862	0.847	0.833
2	1.970	1.942	1.913	1.886	1.859	1.833	1.808	1.783	1.759	1.736	1.690	1.647	1.605	1.566	1.528
3	2.941	2.884	2.829	2.775	2.723	2.673	2.624	2.577	2.531	2.487	2.402	2.322	2.246	2.174	2.106
4	3.902	3.808	3.717	3.630	3.546	3.465	3.387	3.312	3.240	3.170	3.037	2.914	2.798	2.690	2.589
5	4.853	4.713	4.580	4.452	4.329	4.212	4.100	3.993	3.890	3.791	3.605	3.433	3.274	3.127	2.991
6	5.795	5.601	5.417	5.242	5.076	4.917	4.766	4.623	4.486	4.355	4.111	3.889	3.683	3.498	3.326
7	6.728	6.472	6.230	6.002	5.786	5.582	5.389	5.206	5.033	4.868	4.564	4.288	4.039	3.812	3.605
8	7.652	7.325	7.020	6.733	6.463	6.210	5.971	5.747	5.535	5.335	4.968	4.639	4.344	4.078	3.837
9	8.566	8.162	7.786	7.435	7.108	6.802	6.515	6.247	5.958	5.759	5.320	4.946	4.607	4.303	4.031
10	9.471	8.983	8.530	8.111	7.722	7.360	7.024	6.710	6.418	6.145	5.650	5.216	4.833	4.494	4.193
11	10.368	9.787	9.253	8.760	8.306	7.887	7.499	7.139	6.805	6.495	5.988	5.453	5.029	4.656	4.327
12	11.255	10.575	9.954	9.385	8.863	8.384	7.943	7.536	7.161	6.814	6.194	5.660	5.197	4.793	4.439
13	12.134	11.348	10.635	9.986	9.394	8.853	8.358	7.904	7.487	7.103	6.424	5.842	5.342	5.910	4.533
14	13.004	12.106	11.296	10.563	9.899	9.295	8.745	8.244	7.786	7.367	6.628	6.002	5.468	5.008	4.611
15	13.865	12.849	11.938	11.118	10.380	9.712	9.108	8.559	8.060	7.605	6.811	6.142	5.575	5.092	4.675
16	14.718	13.578	12.561	11.652	10.838	10.106	9.447	8.851	8.312	7.824	6.974	6.265	5.669	5.162	4.730
17	15.562	14.292	13.166	12.166	11.274	10.477	9.763	9.122	8.544	8.022	7.120	6.373	5.749	4.222	4.775
18	16.398	14.992	13.754	12.659	11.690	10.828	10.059	9.372	8.756	8.201	7.250	6.467	5.818	5.273	4.812
19	17.226	15.678	14.324	13.134	12.085	11.158	10.336	9.604	8.950	8.365	7.366	6.550	5.877	5.316	4.844
20	18.046	16.351	14.877	13.590	12.462	11.470	10.594	9.818	9.128	8.514	7.469	6.623	5.929	5.353	4.870

参 考 文 献

1. 韩洪云. 建筑企业财务与会计手册. 北京：地震出版社，1996
2. 秦玉文. 建筑企业财务管理. 北京：中国环境科学出版社，1996
3. 王孙维. 建筑企业财务. 北京：中国建筑工业出版社，1997
4. 王佩琦. 企业财务管理. 北京：北京工业大学出版社，2000
5. 俞雪华. 王雪珍. 滕青. 现代企业管理. 上海：复旦大学出版社，2000
6. 张秀梅. 企业财务管理学. 北京：中国财政经济出版社，2001
7. 钱红光. 朱颐和. 企业财务管理. 武汉：武汉理工大学出版社，2001
8. 郁培国. 企业财务管理. 北京：中国经济出版社，2002
9. 杜英斌. 陈余有. 企业财务管理. 沈阳：辽宁大学出版社，2000
10. 胡玉明. 企业财务管理原理. 广州：暨南大学出版社，1999